U0720899

一頁 folio

始于一页，抵达世界

我将是你的镜子：

安迪沃霍尔访谈录 上

I'LL BE YOUR MIRROR:
THE SELECTED
ANDY WARHOL INTERVIEWS

[美] 安迪·沃霍尔 Andy Warhol 著

[美] 肯尼思·戈德史密斯 Kenneth Goldsmith 编

寇淮禹 译

GUANGXI NORMAL UNIVERSITY PRESS

广西师范大学出版社

·桂林·

图书在版编目（CIP）数据

我将是你的镜子：安迪·沃霍尔访谈录：全2册/
（美）安迪·沃霍尔著；（美）肯尼思·戈德史密斯编；
寇淮禹译.--桂林：广西师范大学出版社，2022.12
书名原文：I'll Be Your Mirror: The Selected
Andy Warhol Interviews
ISBN 978-7-5598-5235-9

Ⅰ.①我… Ⅱ.①安… ②肯… ③寇… Ⅲ.①沃霍尔
（Warhol，Andy 1928–1987）–访问记 Ⅳ.①K837.125.72

中国版本图书馆CIP数据核字（2022）第156943号

Copyright © 2004 by Kenneth Goldsmith
Afterword copyright © 2004 by Wayne Koestenbaum
Simplified Chinese edition copyright © 2022 Folio (Beijing) Culture & Media
Co., Ltd.
 This edition published by arrangement with Hachette Books, an imprint of
Perseus Books, LLC, a subsidiary of Hachette Book Group, Inc., New York,
New York, USA.
All rights reserved

著作权合同登记号桂图登字：20–2022–079号

WOJIANGSHINIDEJINGZI: ANDIWOHUOER FANGTANLU

我将是你的镜子：安迪沃霍尔访谈录

作　　者：（美）安迪·沃霍尔、（美）肯尼思·戈德史密斯
责任编辑：黄安然
特约编辑：王子豪
装帧设计：山　川
内文制作：陆　靓

广西师范大学出版社出版发行

　广西桂林市五里店路9号　　邮政编码：541004
　网址：www.bbtpress.com
出版人：黄轩庄
全国新华书店经销
发行热线：010-64284815
北京九天鸿程印刷有限责任公司
开本：787mm×980mm　1/32
印张：21.75　　字数：320千字
2022年12月第1版　2022年12月第1次印刷
定价：79.00元（全2册）

如发现印装质量问题，影响阅读，请与出版社发行部门联系调换。

乔丹·克兰德尔：

你照镜子吗？

安迪·沃霍尔：

不照。对我来说，照镜子太困难了——

镜子里什么都没有。

目录

编者前言

20 世纪后期的文化人中，大概没有哪位比安迪·沃霍尔更常接受采访的了。他的形象简直就是媒体的同义词，无论他走到哪里，都有媒体追随。许多妙语自带沃霍尔风格，很多说法都成了尽人皆知的名句。这位人所共知的不爱开口讲话的男人，却是我们这个时代最常被引用的文化偶像之一。

眼下这本书始于 2002 年春我对本地一家书店的走访。当时我正在店里翻看《十月》(*October*) 上编发的一组关于沃霍尔的文章，其中最后一篇是艺术批评家本杰明·布赫洛（Benjamin Buchloh）1985 年和沃霍尔做的一次访谈。那访谈似乎给人这样的印象：布赫洛的问题问得越尖锐，沃霍尔的答语就越是语焉不详。布赫洛问得越狠，沃霍尔就变得越狡猾，他不断重复着此前已经说过了很多遍的话，仿佛布赫洛的提问与他毫不相干。最终我意识到，通过说得这样少，沃霍尔反转了访谈的传统形式：读完了这篇访谈，我对布赫洛的了解要远比对沃霍尔的多。

我感到这是很有意思的一件事，便转向互联网做进一步的探察。在网上，我找到了一两篇访谈，是可以确证我从布赫洛的那篇访谈中得来的印象的。与此同时，我发现尽管沃霍尔的访谈片段以及对他访谈的提及似乎随处可见，但是在围绕着沃霍尔的众多文献中，鲜少有完整的访谈重刊。循着参考文献和脚注的引领，我开始同时利用书店和 eBay 来追寻刊载那些访谈的原始文献。随着我找到的访谈越来越多，我意识到可以把它们做成一本有趣的书。开始时不过涓滴细流，但激流随后而至，待到收集结束之时，我已经有将近两百篇访谈了。

很快我就发现，这两百篇也只不过是散落在不同媒体中的访谈的一小部分。每次我向某人提起我在收集沃霍尔访谈时，对方都会告诉我一篇他所钟爱的不知名访谈，是我此前尚未收集到的。这里面有 1960 年代后期播出的日间电视节目，沃霍尔在其中的露面改变了年轻人的想法；有他在电影中跑的龙套；出现在稀见的同好杂志上的一句妙语；还有人将他们多年前和沃霍尔做的访谈通过电子邮件发给我。直到今天，我仍在不断发现新的访谈。

是什么构成了一篇沃霍尔访谈？毕竟，有很多沃霍尔作为对话者参与的非常棒的访谈，《访谈》（*Interview*）杂志里满是这类访谈，《安迪·沃霍尔电视》（*Andy Warhol TV*）这档节目里也有数小时之多的访谈。在本书中，我选的大部分都是沃霍尔作为受访者的访谈。以后若有机会再编新书，可以选些不同形式的沃霍尔"访谈"，那将会是同样有趣但又截然不同的读物了。

本书中的许多访谈来自位于匹兹堡的沃霍尔档案（Warhol Archive）中的"时光胶囊"（Time Capsules）。但问题是仅有一小部分"时光胶囊"被打开过而且制作了相关目录。我们可以推测在沃霍尔博物馆里仍有许许多多的访谈塞在没有开封的箱子里。和沃霍尔相关的文献以及沃霍尔研究的蓝图仍处在不断的变化之中，十年后，也许需要再编一两本书才足以反映访谈中的沃霍尔的全貌。我很快就意识到想要做一本沃霍尔访谈"合集"在当下是不可能的。因此我选择了从当下所掌握的访谈中，选取我认为最好的那些编成这本"选集"。

但是对于一个觉得什么都一样的人来说，是否可能选出"最好的"？我相信是可以的。在读了这么多的沃霍尔访谈之后，我已经可以分辨出何时他投入到了对话之中而何时只不过是在走过场。我开始能够觉察访谈所内含的模式，从而可以熟练地感知安迪何时"在线"何时"不在线"（当然沃霍尔的"在线"和"不在线"不过是相对而言，他的"在线"和我们的"不在线"也差不多……）此外，有一些访谈早已成为"经典"，本书从这类访谈中选取了不少加以收录。

在本书中，我尽力呈现沃霍尔的全貌，力图完整反映他二十五年来在公众视野中的各个维度。有些访谈对于他广泛的作品和贪心的一生给予了全面的关注：作为画家的他，作为电影制作人的他，作为出版人的他，以及作为推手、表演者、版画制作人、摄影师、作者和摄像师的他；有些访谈涉及沃霍尔对于其他艺术家的看法；有些记录了和他一起购物的体验；而诸如他觉得纽约怎么样，他身为一个天主教徒的感受如何等内容，我们也都能在这本访谈选集中读到。

尽管我力图同等对待各个时期，本书中还是有过半的访谈来自 1960 年代；在我和许多人看来，这一时期对沃霍尔来说是最为重要的。实际上它是如此重要，以至于单单 1966 这一年，我就选了不少于半打的访谈；对沃霍尔来说，1966 是里程碑式的一年。对于所有访谈我都没有做任何编辑或添改。有好几次，当年的采访者都考虑过将未经编辑的、完整的访谈录音誊录稿交给我，但最终他们哪个人都没有这样做，他们觉得还是当年写出来的那篇访谈稿更好。

只要可能，每篇访谈的导语都是我和采访者合作完成的。为了了解采访安迪是个什么样的体验，我或在电话上与他们长谈，或者和他们碰面聊天。导语在写好后都发给了相关的采访者，请他们确认我对相关事实的陈述是准确的，并且对他们个人的呈现也是恰当的。

访谈原有的导语，只要是特别谈到了那次访谈的相关情况，我就全篇予以保留。另有一些导语，我就只保留了与访谈相关的部分。个别导语完全是照本宣科式的人物介绍或者是例行公事的编辑手记，我就将其删去，而只保留访谈全文。

我在感到一般读者会需要注释的地方，添加了一些脚注；如果沃霍尔或者对谈者提及了什么不寻常的事物或者用词含义不很明确，我就在做了相关研究后添加了注释。我将注释的数量尽力维持在最低限度，我假定读者是对沃霍尔和他的圈子有着相当的了解才看这本书的。[1]对于想要了解得更多的读者，市面上有着多不胜数的传记、专著和网站，都是关于沃霍尔的生平和艺术的。

我只见过安迪一次，是在 1986 年他为基思·哈林和肯尼·沙夫在惠特尼（Whitney）举办的一个派对上。绝对伏特加赞助了那场派对。临近派对结束时，

---

[1] 中美读者知识结构和文化背景有别，"一般读者"需要的注释数量本就超过原书编者为英美读者所准备的；此外，沃霍尔在他本人著作中的相关表述有时是对他访谈言论的很好的补充，有时则可以作为很好的参照，所以本书译者也添加了一些这类注释。——译注。除特别说明外，本书注释皆为译注。

我已经醉得神志不清了，我摇摇晃晃地走向沃霍尔，向他道谢。在我向他伸出手的时候，他避开了我，走掉了。至少我记得是这样的。我觉得自己很愚蠢。

在读过沃霍尔的访谈后，一个人和语言的关系不会再像以往一样了：你所持有的关于地点、时间和自我的假设都受到了挑战。尽管沃霍尔以其外在知名，我们在读过他的访谈后却会对他的内在留下极为强烈的印象。最后，沃霍尔的镜子映照的是我们自己。因此也可以说，本书实际上是关于我们的：透过安迪·沃霍尔的幽灵的过滤，我们看见我们是怎样的人。

肯尼斯·戈德史密斯

纽约市

2003 年 11 月

六〇年代

☞ THE SIXTIES

波普艺术？那是艺术吗？
安迪·沃霍尔在访谈里透露了一些内情

《艺术之声》(Art Voices)，1962 年 12 月

　　1962 年的秋天是波普的季节，同时它对安迪·沃霍尔来说也是一个爆发期。那年夏天在洛杉矶，他那些金宝浓汤罐头的首次展出为他赢得了昭彰的恶名，但与此同时，他仍未在重要的纽约画廊展出过自己的作品。这一状况在当年 11 月改变了。著名的马厩画廊（Stable Gallery）出人意料地为他办了一次个展。他在那次个展上展出了自己丝网印刷的玛丽莲·梦露、金宝浓汤罐头、美元和可口可乐。个展得到了艺术界的嘉许，展品悉数售出，沃霍尔也由此成为了一场方兴未艾的运动的领头人。沃霍尔的这次个展碰巧和他也有份参与的群展"新现实主义者"（New Realists）同期举办。"新现实主义者"群展是在久负盛名的悉尼·贾尼斯画廊（Sidney Janis Gallery）举行的，它同时也是那一季的艺展中为最多人所谈论的。这次群展对于纽约艺术界来说是一个关键时刻，它标志了潮流的转向。贾尼斯画廊以在 1950 年代推出抽象表现主义画家而闻名。忽然间，它改换了同盟，开始展出像罗伊·利希滕斯坦、吉姆·罗森奎斯特和克拉斯·奥尔登堡这样的新一代艺术家；而在当时，这一新风格尚且还没有名字。几周之后，12 月 13 日，在纽约现代艺术博物馆（Museum of Modem Art）的一场由批评家、收藏家、艺术品商人和艺术家共同参与的研讨会上，这一新风格被命名为"波普艺术"。

下面的这篇访谈出自一家小型艺术期刊。它的编者按语"正在横扫这个国度的不是爱，而是波普艺术"捕捉到了当时的时代精神。在这个访谈中，沃霍尔启用了他将在接下来的二十五年里一用再用的许多应答策略：闪烁其词，消极被动，映照如镜（mirroring）[1]。

我从原访谈的导言中摘录了以下片段，借此可以了解当时的情景："我们是在沃霍尔的工作室里采访的他。我们发现这位年轻人是个十足的怪人，神

---

[1] 沃霍尔曾谈到自己爱读访谈。他说有时一场访谈可以让你对采访者的了解多过受访者。这里作者所谓沃霍尔"映照如镜"（mirroring）的受访策略不妨从这一角度来理解。

经今分的，幽默里透着嘲讽，没法进行严肃的交谈。他是个小玩闹。我们跟他说，让我们来采访一下作为波普艺术的发言人的你吧，而他说，不，让我来采访你们。我们说不，让我们采访你。好吧，他说，但要允许我只用 Yes 和 No 来回答你们的问题。我们坐在沙发上，四周全是他的新作——玛丽莲·梦露和特洛伊·多纳休（Troy Donahue）（后者是沃霍尔最喜欢的电影明星，不过他从未在大银幕上见过他）。电影、棒球和健身杂志散放在各处。书架上没有书，放着听装啤酒、果汁和可乐。自动点唱机里的流行乐一刻不停，所以我们大声喊出第一个问题，以便盖过'有许多泪要流，但这全都在游戏中'[1]！"

——本书编者

---

[1] 此句出自 1958 年排名首位的流行金曲《全在游戏中》（"It's All in the Game"），歌曲由汤米·爱德华兹（Tommy Edwards）演唱。——原注

▶

问：什么是波普艺术？

答：是。[1]

问：这可真是个接受采访的好办法，不是吗？

答：是。

问：波普艺术是对美国生活带有讽刺意味的批评吗？

答：不是。

问：玛丽莲·梦露和特洛伊·多纳休对你来说是重要的吗？

答：是。

问：为什么？他们是你最喜爱的电影明星吗？

答：是。

问：你觉得自己把生活灌注到了死板又老套的形式之中吗？

---

[1] 英文的 Yes 可以作为表示肯定和赞许的叹词来使用，所以沃霍尔这里的回答，也可以读解为"波普艺术是对流行事物的赞叹"。

6

答：不是。[1]

问：波普艺术和超现实主义有关吗？

答：对我来说没有。

问：这回不只是"是"或"不是"了。腻味了"是"或"不
是"的游戏了吗？

答：是。

问：广告牌是否影响了你？

答：我认为它们是美的。

问：波普艺术家蔑视抽象表现主义吗？

答：不，我喜欢它。

问：波普艺术家是否影响了彼此？

答：关于这一点，现在说什么都还为时尚早。

---

[1] 考虑到接下来的两组问答，这里仍将沃霍尔的答语 No 译为"不是"；而若
不考虑上下文的话，这一句答语更贴切的译法当然是"不觉得"。

问：这又不是肯尼迪的新闻发布会。波普艺术是一个流派吗？

答：我不知道是否已经形成了流派。

问：波普艺术和"偶发艺术"（Happenings）有多接近？

答：我不知道。

问：波普艺术想要表达的是什么？

答：我不知道。

问：你那成排的金宝浓汤罐头有何意味？

答：它们是我小时候吃的东西。

问：可口可乐对你来说意味着什么呢？

答：它是广受欢迎的（pop）。

沃霍尔采访鲍登

大卫·鲍登（David Bourdon）

1962 至 1963 年

匹兹堡的安迪·沃霍尔档案（Andy Warhol Archives）所藏未刊手稿

　　在 1962 年那个让人兴奋的秋季之后的圣诞假期里，艺术批评家大卫·鲍登和沃霍尔进行了这次访谈。二人相识于 1950 年代的一场上东区的派对上，那时沃霍尔作为商业插画师的事业正值巅峰，他尚未转向波普艺术。两人都有购藏艺术品的习惯，于是他们开始结伴光顾画廊。1960 年代早期的某天——那时，他们已经有一阵子没有碰面了——鲍登碰巧拿起一本艺术杂志，读到一个名为安迪·沃霍尔的新晋艺术家将要展出一些汤罐头画。鲍登不敢相信自己的眼睛，他打电话给他的老朋友，问他这位安迪·沃霍尔是不是就是他所认识的那位顶级商业插画师安迪·沃霍尔。沃霍尔说，正是。在接下来的数年间，鲍登成为了沃霍尔坚定的支持者和密友。

作为沃霍尔小圈子的核心成员之一，鲍登参与了许多"工厂"[1]的活动，从帮忙制作银色《猫王》（*Elvis*）丝网印刷，到在三分钟的"试镜"[2]里以尽可能慢的速度吃下一根香蕉。在沃霍尔的帮助下，鲍登于1964年成为了《村声》（*Village Voice*）的艺评人。1966年，他被《生活》（*Life*）杂志聘为艺评人，由此将波普艺术带到了全国的受众面前。鲍登对于沃霍尔的支持持续了他的一生。这一支持以他1989年出版的具有权威性的艺术批评之作《沃霍尔》（*Warhol*）一书为顶点。大卫·鲍登于1998年去世。原始手稿上的所有注释和更正都被本书的编选者保留了下来。

——本书编者

---

[1] 沃霍尔的工作室名为"工厂"（Factory）。

[2] "试镜"是沃霍尔拍摄的一系列短片，除了他小圈子里的成员，很多知名人物也都在沃霍尔那儿参与过"试镜"，比如达利和苏珊·桑塔格。

▶

访谈开始于 1962 年 12 月 24 日，完成于 1963 年 1 月 14 日。

手稿上的日期是 1963 年 4 月 22 日。

沃霍尔： 我真的在做一件崭新的事吗？

鲍登： 你确实是在做一件崭新的事——你只使用二手图像。你将报纸或者杂志上的广告转写到画布上去，你用丝网印刷的手法来处理照片，你一以贯之地使用出自他人之手的图像。

沃霍尔： 我还以为你会说我这是在从别人那里偷，我刚才都打算要终止这场访谈了。

鲍登： 显然你已经找到了一种使用现成图像的新方式。不同的艺术家可以用完全不同的方式来使用同一现成图像。

沃霍尔： 我不过是喜欢看到东西被用了再用。这对我那美国式的节俭很有吸引力。

鲍登： 几年前，迈耶·夏皮罗写道，在我们的文化中，画和雕塑是仅存的手工制作的个人物品了，而其他所有东西都在批量化生产。他说在我们这个时代，艺术品比以往任何时候都更是一次自发性的展示，一次情感的强烈爆发。但对我来说，你的目标似乎全然与此相反。在你的作品中，极少有什么是个人的或者自发的；实际上，在你的作品之中，几乎没有什么东西可以证明你在画作的创作中是存在的。你简直像是只有一个人的鲁本斯工作室，你以只手之力生产的作品本该出自十几个学徒。

沃霍尔：但我为什么要原创呢？为什么我就不能不原创？

鲍登：人们在谈到你的早期作品时，常说你在利用商业艺术的技法和眼光，说你是个广告的临摹者。这种看法似乎确有其准确的一面，比如在你的那些金宝浓汤罐头和可口可乐的丝网印刷里，你呈现的不是商品本身，而是描摹它们的插画。当然，在题材的选择上，在构图上，在最终呈现的效果上，你仍然在运用艺术的技法。这一点在你那幅特别大的黑色可乐的画作中，以及在你那幅狐步舞步法图中，都体现得特别明显。这两幅作品都有大约 6 英尺高，但即使尺寸是那么地大，也未能完全容纳下图像本身。在那幅可口可乐中，商标在画布的右侧没能画完；而那幅狐步舞步法图呢，第七步也是落在了画布之外。

　　在这些作品中，你在风格上想要达到的效果来自对商业艺术的借鉴，你对承袭自商业艺术的技法和眼光详加阐释和品评。我相信你是一位反向的社会现实主义画家（Social Realist），因为你在讽刺美国的现状的同时也在嘲弄商业艺术的手法。

沃霍尔：你听上去就像那个在《纽约时报》上说我的

画作是社会学式的评论的人。我不过是碰巧喜欢寻常的事物而已。当我作画的时候，我不想把它们弄得非同寻常，我试图把它们普普通通地画下来；社会学式的批评家则是垃圾制造机。

鲍登：但尽管你是在摹写（copying），最后的成品总是和你的摹本（model）有所不同，因为你改变了形状、尺寸和颜色。

沃霍尔：但我并没有试图改变哪怕一丁点儿东西！你一定是指我那未完成的"按数字涂颜色"系列。（我没有完成它们的唯一的理由是它们把我弄烦了，我清楚它们做出来会是什么样子。）[1] 买它们的人可以自己完成剩下的部分。我完全照搬了那些数字。

鲍登：你不会是想说你的其他作品全都是对原图的**照搬**吧？你的作品都很有辨识度。你静物画中的花茎有一种笨拙的优雅，这种优雅在你的作品中是很典型的。

沃霍尔：我一点儿改动都没做，是完全的摹写（copy）。

鲍登：（那么就是你手滑了。）要对任何一幅画做精准的摹写都是不可能的，哪怕是摹写你自己的画。临摹的人没法不在摹写中添入一些新元素，又或是在某处有所侧重——不论是手头上还是心理上，这都是无法避免的事儿。

---

[1] 原文如此。

沃霍尔：这就是为什么我要借助丝网印刷、模板（stencils）和其他类型的机械复制方法。但饶是如此，人的因素还是会溜进来！这里蹭上一点污迹，那里一处没印好，又或者并非出于本意的裁剪——我对画面进行裁剪仅仅是因为画布不够用了。但忽然间就有人开始指责我，说我在构图上搞艺术了！我对污迹是反对的。污迹是过于人为（human）的痕迹，而我是赞同机械（mechanical）艺术的。当我拿起丝网印刷的时候，我是为了借助于批量复制的商业技法以便更为彻底地利用那些现成的图像。

鲍登：它和绢网版画、石版画等版画制法有哪些不同之处吗？

沃霍尔：哦，有不同之处吗？在我看来，我所做的不过是印制的画作（printed paintings）而已。我不觉得它们和版画有任何关联，不过我想在我完成了一个系列之后，我必须得把那些丝网划烂以免有人拿去作伪。如果有人伪造了我的艺术的话，我是没办法辨识出来的。

鲍登：你那些由多个图像构成的画作，对我来说印象最为深刻，特别是你那些电影明星的画，像是梦露还有猫王。

沃霍尔：有很多人似乎都更喜欢我那些电影明星的丝

网银刷[1]，而对于我的其他作品就没那么喜爱。一定是题材吸引了他们的目光，因为我关于死亡和暴力的画作同样很好。

鲍登：在马厩画廊展出时并排挂起来的那两幅玛丽莲·梦露，是我见过的现代绘画中最为动人的。它们带给我的不同观感，让我大为意外。它们的形式完全一样，每幅上面都以丝网印刷了五十幅梦露的同一张肖像。那幅黑白色的更具悲剧色彩。在中心区域，丝网印刷得很小心，肖像鲜活、真实，仿如新闻片，又或是梦露自己的电影。但是在画幅的四围，特别是在右侧，黑色失去了它的强烈，几乎变成了灰色，于是肖像仿佛在消逝，好像要去往某个虚无缥缈的地方。然而那些肖像仍然是清晰可辨的，它就好像是在某个事物离去之后，有关它的记忆仍然盘桓不去；又或者是在事物离去之前，你预感自己最终将会忘记它。

彩色的那幅调子就很不同了：它喧嚣、吵闹，近乎粗俗。你用了十分刺目的色彩：柠檬黄、亮橙色、黄绿色和红色。它就像是做过了头的彩色电影（Technicolor）[2]。由于印刷的失误（可能是有意为之，也可能是出于意外），你获得了五十个不同的表情。一幅肖像的绿色眼影印得太低了，于是那一张梦露看起来阴沉而邪恶。另一幅呢，红唇印的位置不准，好像

---

[1] 这里的原文是 prefer my silver-screenings of movie stars，其中 silver-screenings 是沃霍尔的一个文字游戏：silver screen 是银幕，silk-screen 是丝网印刷，这里因为谈到人们更喜欢他那些电影明星——那些银幕上的人——的丝网印刷，所以他就把 silk-screening 说成 silver-screening。中文中"银幕"和"丝网印刷"的文字构成不具有类似的比照关系，姑且译为"丝网银刷"。

[2] 一种早期彩色电影制作法，最早可追溯至 1916 年。

那些周日出版的小报用轮转凹版印刷法（rotogravure）印出的封面女郎常常嘴唇印在脸颊或是下巴上。有时她噘着嘴，有时又咧着嘴很高兴地笑着。梦露被给予了她在电影中从未被捕捉到的表情。（在你的画作中，我们看到了梦露人格的全部，这真是让人难以置信。）

沃霍尔： 我的汤罐头，你能不能也像这样谈一谈？

鲍登： 你6英尺高的汤罐头让我想起罗斯科以红白二色作的画。你们两人似乎都一心想要将艺术的要素减得少而又少（minimizing）。

沃霍尔： 但他比我极简（minimal）多了。他的图像是真的空无（empty）。

鲍登： 但我在你们之间看到了可以比照的地方，像他一样，你似乎试图在你的画中达成宏大与不朽[1]。你的图像凝然不动，有一种庄严与宏伟。

沃霍尔： 你要不说，我都不知道现在还有人在追求宏大与不朽呢。罗斯科的画充满了动感，那些闪动的微光和浮动的色彩。怎么能说那些画像纪念碑呢？我一

---

[1] "宏大与不朽"对译原文的monumentality，即经由巫鸿作品的中译而广为人知的"纪念碑性"一词。不过一来巫鸿本人也说他"并不喜欢这个生造的中文词"，说他若是在国内写作的话，"大概也不会采取这样的字眼"；二来一般英文读者看到monumentality，断然不会在脑海中浮现"纪念碑性"这样一个行话色彩过重的字眼儿，所以此处不取"纪念碑性"这样的译法。下文沃霍尔用到这个词的形容词形式monumental时，按照文意分别译为"宏大与不朽"和"像纪念碑"。

直都觉得它们是巨大的虚空（empty spaces）。

鲍登：他的画就像是真空吸尘器，吞噬掉它跟前的空间。

沃霍尔：……而我的画只是空洞无物（vacuous）。

鲍登：罗斯科的画呈现了一个观念的种种微妙之处，而你的画则是对一个观念的粗暴重复。

沃霍尔：（我不认为在我的作品和罗斯科的之间有任何关联。）有太多说我的作品空洞无物的人，他们做出这样的评判是因为他们将我的作品视为简化的插图甚至于抽象的观念。他们会说："谁会想看一个汤罐头呢？我们都很清楚它的样子。"但也就是这帮人，常常会认为我在这里或那里做了改动。"哦，看那漂亮的鸢尾花纹样！"你简直要以为大多数女人厨房架子上摆着的汤罐头商标上没有鸢尾花呢。没有人好好观看事物——那太困难了。我认为一个人在说我的作品空洞无物之前，最好先亲自来看上一看。

鲍登：金宝浓汤一定和《蒙娜丽莎》一样为人所熟知。《蒙娜丽莎》极少被作为艺术观看，因为它已经变成了艺术的**象征**；而汤罐头的商标不被观看，则是因为没人觉得那会是艺术。

沃霍尔：我跟你说，人们拿我的汤罐头和《蒙娜丽莎》来做比较，已经很久了。"你怎么能管这个叫艺术呢？"他们说。"你没法画得像那个谁——那人叫什么来着——你没法画得像他那样好，而且你画的东西本来也没有多好看。"

鲍登：也许这样说的人对于线条和形状有着不同寻常的感受力，因为在你的汤罐头和《蒙娜丽莎》之间有着形式上的相似。你手边有《蒙娜丽莎》的图片吗？

沃霍尔：只有这张我已经决定不加以仿制的按数字填颜色。为什么她没有眉毛呢？是不是他们把指示眉毛颜色的数字给漏掉了？

鲍登：让我们把它放到一幅汤罐头旁边。正如你所能看到的，她连衣裙的领口和汤罐头的底部有着同样的轮廓。她头和咽喉区域的轮廓又几乎和罐头的轮廓一样。她的笑，其曲线和罐头一样，而且笑容正落在肤色区域的中央，和你那罐头商标上的金色奖章所占据的位置正相呼应。

沃霍尔：我听人说，她在笑是因为她怀孕了。

鲍登：我则听说你的汤罐头是子宫的象征，表达了你内心深处潜藏的、希望回到母体的欲望。这也是可以加以思考的一处相似性。你自己是否觉得受到了达·芬奇的影响，有吗？

沃霍尔：没有，我觉得没有。

鲍登：我还想知道，你是否自觉受到来自斯图尔特·戴维斯（Stuart Davis）的影响——不仅仅是你的画作风格，而且包括你题材的选择。你知道他给位于匹兹堡的亨氏公司（H. J. Heinz Co.）画了一张巨大的壁画吗？是有史以来尺幅最大的单张油画[1]。

沃霍尔：但我来自匹兹堡，他是费城人。

鲍登：而且他还在这幅壁画中融入了一个变形的"1957"，既表示绘画的年份，又表示亨氏的"57种产品"。

沃霍尔：57种产品！怎么我没有想到？金宝浓汤罐头只有33种口味。亨氏公司在付给斯图尔特·戴维斯画壁画的钱之外，大概每年还会给他奉上"57种产品"。你知道金宝浓汤公司没给过我哪怕一个罐头吗？而我则每种口味都买过。我甚至会四处搜购已经停产的口味。如果你碰巧看到人造龟肉口味（Mock Turtle）的，记得帮我买下来。它曾是我最爱的口味，但大概我是唯一买它的人，因为他们已经不再生产这一款了。汤罐头就像是画，你不觉得吗？试想某位聪明的藏家在人造龟肉口味还唾手可得的时候以极低的价格买下，然后此刻以数百美元一罐的价格出手！（我想现在开始收藏切达干酪口味的汤罐头会是个好主意。）

---

[1] 此处谈到的壁画（mural）是先画在画布上，再裱贴（marouflage）到墙上的，而非直接画在墙上的，所以这里说是尺幅最大的单张油画。

鲍登：说回到斯图尔特·戴维斯，你觉得他算是波普艺术的先驱之一吗[1]？你熟悉他的"模仿"拼贴吗，1921年完成的，仿的是好彩香烟（Luck Strike）的外包装。现代艺术博物馆有收藏。好彩香烟绿色包装上的字样和徽标以立体派的方式被安置于画面之上。我相信这是他早期绘画中大量使用文字和字母、商标和符号的一幅。

沃霍尔：你的意思是说，那个现在画骆驼香烟的**不是**波普艺术的爸爸？

鲍登：（戴维斯在他的画中融入文字设计的元素，已经有很长时间了。）通过"模仿"而非使用实际的商标——比如直接拿香烟包装盒上的商标来用，戴维斯可以不必受制于物品的尺寸。追求大尺寸与鲜明和醒目的他，可没有那份儿钟表匠的耐心，像施维特斯（Schwitters）那样拿着从香烟包装上裁下来的小纸片、票根和诸如此类的玩意儿拼来贴去。

沃霍尔：也许戴维斯不抽烟或者他没保留那些票根。

鲍登：多亏了斯图尔特·戴维斯，要不是他感到必须亲自动手来画他的那些拼贴画以便达到他想要的巨大尺幅，有些波普艺术家也许直到今天还陷在剪贴画

---

[1]　波普艺术的先驱之一（one of the fathers of Pop Art）原文直译是"波普艺术的一个爸爸"。

（decoupage）[1] 里，把机械复制的东西以它们的实际大小粘贴到背景上呢。

沃霍尔：但有些人真的还在这样做！

鲍登：你作品的巨大尺寸使你必须放弃使用现成品，就像戴维斯一样。让我感到兴味的是，在戴维斯明确提到的他所受的影响之中，有两位人物，一是莱杰（Leger），戴维斯曾描述他为"当今画家中，最美国的一位"……

沃霍尔：哦，那个画漫画的。

鲍登：……另一位是修拉。

沃霍尔：你这一说我眼前就冒出了一堆点点。为什么会有修拉？

鲍登：我认为波普艺术家必须和修拉来一场亲子鉴定。

沃霍尔：现在吗，还是别了吧。波普艺术的爸爸比秀兰·邓波儿电影里的爸爸还要多。我不想知道这场艺术运动的爸爸是谁。在秀兰·邓波儿的那些电影里，

---

[1] decoupage 是个法语词，这一术语在爱德华·露西－史密斯（Edward Lucie-Smith）所著《艺术词典》（*Dictionary of Art Terms*）中的释义如下："剪贴画，指把纸剪成图案，再用拼贴的方法粘在某个表面的画。"中译本可参看爱德华·露西－史密斯《艺术词典》，殷企平等译，生活·读书·新知三联书店 2005 年，第 63 页。

每当她找到她爸爸的时候，我都很失望。一切都毁了。在她找到爸爸之前，过得多开心啊，在吉瓦尼斯俱乐部或者本市新闻采编室里跟大家一起跳踢踏舞。

鲍登： 我不过是想要在艺术史中梳理出两条清晰的脉络。我认为如果我们视莫奈为抽象表现主义之父，而视修拉为波普艺术之父的话，那么我们也就有了这样两条彼此平行的线索。新印象主义画家觉得他们的前辈过于随意和浪漫了。他们要求回转到形式和结构之上去。修拉力图使他画作的题材宏大、肃穆和不朽，但他对待他题材的态度却几乎是非人般的超然。他选择"淫乱的"[1] 和日常的题材，而他有能力让这些题材变得宏大和不朽，他将题材的庸常加以提炼和升华，直到他的画作达到一种庄严和宏伟，阒然无声，默然不动，没有生命的气息，此前我们以为这些特质只有在普桑主义画家笔下的那些"高贵的"题材中才能找到。修拉把他那个时代最为普通、最为日常的情境中的每一个细节都画遍了，但他把所有的生气都从中抽去了。就像一个波普艺术家似的，他想把人类情感从艺术中清除出去，他想避免逗弄感官的颜料表面所可能对作品造成的危害。

沃霍尔： 但你为什么要让修拉当波普艺术的爸爸呢？难道你不记得在现代艺术博物馆展出的那场莫奈回顾展以及**那次展览**对抽象表现主义造成的影响了吗？一

---

[1] 比如修拉的名作《大碗岛的星期天下午》所描绘的大碗岛，乃彼时热门的招妓之地。

直以来，画廊里都有很多抽象表现主义的画，也有很多印象主义的画。忽然间，就好像有谁说了一句："啊，看呐，莫奈，这位温柔的老爷爷，在你们出生之前人家就已经在做所有这些疯狂的尝试了。"然后藏家就不再买新艺术家了。抽象表现主义画家遭遇了什么？难道你希望同样的事情在波普艺术的头上再来一次吗？

鲍登：但我们不太可能会有一场修拉回顾展。

沃霍尔：如果有的话，那可真就热闹了呢。不管怎么说，你已经滴里嘟噜地说了一大堆人名了，你是怎么记住你说的这些的？斯图尔特·戴维斯、罗斯科、莫奈、蒙娜丽莎。

鲍登：有些批评家还把你和亨利·卢梭和诺曼·罗克韦尔相比较呢。

沃霍尔：我猜我被所有人都影响过。但这很好。这就是波普。

鲍登：是你说希望我坦率地谈谈我的见解的。

沃霍尔：但那会儿我不知道你要说的是这些！你对事物抱有如此确定的见解，这对于访谈来讲可不是什么好事儿。让我们找人来替我们做访谈吧，那样我们就不用再自己动脑筋了。

鲍登：（这主意听起来不错。）找人替自己接受访问很波普吗？

GRS[1]：很波普。

---

[1]　吉恩·R. 斯温森（Gene R. Swenson，1934—1969），艺评人和收藏家。（参看本书收录的斯温森和沃霍尔 1963 年做的访谈《什么是波普艺术？》）——原注

什么是波普艺术？来自八位画家的回答，第一部分

G. R. 斯温森（G. R. Swenson）

《艺术新闻》(*ARTnews*)，1963 年 11 月

这篇被广泛征引的访谈给了公众第一次深度了解安迪·沃霍尔的机会——那时他正处于波普艺术生涯早期，一切都让人感到兴奋和陶醉。在这篇访谈中，沃霍尔的一些妙语首次为人所知，最知名的一句是："我认为每个人都应该成为一部机器。"

然而，这篇访谈已被证明颇有问题。据沃霍尔的传记作者大卫·鲍登所言：

"斯温森和沃霍尔是好朋友，但这次访谈沃霍尔却并不很配合，这让斯温森不得不在采访的时候把录音机藏了起来。[1] 一些出自沃霍尔之口的更具'知

---

[1] 藏起录音机这一采访技巧在 1960 年代后期的一次沃霍尔访谈中发挥了巨大功效，参看本书收录的弗雷德里克·特德·卡斯尔 1967 年的访谈《与安迪·沃霍尔一起搭出租》。——原注

识分子气'的话语，可能经过了斯温森的篡改，特别是有关《哈德逊评论》（*The Hudson Review*）的那些话——据我们所知，这本文学季刊沃霍尔并不看。

"斯温森和沃霍尔的这篇访谈是1963年11月和1964年2月登载于《艺术新闻》上的八位艺术家同题访谈《什么是波普艺术？》中的一篇。斯温森的这八篇访谈，有七篇在之后被收入约翰·罗素（John Russell）和苏齐·加布利克（Suzi Gablik）的《波普艺术再定义》（*Pop Art Redefined*, London: Thames and Hudson, 1969）一书。由于编辑的粗心大意，斯温森与画家汤姆·韦塞尔曼（Tom Wesselmann）访谈的最后八段……被放在了斯温森和沃霍尔的访谈里。因为这一低级错误，有些韦塞尔曼的话被误作为沃霍尔的话……又因为《波普艺术再定义》收录了这篇访谈，于是那些并非沃霍尔本人的话语被继续当成他的话而长期流传。"（Bourdon, 163）

在这篇访谈中，斯温森让沃霍尔介绍他《死亡和灾难》（*Death & Disaster*）系列的缘起。沃霍尔说："那是个圣诞节或者劳动节——反正是个假期，你一打开收音机就能听到他们说些诸如'四百万人将死于交通事故'的话。"……这不经意的答语仿佛为斯温森埋下了悲剧性的伏笔，1969年8月，他死于一场车祸，时年三十五岁。当时他和他母亲驾车行驶于堪萨斯西部的州际高速公路上。他们车前，与他们一车之隔的一辆牵引式挂车忽然失控，横阻路中，紧随其后的三辆轿车避让不及，所有人都罹难了。

——本书编者

▶

　　有人说，布莱希特希望所有人的想法能够彼此相近。我也希望大家的想法能够彼此相近。不过布莱希特在某种程度上是想要通过共产主义实现这一点。而在这里，一切都是自然发生的。现在每个人就看起来都很像，行为举止也很像，而且还在变得越来越像。

　　我认为每个人都应该成为一部机器。

　　我认为人们应该彼此相像。

　　波普艺术是不是就是这么一回事？

　　是的，像事物。

　　而"像事物"也就是像机器？

　　对啊，因为你每次都做同样的事嘛。而且你一遍又一遍地做。

　　你对此是赞同的？

　　是啊，不然还能怎样。"创造"是困难的，但是不认为自己有创造力也很困难，不被说成是"有创造力的"同样困难：因为现在所有人都动不动就说这个人有创造力或者那个人有个性，说得好像每个人随时都在创造似的。所以当你说"不，事情不是这样的"

的时候，那就很搞笑了。比如由我来负责画广告画的一双鞋被说成是"创造"。但我很清楚，我画它可绝对不是创造。不过我猜两者我都认同。所有这些不是太出色的人都应该是很出色的。现如今每个人都太出色了，真的。比如说吧，我们有多少演员？上百万，而且都是挺好的演员。我们有多少画家？上百万，而且都是挺好的画家。你怎么能说一种风格就是比另一种要好呢？如今你必须得能今天是抽象表现主义画家，下个礼拜就改做波普艺术家或者现实主义画家，这样才不会觉得自己放弃了一些东西。我觉得那些不是太出色的艺术家应该让自己变得像别人，这样人们就会喜欢那些不是太出色的东西了。事情已经在这样发生了。你只需翻翻杂志和图录就能明了这一点。是，你能看到这种风格或那种风格，这幅人像或那幅人像——但与此同时，它们真的没什么区别。然而有些艺术家却被排除在外了，但为什么就该是他们呢？

波普艺术是一时的风潮吗？

是，它是一时的风潮，但我不觉得这有什么。我才刚听到传言说，G不干了，说她完全放弃艺术了。而对于A放弃了他的风格、另做尝试，每个人都在感叹这有多么多么地糟。我完全不这样看。如果一个艺术家做不下去了，那么他就该收手嘛。一个艺术家当然应该有改变他风格的权利，而无须觉得这有什么不好。我听人讲，利希滕斯坦说他也许再过一两年就不再画漫画了——我觉得这太好了，能够改变风格是件好事。而且我认为这是将要发生的事，整个圈子都将有所改变，将有新的面貌。这大概也是我现在使用丝网印刷的一个原因。我认为应该有人可以替我做我的那些画。我至今尚未能够让每幅画都像第一幅画一样清晰、简洁。如果能有更多人拿起丝网印刷，那就太好了，因为那样就没人能够知道我的画是我的还是其他人的了。

这将颠覆艺术史？

是的。

这是你的目标吗？

不，不是。我以这种方式作画是因为我想要成为一部机器；我觉得不管我做什么，我想要的都是像机器一样去做。

商业艺术是否更像机器做的呢？

不，不是。做商业艺术的时候，有人付钱给你，而我则按照他们说的去做。如果他们跟我说画一只鞋，我就会画一只鞋，而如果他们让我修改，我会改——他们让我做什么我都会去做，直到把东西改到他们满意为止。那时我必须有所发明创造，而现在的我则不用。在做了所有那些改来改去之后，商业绘画会带有情感，会有风格。那些雇用我的人对他们想要的东西是有感觉的，他们知道他们想要什么，他们会坚持己见；有时他们甚至会相当情绪化。在商业艺术这个行当里，你做事的过程像机器，但出来的东西是有感觉的。

你为什么开始画汤罐头？

因为我过去喝它。我过去每天都吃一样的午饭，得有二十年吧我想，同样的东西吃了又吃。有人说我的生活主宰了我。让生活来主宰，不是挺好的么？我曾希望住在华尔道夫塔（Waldorf Towers）[1]，喝汤，吃三明治，就像《裸体午餐》里描写的那幕餐馆场景。……

我们去四十二街看《铁金刚勇破神秘岛》（*Dr. No*）。电影很棒，非常酷。我们出了戏院来到街上，有人就在我们面前、在人群中间扔了一颗樱桃弹[2]。血光，我看到人们身上挂了彩，四处都是血，我觉得自己好像也在流血。上周，我在报上读到有越来越多的人在扔樱桃弹——简直成了日常——而由此受伤的人也越来越多。我接下来在巴黎的展会叫作"死在美国"。我会展出电椅、伯明翰的狗、车祸，以及一些和自杀有关的照片。

你为什么开始做这些"死亡"照片？

我觉得它们是有价值的。你看了这周的《调查者》

---

[1] 华尔道夫塔是华尔道夫酒店（Waldorf Astoria New York）的一部分。

[2] 樱桃弹（cherry bomb）是一种球形炮仗，因其可造成的实质性伤害，已于1966年在美国被取缔。

（*Enquirer*）[1] 了吗？有一篇是《让警察崩溃的车祸现场》——那人的头裂成了两半儿，胳膊和手散落在地。实在是让人作呕，但我很肯定这样的事随时在发生。我最近见了很多警察。他们什么都拍，只是几乎没法从他们手里拿到那些照片。

你是什么时候开始的这个"死亡"系列？

我想是从那个大型客机坠毁的照片开始的，是一家报纸的头版："一百二十九人丧生"。那时我还在画《梦露》系列。我意识到自己做的每一件事其实都是和"死亡"有关的。那是个圣诞节或者劳动节——反正是个假期，你一打开收音机就能听到他们说些诸如"四百万人将死于交通事故"的话。那促使了我开始做"死亡"系列。不过一张可怕的照片在你看了一遍又一遍之后，就不再能真的激起你的反应了。

但你仍然在做《伊丽莎白·泰勒》（*Elizabeth Taylor*）系列。

那些是我很久以前就开始的了，那会儿她病得很厉害，所有人都说她要死了。现在我正着手把它们重做一遍，给她的嘴唇和眼睛加上明亮的色彩。

我接下来的系列将会是些色情照片。乍看上去它们空白一片，但只要把紫外线灯打开，你就会看到它们了——大胸，还有……如果有警察来临检，你只要

---

[1] 指《国民调查者》（*National Enquirer*），一个小报类型的周刊。

把灯关上或者把普通的灯打开就行了——谁还能说那是色情展？但所有这些我都仍然在摸索。西格尔[1] 做了个雕塑，是两个正在做爱的人，但他把它切割开了，我猜是因为他觉得原来那样太色情，以至于算不得是艺术了。但实际上那件作品原来的样子非常美，也许有点儿好得过了头，或者他可能觉得自己应该为艺术多少做一点儿捍卫工作吧。热内[2] 的作品可以读得人欲火中烧，这让有些人觉得那算不得艺术。我喜欢的好作品有个共同点，是它们会让你忘记风格啊流派啊这类东西。风格和流派真的不重要。

"波普"是个坏名字吗？

这名字听上去太糟了。达达一定和波普有关——很好笑，两者现在是同义词。有谁知道这些名称到底是什么意思又或者它们之间有什么关系吗？就说约翰斯和劳申伯格[3] 吧，这两位多年以来一直被叫作新达达，所有人都视他们为达达的模仿者，说他们无力改变他们所使用的事物；现在呢，他们被称为波普的先驱。世事变幻的方式真是搞笑啊。我认为约翰·凯奇是个发挥了重大影响的人物，莫斯·坎宁汉可能也是。

你读了《哈德逊评论》上的那篇文章（《文艺复兴的终结？》["The End of the Renaissance?"]）吗？

---

[1] 指乔治·西格尔（George Segal，1924—2000），美国艺术家。

[2] 指让·热内（Jean Genet，1910—1986），法国小说家、剧作家。

[3] 指贾斯珀·约翰斯（Jasper Johns，1930— ）和罗伯特·劳申伯格（Robert Rauschenberg，1925—2008），二人均为美国艺术家；下文的贾珀（Jap）和鲍勃（Bob）指的还是这两个人。

是关于凯奇和他们那帮人的，不过文章用了很多诸如激进的经验主义和目的论这类大词。谁知道呢，也许贾珀和鲍勃过去是新达达，现在不是了。历史书一直都在不断被重写。你做什么不重要。每个人都将会思考同样的事情，会变得一年比一年更加相似。谈个性谈得最多的那些人也正是对于偏离常轨最为反对的人，而再过些年也许一切就会调转过来。有一天，每个人都将会只考虑他们想要考虑的问题，而且不止如此，他们每个人考虑的大概会是差不多的东西——这似乎就是正在发生的事。

一位诗人对安迪·沃霍尔的采访

约翰·焦尔诺（John Giorno）

1963 年

匹兹堡的安迪·沃霍尔档案所藏未刊手稿

　　诗人约翰·焦尔诺是在埃莉诺·沃德的马厩画廊认识的沃霍尔，那是 1962 年 11 月，沃霍尔的首个波普艺术展正在那儿展出。二人的友谊在那之后发展起来。焦尔诺出演了沃霍尔的首部电影《睡觉》（*Sleep*，1963），这部六小时的电影拍的是焦尔诺睡觉。2002 年焦尔诺在接受一家英国报纸访问时说："那时我还是个二十出头的孩子，在做股票经纪人。我当时的生活是这样的：每晚都会和安迪碰面，接着喝得大醉，然后在第二天早晨带着宿醉去上班。股市每天十点开，三点关。三点差一刻的时候，我就已经等在大门旁了，一心想着在去和安迪碰面之前赶紧回家睡上一觉。我总是在睡觉——他打电话来问我在做什么的时候会说，'让我猜猜看，睡觉？'"[1]
《睡觉》于 1964 年 1 月 17 日在葛兰姆西艺术剧场
（Gramercy Arts Theater）进行了首映。这是一次义
演，收入都归电影制作人合作社（Film-Makers'
Co-operative）所有。这次放映只来了九个人，其中
两个在放映的第一个小时里就离开了。

——本书编者

---

[1] 凯瑟琳·莫里森（Catherine Morrison），《我的十五分钟》（"My 15 Minutes"），
《卫报》（*The Guardian*），2002 年 2 月 14 日。——原注

▶

安迪和我是在 1963 年 6 月和 7 月炮制的这篇《一位诗人对安迪·沃霍尔的采访》的。这是一次戏仿，一次虚假的访谈；这访谈并不关乎什么，也并不为了什么。又蠢又傻又垃圾，做的时候并没有什么明确的目的，也没有制定任何计划；是对于严肃而又自私自利的艺术界的一个回应。这篇访谈有我们在计程车上做的，那是在安迪来我位于东七十四街 255 号的住处接我去别的地方的时候；也有在他位于列克星顿大道和八十九街的住处做的，还有在消防站工厂（Firehouse Factory）[1] 做的，还有在其他随便什么地方做的。

每当安迪说了些什么像是能放进一篇访谈里的话，我就把它草草记下来。之后我再为这些答语杜撰一些和它们相匹配的问题。访谈的内容是分了很多次打出来的。一篇不太正常的访谈，而且用了田纳西·威廉斯的剧作风格。"噢，只管拼合起来就好，"安迪说，"没什么要紧的。"它从未发表。做的时候我们都很愉快，笑着，爱着，在彼此思想的游戏中歇息。没有什么是不好的又或是好的。一切全都是美妙的。

——约翰·焦尔诺

---

[1] 指沃霍尔在纽约租的第一个工作室，位于东八十七街，原本是第 13 号消防站的所在。沃霍尔后来的工作室名为"工厂"，这里用"工厂"来回溯指称他的第一个工作室。

地点：第 13 号消防站（No. 13 Hook & Ladder）旧址的原更衣室内

诗人（以迷人的语调）：你做画家多久了？

安迪：九岁的时候，我得了圣维特舞蹈病（St. Vitus Dance）[1]。我照着一幅美宝莲的广告画了一张海迪·拉马尔（Hedy Lamarr）。画得不好，我把它扔掉了。我意识到自己不会画画。

诗人：这真是太重要了，你的第一幅画画的是电影明星。你怎么评价自己的能力，你在工作上是个快手吗？

安迪：我五分钟就能搞出一幅画来，但有时我又会麻烦不断，于是就得一遍又一遍地重来。再不然就是松节油不够用了，所有东西都变得黏黏糊糊的。我曾在一天之内做了五十幅猫王，是我加利福尼亚那场展的一半儿的量了。结果消防站的屋顶漏了，它们全都毁了。我不得不重做了一遍。

诗人：今年现代博物馆的展怎么没有你？

安迪：我被挤出去了。不过没关系。

诗人：怎么回事？

---

[1] 通常表现为急速、不协调的脸部和手脚的抽动。

安迪（咳嗽一声）：他们展了玛丽索尔（Marisol）和鲍勃·印第安纳（Bob Indiana），我猜他们觉得要是一个展上有三个画家都来自同一间画廊的话，那就太多了。我很受伤。

诗人：你怎么看抽象表现主义？

安迪：艺术死了。

诗人：艺术为什么死了？

安迪：没人思考了。没人再运用想象了。想象力完了。

诗人：你怎么看拉里[1]？

安迪：他是"波普艺术"的老爸。他时髦又优雅。

诗人：什么是"波普艺术"？

安迪："波普（Pop）……艺术"……是……使用……流行的（popular）……图像。

诗人："波普艺术"是虎人的吗？（原文如此）[2]

---

[1] 指艺术家拉里·里弗斯（Larry Rivers，1923—2002）。——原注

[2] 这一句原文是：Is "Pop Art" a fade? [sic]，其中 [sic] 是本书的编者所加，用来表示尽管可能有错误或者语句不通，但是原文如此。fade 作动词时，有褪色、消逝之意，作名词则有淡入、淡出之意；这里按照上下文，说的应该是 fake，意指波普艺术作为艺术乃是冒牌货，是不够格的。综合考虑后，以"虎人"来译 fade，这样大家当然会读作"唬人"（fake）。

安迪：是，"波普艺术"是虎人的。（原文如此）而我是一个"波普艺术家"。

诗人：你愿意和马尔伯勒[1]合作吗？

安迪：哦，当然。他们是家国际性的画廊，而且我听说他们会给你一个私人秘书。那对我的职业生涯会是件好事。

诗人：金宝浓汤那帮人有没有给你免费的汤？

安迪：没有！甚至连一句感谢都没有。是不是很不可思议？要是我画的是亨氏（Heinz），德鲁·海因茨（Drue Heinz）肯定每周都给我送来整箱整箱的汤。

诗人：你怎么看美国绘画中的裸体？

安迪：哦，艺术太难了。

诗人：那边地上放的那罐是什么东西？看起来像是刷房子的涂料。

安迪：是的，正是。我是想说，我画上的黑色就用的是那个。

---

[1] 指纽约市的马尔伯勒画廊（Marlborough Gallery）。——原注

诗人：你不会像其他艺术家那样用那种管状的颜料吗？

安迪（以不快的口吻）：哦，不，不会。

诗人：那你都用什么颜料？

安迪：我用银色喷漆，给塑料上色的涂料……还有瓦诺林（varnoline）。

诗人：瓦诺林是什么？

安迪：我用它来清洗丝网和刷子。麻烦可大了。我对瓦诺林过敏，皮肤上起了一堆疹子，有些还溃疡了，我都要吐了。我真的得停止作画了。

诗人：你是最近才开始对它过敏的吗？

安迪：是的，最近两三周开始的。

诗人：前两年你一直都在用瓦诺林？

安迪：对。

诗人：你不觉得这其实是心理问题造成的吗？

安迪：不觉得……也许是吧……我不知道。

诗人：要我说，如果你过去两年都并不对它过敏，那么就一定是精神失常引起的。

安迪（感到困惑）：也许是吧。它会进到你的血液里。瓦诺林有毒，所以才引起……

诗人：你的丝网都是在哪儿做的？

安迪：在戈尔登（Golden）先生那儿。

诗人：就是劳申伯格做丝网的地方？

安迪（极为不快地）：对……哦，别把这个写进访谈里。

诗人：给我讲讲你不作画的时候都干些什么。

安迪：我相信生活自有其价值。我之前不这样想。我 7 月 4 日 [1] 是在乡间度过的，我意识到自己已经忘记了生活太久了。乡间很美好。我开始去百老汇和西七十三街那儿的萨姆·龙尼健身中心（Sam Ronny's Health Club），每天四小时。有人给我按摩，我练拳、游泳……我希望可以变得像铅笔一样细……我希望可以喜欢我自己……让我想想我都还做些什么。嗯，我在拍一部关于睡觉的电影。

诗人：睡觉！是怎么一回事儿？

---

[1] 美国国庆日（独立日）。

安迪：一部约翰·焦尔诺睡了八小时觉的电影。

诗人：真有趣。你能再说得具体点儿吗?

安迪：就是约翰睡了八个小时。他的鼻子和他的嘴。他的胸口随着呼吸一起一伏。偶尔,他会动上一下。哦,实在是美极了。

诗人：我什么时候能看到这部片子?

安迪：我不知道。

诗人：再跟我聊聊你的画吧。

安迪：我要停止作画了。我希望我的画可以卖到两万五。

诗人：真是个好主意。你眼下在忙什么?

安迪：死亡。

诗人（目瞪口呆）：呃……

安迪：那个从帝国大厦跳下来的女孩儿,一个从贝尔维尤 [1] 的窗户纵身而下的女孩儿,电椅,车祸,种族

---

[1]　应是指纽约市的贝尔维尤医院（Bellevue Hospital）。

骚乱。

诗人：你那些照片都是从哪儿来的？

安迪：我的朋友们帮我从报纸上剪下来的。

诗人：你觉得玛丽索尔和人乱搞么？

安迪：这种事没人知道。

诗人：我什么时候可以看到你那些有关死亡的照片？

安迪：11月。我在巴黎会有个展[1]......（绝望地）我还没开始做呢。我恐怕得在一天之内把它们都搞定。明天……我不知道我为什么要在巴黎办展。我不觉得欧洲有什么好的。

诗人：你觉得和玛丽索尔相比，奥尔登堡怎么样？

安迪（不耐烦地）：哦……你不能问我这种问题。

诗人：你想和伊丽莎白·泰勒见面吗？

安迪（欣喜而兴奋地）：哦——，伊丽莎白·泰勒，哦——，她是那么地光彩照人。

---

[1] 伊利安娜·松阿本德画廊（Galerie Ileana Sonnabend），巴黎，1964年1月至2月。——原注

诗人：再跟我谈谈你的画。

安迪：奇迹，是奇迹创造了它们。

（完）

艺术家正流行 [1]

露丝·赫希曼（现在是露丝·西摩）(Ruth Hirschman [Now Ruth Seymour])

1963 年秋

KPFK 电台广播的誊录稿，收录于加州伯克利的帕西菲卡基金会 (The Pacifica Foundation) 1965 年出版的《年度年鉴》(*Annual Annual*)

1963 年 9 月，在拍了《睡觉》之后，沃霍尔为他的第二个展览——在洛杉矶的费鲁斯画廊（Ferus Gallery）——来了一场横穿美国的公路之旅。陪同他的有演员泰勒·米德、艺术家温·张伯伦（Wynn Chamberlain）以及沃霍尔的助手诗人杰勒德·马兰加（Gerard Malanga）。沃霍尔在洛杉矶的行程排满了派对和开幕式。他受邀前往在丹尼斯·霍珀家举行的派对，在那里，他经人介绍，认识了特洛伊·多

---

[1] 标题原文为 Pop Goes the Artist，此处 Pop 也可以译为"波普"，"艺术家正转向波普"。

纳休和萨尔·米涅奥等明星；他出席了在帕萨迪纳艺术博物馆（Pasadena Art Museum）举办的马塞尔·杜尚回顾展的开幕式；此外，他还在逗留期间拍了一部电影——《泰山和重获的简……算是吧》（*Tarzan and Jane Regained...Sort of*），由米德和纽约地下电影制作人娜奥米·莱文（Naomi Levine）出演。

费鲁斯的那次展览主打放在正厅里的猫王的肖像，它们全都印在一卷连续的画布之上，由画廊主欧文·布卢姆（Irving Blum）自行裁切、绷装。尽管沃霍尔声名日隆，而且此前波普也已经传到了西海岸，但此次展出的画作对于公众来说还是太像由机器制作的了。展览遇冷，一幅画也没卖掉。安迪事后指出，那些画根本就是挂在墙上的钱，但那时人们看不见。

展览开幕几日后，KPFK 的艺术总监露丝·西摩（那时还是露丝·赫希曼）在帕西菲卡的北好莱坞演播室里采访了沃霍尔和米德。西摩在 1961 年底加入KPFK，经常采访路过洛杉矶的艺术家和知识分子，比如电影制作人让·雷诺阿（Jean Renoir）、诗人查尔斯·布考斯基和作家欧斯金·考德威尔。在 1960年代早期，KPFK 那样的电台在南加州就只有那么一家。西摩负责电台的艺术报道："我决定节目做什么、播什么，我会选我认为重要的和适时的内容来做。"
她对沃霍尔和米德的采访持续了大约半个钟头。

采访那天，和西摩一起出现的还有她五岁大的女儿——她病得太厉害，没法去上学。"我都没法跟你说当我带着个生病的孩子开车赶到时，他们脸上的表情，"西摩回忆道，"往轻了说，他们至少是对此感到不快。显然，眼前的这位郊区妈妈就要采访他们了：一边是家庭生活，一边是两个堕落的同性恋先锋派。"西摩把她女儿安置在演播室的一角，给了她一些油画棒和一本上色书，就开始了工作。

访谈开始得很是草草，沃霍尔把自己的出生地乱说成了俄亥俄州的杨斯敦（Youngstown）。西摩感到"沃霍尔和米德一开始没有拿我当回事儿。他们觉得我长得不错，聪明，对于圈子里的事儿十分了解（我给他们的印象，大概经历了这么个逐渐的演变），而这些也正是安迪和泰勒在意的"。

随着他们谈的越来越多，情况开始了转变。"泰勒是先软下来的那个。你可以看得出来他在变，你看得出来他在想'哦，她这人还挺有意思的嘛'，"西摩回忆道，"安迪是个更加有所保留的人，你不太看得出来他对事物的反应。但是随着访谈的推进，他也逐渐活跃起来，我们开始你一言我一语，访谈变为了友好的交谈。到了最后，我们已经是在愉快地谈天了。访谈结束后，他们都为我女儿的情况感到抱歉，我看得出他们的愧疚，特别是她在整个访谈过程中表现得都很乖——她病得太重，连哭闹的力气都没有了。他们迟来的关切基本没有向她表露，但对于那不太友好的开始，他们确实有尽力做出补救。"

——本书编者

►

露丝·赫希曼：安迪，你是哪里人？

安迪·沃霍尔：俄亥俄州的杨斯敦。

赫希曼：俄亥俄州。你是在那里长大的？

沃霍尔：对。

赫希曼：你人生的大部分时光都是在俄亥俄度过的吗？

沃霍尔：不是。

赫希曼：那是在哪儿呢？

沃霍尔：费城。

赫希曼：你那会儿画画吗？

沃霍尔：画。

赫希曼：你画了有多久的画了？

沃霍尔：我……呃……嗯……我就是照着美宝莲的广告画。

赫希曼：你是说那会儿吗？

沃霍尔：对。

赫希曼：嗯。

沃霍尔：都是些电影明星……海迪·拉马尔，还有琼·克劳馥。

赫希曼：你做这些的时候，已经有名为"波普艺术"的运动了吗？

沃霍尔：只在小学里有。

赫希曼：算是地下状态。

沃霍尔：地下波普艺术。

赫希曼：嗯。你是什么时候登上波普艺术的舞台的？

沃霍尔：打滑的时候，让我们这么说吧。呃，两年前。[1]

---

[1] 沃霍尔对于这个问题和上个问题的回答都颇为戏谑。采访者问他那时是否已经有以"波普艺术"的名义为人所知的运动时，他说只在小学里有，这当然是个笑话，不过又并非完全荒唐——因为作为小学生的他正在照着美宝莲的广告画画，和后来的波普确有相通之处。而这里采访者问沃霍尔是什么时候登上波普艺术的舞台的（hit the Pop Art scene），他的答语是The skids——（车辆）打滑的时候，亦即他故意按照采访者使用的 hit 这个词的"撞击、撞上"这一义项来理解问题。

赫希曼：是在纽约吗？

沃霍尔：对。

赫希曼：我最常听到的一个讨论，特别是关于你作品的一个讨论是，你是从哪儿得到你创作的主题的？金宝浓汤展在这里展过，而现在，不用说，正在展出埃尔维斯·普雷斯利；看着人们在费鲁斯画廊里走来走去，特别是那些试图给他们的学生做讲解的、在大学里教艺术的老师，他们通常会从社会意义的角度来谈——这画的是，画的是我们文化的一个方面——你赞同这样的解读吗？当你为金宝浓汤展进行创作的时候，你是否会有意识地想类似"能代表我们文化的符号是什么？"这样的问题？

沃霍尔：呃，不会。

赫希曼：不会去想吗？

沃霍尔：不会。

赫希曼：是不是它们只是触动你的事物？

沃霍尔：是的。

赫希曼：而且你是随机选择的它们。

沃霍尔：是的。

赫希曼：你认为它们特别地美国吗？

沃霍尔：呃，它们是什么呢，它们是我仅知的东西。

赫希曼：当我去看你的展的时候，我不知道你知不知道，我不知道你那会儿在不在城里——我是说金宝浓汤展的时候——几步远的地方还有一家画廊，他们在橱窗里放了六罐金宝浓汤和一个小小的牌子，上面写着"别被骗了，在这儿买真东西，两罐三十三美分"。

沃霍尔：哦，要是我知道的话，我会买下来。

泰勒·米德：没错，实际上，他当时正要进军雕塑界，我们本来计划要去一家超市，把一货架的东西全给固定好，然后运到博物馆或者什么地方去的。

赫希曼：有件事我觉得有点儿意思，就是几乎所有的波普画家似乎都来自中西部；或者也许我弄错了？

沃霍尔：哦，你没错。我想是加利福尼亚——从加利福尼亚出来了好多人，不是吗？

赫希曼：加利福尼亚有一些，不过我知道奥尔登堡来自芝加哥，另外我想利希滕斯坦也是中西部人。

沃霍尔：泰勒·米德也来自中西部。

米德：我不是波普艺术家，我是浪漫主义者。

赫希曼：有区别吗？

米德：我是默片时期的那种电影明星。

赫希曼：有区别吗？

沃霍尔：没有。

米德：有。我简单又纯洁，而安迪复杂又常常语带讥讽。

赫希曼：你常常语带讥讽吗，安迪？

沃霍尔：没有，我很简单的。

赫希曼：你很简单。听到没有，他说他也是个简单的人。也许他是个真正的浪漫主义者。

米德：也许吧。

沃霍尔：不，不过我至少是个准浪漫主义者。

赫希曼：当你——举例来说——当你为猫王展做准备的时候，我不太清楚，你是什么时候准备好的？

沃霍尔：嗯，准备它花了我五分钟吧。

赫希曼：哦。

沃霍尔：我是说，呃，大概一个小时。是在一个月前准备好的。

赫希曼：这次展出的内容之前展过吗？

沃霍尔：没有。

赫希曼：这是首展？

沃霍尔：对。

赫希曼：当你说这个展花了你大概一个小时的时候——你平时大部分时间都在作画吗？

沃霍尔：没有。

赫希曼：你不作画，那么你做什么呢？另外，我知道你拍了一部电影，而且你还要再拍一部。

沃霍尔：我不知道。

赫希曼：你只是生活。

沃霍尔：对。不，我不生活。

赫希曼：你想要具体解释一下刚才的话吗？

沃霍尔：不。

米德：他其他时间都用来放猫王的唱片了，还有就是听那些唱片。

赫希曼：你认为波普艺术能够存续下去吗，比如要是没了那些公关人士的话？

沃霍尔：哦，当然。

赫希曼：你真这么想？

沃霍尔：嗯，因为我认为那些前来看展的人理解得更多。他们不非得思考。他们就那么看见它，喜欢它，而且理解起它来也更容易。说起来我觉得人们正变得越来越不愿意思考了，而这就容易多了。

赫希曼：我猜你在这种变化里看到了一些积极和正面的东西。

沃霍尔：对，没错。

赫希曼：嗯。要是你可以再多谈谈，解释一下你为什么会这么想就好了。

沃霍尔：我不知道，我不知道——

赫希曼：嗯，刚才我就在想，我带我女儿去过两三个波普艺术展，我一点儿力气都不用费就能让她理解那些东西又或者让她感到厌烦——不过她没有厌烦，她玩得很开心。也许你想说的就有点儿这个意思？

沃霍尔：对，对的。

赫希曼：你就那么、就那么喜欢上它。

沃霍尔：没错。

赫希曼：你不非得……

米德：我不觉得，说真的，我不觉得一个孩子对波普的喜爱能和他对一般书里的图画的喜爱有什么不同。我认为对波普的欣赏几乎可以说是需要你熟谙世事才行。因为某种意义上，它是在重新评估国内已经泛滥成灾的广告的价值。

赫希曼：那么也就是说，你把它看作是讽刺。你觉得一个罐头……

米德：我把它看作这个国家急需的东西。而且实际上，美国已经完全陷没在广告之中了，而波普艺术家……我们必须在广告里找出点儿价值来，因为它——你懂吧，我们必须把它拿过来，在里面找出点儿像样的东西来，不然我们就只能被广告闷得喘不过气来了，而波普艺术家在做的就是这样的工作。他们就好比在说

"不管了，我们就是要喜欢它"，你能明白吧。

赫希曼：我觉得这很有趣。这正是我们经常能听到的。换句话说，波普艺术从某种角度来说是一种语言艺术。无论是对你还是对我来说，谈论波普艺术的意义都是非常简单的，我们可以就其意义给出非常充分的说明。但是当我们问安迪的时候，他却不想把波普说成是具有什么意义的，而这正是让我感到有趣的地方。

米德：这倒是，不过他过去是做广告的，现在他更进一步了。

赫希曼：你过去是以广告为业吗？

沃霍尔：是的。

赫希曼：你觉得现在做的事和过去有关联吗？

沃霍尔：啊？没有。不过是我那时喜欢我那时做的事，而我现在喜欢我现在做的事而已。

赫希曼：但你不认为两者是一码事？

沃霍尔：嗯，不。

赫希曼：你同意米德刚才说的吗？我们已经……

沃霍尔：不……

赫希曼： ……已经被完全淹没在广告之中了，以至于现在我们从其间发现了意义？

沃霍尔： 不。

米德： 说起来，现如今广告是如此之多，以至于你实际上可以从中拣选出可谓，呃，可谓艺术的东西。比如说吧，我们不是刚开车横穿了美国么，我们俩会说"哦，瞧那个可口可乐的标牌有多棒！"又或者"那家餐厅的招牌可真不错！"因为有了波普艺术，你可以从一般的广告标牌里看出价值，这实在让人感到惊奇。

沃霍尔： 是。

赫希曼： 我也觉得是这样。我不认为有人在看过金宝浓汤展之后，还能走进一家超市、用过去的眼光看一罐金宝浓汤。

米德： 波普艺术家区隔出了一种看待我们身边事物的方式，我觉得这就好像一个描绘林地的艺术家区隔出了一种看待乡间的方式一样。

赫希曼： 你认为这就像是在对我们现如今的生活方式发表意见？

米德： 当然，绝对是。

赫希曼：波普艺术在发表这样的意见？

米德：是的，可以这么说。

赫希曼：这一意见是否关涉价值判断呢？它是在说，嗯，这就是我们所拥有的——金宝浓汤；还是在就何为真、何为美发表看法？抑或是在说金宝浓汤之中其实就包含着关于真和美的见解？

米德和沃霍尔：两者都是，嗯，两者都是。

赫希曼：那么也就是说，你们并不将其视为一个负面评价了？

米德：（大笑）有些时候我是把它当作负面评价的。

赫希曼：安迪，你喜欢你画的那些事物吗？

沃霍尔：我喜欢。

赫希曼：换句话说，你画那些东西是有原因的，比如说相较于其他人工制品，你更为金宝浓汤所吸引。

沃霍尔：哦，我喝金宝浓汤，说起来，有二十年我都是一个三明治一罐汤。

赫希曼：嗯。

米德：你瞧，他完全陷在这些东西里面了，而这势必会以某种方式喷发出来——美学的方式也好，智识的方式也罢，又或者是老于世故的或者嘲讽的方式，好比他创作的伊丽莎白·泰勒和猫王。很明显，他拿来创作的都是在这个国度里最为……

沃霍尔：哦，但是……

米德：……最为流行的流行事物。

沃霍尔：但是我现在在做死亡了，而这可不是嘲讽。

米德：对，不过你做它的方式可是被用滥了的、随处可见的方式，真的。

沃霍尔：哦……

赫希曼：如果就这个话题再问一个问题，会不会不太方便？

沃霍尔：不会。

赫希曼：你说正在做死亡。

沃霍尔：对。

赫希曼：是怎么个"做"法呢？

沃霍尔：哦，这个嘛，就是那些从窗户跳出来摔到地上的人、被车撞死的人、服毒的人，还有，呃，就这些。

赫希曼：他们是不同的人吗？还是说——

沃霍尔：不不不，就只是报上的照片，还有电椅和……

米德：灵车。

沃霍尔：和灵车。

米德：成堆成堆的花朵。

沃霍尔：哦，花朵。

米德：……从花店买来的，摆在坟墓上。

赫希曼：人们会走过来跟你谈论你的作品吗？

沃霍尔：不会。

赫希曼：他们不会吗？

沃霍尔：嗯。

赫希曼：为什么呢？

沃霍尔：我不知道。

米德：都在那儿了，没什么好谈的了。

沃霍尔：对。说起来真的没什么，所以也就没什么好说的了。

赫希曼：你为一场展出所进行的创作，比如为猫王那场展，你说大概花了一个小时，不过我想实际用的时间会更久吧？我是说应该是花了更长的时间，只不过你会觉得那部分时间是为了最后达成的结果所做的准备。

沃霍尔：没有，一切不过是机械劳动。

赫希曼：你把创作视为生活的一部分，而不是像那些极度浪漫的观念所描绘的那样，即认为艺术家在他进行创作的时候乃是处于巅峰时刻？

沃霍尔：嗯——不是；对，并不是那样。

米德：嗯，更像是开动机器做工——去工厂上班。

沃霍尔：对。

赫希曼：那么对你来说，创作和你在一天之中会做的其他事情——比如洗澡或者吃三明治——有什么不同吗？

沃霍尔：没什么不同，都一样。

赫希曼：全都一样。

沃霍尔：对。

赫希曼：呃，现在我想，如果我还没介绍过他的话，我想介绍泰勒·米德，他是——

米德：哪儿啊，哪儿啊，哪儿啊！

赫希曼：可不可以跟我们讲一下，泰勒，你也是这种情况吗？

米德：什么情况？

赫希曼：对你来说，演戏是不是也——

米德：等那个怪声儿消失了，我再说。

赫希曼：好了，说吧！

米德：我不知道。我现在可以说是已经习惯了，所以我不知道我什么时候在工作、什么时候不在。而且现在我走红了，所以……我一天二十四小时都在工作。这很不错。

赫希曼: 但对你来说这是一件不一样的事情,至少在我听起来是如此,演戏对你而言不像是洗澡或者吃三明治,而像是……

米德: 这个嘛,我觉得理想情况也许应该没什么不一样的,不过实际上批评家说我不管怎么演都是不会错的。但是其实不是,其实我在摄影机前的时候还是会有一点儿紧张。摄影机开了,你在**工作**,这和在舞台上还是不太一样。不过这很快就过去了,最终你又不知道你还是不是在工作了;至少我觉得自己基本上是不会有"在工作"的意识的。

赫希曼: 泰勒,你觉得在波普艺术和沃霍尔正在做的事情与新美国电影(New American Cinema)现在制作的那些影片之间,是否有一种相对的关系?

米德: 一定有关系,因为我和波普艺术家相处得实在太好了。这是我能做出评判的唯一方式,因为我喜欢他们——我们喜欢彼此。

赫希曼: 你们是在以实质上相同的方式工作吗?比如说,你们也在区隔出一些能够代表美国的符号吗?

米德: 不,我们没在区隔任何东西。我拍的那些电影,呃,就像安迪说他走进他的艺术一样,我们走进我们的电影里。但与此同时,我们因为对于往日的默片充满敬意,所以在我们自己的电影里也滑入了一些浪漫和夸张。比如一部电影——比如我拍的一些电影的片名，如《示巴女王见原子男》（*Queen of Sheba Meets the Atom Man*），又如……

沃霍尔：对，不过话说回来，那也会成为一个符号的。就像使用泰山和所有那些东西。泰山是一个，还有总统，另外……

米德：你说的没错，不过我们拍泰山不是照搬莱克斯·巴克又或是韦斯穆勒[1]。如果是拍波普艺术版的泰山，我们会照搬，那将会是一部电视版泰山。我们会用一模一样的小裤裤。

赫希曼：你们没有……

米德：没有！我就只有——我能找到的唯一一件泰山装，是一条穿了八年的黑白条纹泳裤，我们把它撕成碎布条，刚刚能遮住我的私处。

赫希曼：这片子叫什么名字？

米德：《算是泰山吧》（*Tarzan Sort of*）。

赫希曼：《算是泰山吧》？

米德：对。

---

[1] 这两位演员都演过泰山系列电影。

赫希曼：也许这就是差异——波普艺术是泰山[1]。

米德：还有一部分是泰勒·米德，因为我得有一半儿的时间没法穿我的泰山装。我们要么是在高尚的派对上，要么是在力量训练区，力量训练区的经理会变得非常不镇静、色眯眯的。

赫希曼：你觉得新美国电影的那些片子是社会评论吗？

米德：绝对是啊。他们可是一点儿情面也不讲，直截了当地嘲讽，完完全全地鄙夷——对现今的好莱坞、电视和所有的一切。对于好莱坞过去的工作方式，他们并不鄙夷。那时的好莱坞有出谋划策的人，一天时间就能拍出一部电影来，而且大家都很尽兴。而现如今呢，如果一个工人在隔着好几个摄影棚的地方钉钉子而这边有演员在拍一幕大戏，即使钉钉子的声音几乎根本就没有收到，他们也会把整场戏重拍一遍，也不管演员还在不在状态。他们关注的就仅仅是有没有杂音，布景是不是完美——要确保一点儿灰也没有，他们把电影看成一个冷冰冰的技术活。

赫希曼：对于新美国电影，你会用"地下"这个词吗？

米德：它不该是，因为纽约电影节证明了这一点，那

---

[1] 这里表达的意思还是上面米德说的，如果是以波普艺术的方式拍泰山，那么就会一切照搬，拍出《泰山》而非《算是泰山吧》，好比安迪·沃霍尔的《金宝浓汤》就只是搬用金宝浓汤的形象一样。

些常去艺术影院看外国电影的人全都做好了观看新美国电影的准备了。没什么难的。而且，呃，任何命名，"新美国电影"也好，或者甚至像"先锋"这种称谓也罢，任何类似这种将一个运动区隔出来的名称我都觉得是不合适的，因为各种各样的人都很喜欢我在加州的威尼斯拍的那部电影——《海边贫民窟的激情》(*Passion of the Seaside Slum*)——这部片子给各种类型的观众都放过，而他们都……总之它的影响是巨大的，然而它是以未经特别筹划的方式、半是遵循着这种新电影的规范拍出来的。

赫希曼：可能有些听众还不太了解，我在这边介绍一下，泰勒最早的三部电影，我印象当中都是在加州的威尼斯拍的，是这样吗？

米德：嗯，不是，两部是在旧金山拍的，还有两三部是在这里，在洛杉矶拍的。《无感》(*Senseless*)、《带着爱欲去洛杉矶》(*To L.A. with Lust*)和《海边贫民窟的激情》(*Passion of the Seaside Slums*)[1]。

赫希曼：《无感》是讲什么的？

米德：《无感》讲的是放一只小型充气船到水里去漂的故事——是在纽约拍的，我想。

---

[1] 上文提到这部片子的时候说的是 *Passion of the Seaside Slum*，这里则用了复数的 Slums，而影片的实际名称是 *Passion in a Seaside Slum*。下文的《窃花贼》，赫希曼提到时说的是 *Flower Thief* 而米德则说的是 *The Flower Thief*。

赫希曼：我觉得在洛杉矶放得最多的片子，就是只要有心就能看到，而且大概还会再次放映的，是《窃花贼》（*Flower Thief*）[1]。

米德：对，《窃花贼》（*The Flower Thief*）可以看到，还有《柠檬心》（*Lemon Hearts*）。这两部片子都有很多拷贝，都是从纽约市的电影制作人合作社那儿来的。

赫希曼：安迪，你制作的那部片子是叫什么？

沃霍尔：呃，是一部片长八小时的关于睡觉的电影。

赫希曼：你愿意和我们就这部片子多谈一谈吗？

沃霍尔：这个嘛，实际上也没发生什么事，就是一个人睡了八小时觉。

赫希曼：而你则把镜头对准他，并且……

沃霍尔：对。

赫希曼：……并且就那么直接拍？

沃霍尔：也不是，我就把机器打开，它自己运转、自

---

[1] 《窃花贼》（1962），由罗恩·赖斯（Ron Rice）执导。——原注

已拍，基本上这就差不多完了。实际上，实际上这就全部完成了。

赫希曼：你打算请人过来看片子、写评论吗？像约翰·凯奇上一场音乐会那样，让评论家从十一点一直待到十二点。[1]

沃霍尔：已经有人写了评论了。

赫希曼：哦，已经有影评了。

沃霍尔：是的，乔纳斯·梅卡斯已经评论过了。

赫希曼：在《村声》。

沃霍尔：嗯，说起来，这是部你可以随时进场观影的电影；而且你还可以四下走动、唱歌跳舞。

米德：我在给它配乐。

赫希曼：在纽约，波普绘画和电影制作之间有紧密的关联吗？

米德：嗯，可能不能这么讲。不过所有的画家都在某

---

[1] 1963 年 9 月，约翰·凯奇在纽约的袖珍剧场（Pocket Theatre）组织了埃里克·萨蒂（Erik Satie）《烦恼》（*Vexations*）的首次完整演出。十位钢琴师以两小时为单位轮番登场。音乐会持续进行了十八小时四十分钟。——原注

种程度上也对电影感兴趣，他们中的很多人都对电影制作感兴趣而我们也常常请他们来演电影。而且那个圈子，我是说纽约的艺术圈，在我看来是互有关联的，电影啊人啊所有的……

沃霍尔：哦，是吗？

米德：……一切都非常融洽。

赫希曼：可不可以告诉我，你说的这个圈子包括戏剧吗？还是说戏剧在这个新运动中已经失势了？

米德：哦，是啊，那种在舞台上重复、重复、再重复的整套做法——呃，怎么说呢——因为新运动主要发生在舞蹈、音乐以及偶发剧（happenings）领域。

赫希曼：换句话来说，是那些比较具有流动性的……

米德：大概似乎只有那些只演一晚的舞台作品参与了这场新运动。

赫希曼：你是指偶发剧吗？

米德：而那些一演再演的节目——搞那些的人，他们的性情和气质本就和它不太合，至少我是这样觉得的。因为这些可都是垮掉派的人物。

赫希曼：在这场新运动和凯奇——约翰·凯奇——的

音乐之间，有紧密的关联吗？

沃霍尔：我觉得有。

米德：在你必须要从什么之中解放出来这件事上，他提供了一个带有学究气的主意。我的意思是说，他也许能够帮助别人解放他们自己，但如果是想做出有意思的事儿或者真正刺激的事儿，那他就帮不了你了，他……

沃霍尔：我觉得他很了不起，但我也认为更年轻的那帮小孩儿……

米德：作为艺术家，他对于那些精于某种技艺的人是有启迪的，他也许能帮你在技术上获得解放，兴奋难当地投入到你想投入其间的东西里，邦戈鼓、钢琴丝、闹钟又或是其他东西……

沃霍尔：不过他，他确实很棒……

米德：但是就作品的连贯通达而言……

赫希曼：你觉得作品一定要连贯通达吗？

米德：我觉得那样会更有趣，一场一小时的音乐会，比起人们随随便便走进来就只看到——嗯，也难说；两种方式都有趣，但是我喜欢，我个人更喜欢，我是个很戏剧化的人，我喜欢度过一个戏剧之夜，那能带给你一种整体的美好感觉，特别振奋精神。

赫希曼：你觉得自己需要一个聚焦点是吗？

米德：嗯，凯奇也好或者其他那些人也好，你走进现场，也许你会在智识上受到刺激，但是你不会在感情上受到撩拨，他不会让你沉浸在情感之中不能自拔。

沃霍尔：在纯粹实验性的、智识层面的"解放其他艺术家"这件事上，我要说他做了很多工作。

赫希曼：但你不觉得他是个浪漫主义者，对吧？

沃霍尔：不觉得。

赫希曼：安迪，你为什么要重复你的那些图像？

沃霍尔：我不知道。

赫希曼：当你向安迪这样发问的时候，他就没有兴趣作答了。那比如说吧，你画了很多幅《金宝浓汤罐头》，对你来说，它们中的每一幅都是不同的吗？

沃霍尔：呃，不是。

赫希曼：它们全都是一样的？

米德：哦，不，有些是鸡汤，有些是牛肉汤——

赫希曼：我在费鲁斯画廊一边看一边数，看都有哪些卖掉了，我有个有趣的发现。我觉得你在一种口味上可能遇到了麻烦。鸡汤罐头不太卖得动，我觉得很逗。

米德：要我说肯定是来的人里有好多都是素食主义者。

赫希曼：……像那些就一下子都卖掉了。

沃霍尔：不是，我只是觉得人们每天都在做同样的事情，生活就是这个样子的。不管你是做什么的，做来做去都是同样的事。

米德：哦，这绝对是美式生活。因为有半数的美国人每天都要把他们做的事至少做上八小时，重复、重复、重复了再重复；而乡间生活也是重复、重复、重复了再重复，所以为什么不在艺术里也重复重复呢？一幅《猫王》，为什么不来上二十幅？

赫希曼：安迪，你不表演，对吗？

沃霍尔：对。

赫希曼：你的这部电影，你是导演？

沃霍尔：不是。

赫希曼：那你做了什么？你是那个睡觉的人吗？

沃霍尔：哦，你的意思是那部电影——不是泰山那部。

赫希曼：不是，我现在在谈的是——哦，顺便问一句，这部片子有名字吗？

沃霍尔：呃，没有。

赫希曼：会有吗？

沃霍尔：不会。

米德：《睡觉》，我猜会叫这个。

沃霍尔：不，我们不会给片子起任何名字。就那么放，你能想象吧，如果有人打电话过来问说"电影什么时候开演？"你可以只管回答说"任何时候"。

赫希曼：依我的想象，这部片子的一个有趣之处是它恐怕不会有重复的时刻。我觉得大概人的脸庞将会处于变化之中。

米德：嗯，不会，只要等我……

赫希曼：我的意思是视觉上的变化。将摄影机对准一个正在睡觉的男人，我想知道他的脸庞是否会有可以察觉的变化。

沃霍尔：在很长一段时间里都不会有变化。

赫希曼：不会吗？

沃霍尔：有那么几幕，会有变化，不过之后又是很长时间没有变化了。

赫希曼：顺便问一句，我其实有点儿好奇，你是怎么找到的这个拍摄对象，能让你……？

沃霍尔：嗯，其实花了不少时间。他碰巧是个爱睡觉的人。

赫希曼：而他愿意这样做而无需……

沃霍尔：嗯，是的，我有钥匙，我就那么开门进去，这对他来说从来都不是事儿。

赫希曼：他知道你会这样拍他？

沃霍尔：是啊，没什么大不了的，因为他——我猜他这人有点儿问题。

赫希曼：也许他没什么问题。

米德：嗯，他很有钱，不需要签电影合约。

赫希曼：他就那么直接上了。

沃霍尔：对。

赫希曼：好吧。这片子你要做剪辑吗？

沃霍尔：已经剪了一半了——几乎剪完了，嗯。

赫希曼：你怎么决定呢，我是说，留哪段弃哪段……

米德：所谓剪辑就只是把胶片接起来。

赫希曼：你会舍弃掉一些内容吗，我在想你要如何剪这么一部片子。我是说，如果你的本意是想要做一部一个男人睡八小时觉的电影，那么你会因为某个特定的原因把某一部分剪掉吗？

沃霍尔：不不不，就只剪掉胶片上的那些小孔，你知道，那些必须剪掉的部分。

赫希曼：懂了，除此之外，全部保留，是吧？

沃霍尔：没错。

赫希曼：泰勒，这种拍电影的方式，对你来说有吸引力吗？

米德：有啊，只要我是负责做声轨的那个。

赫希曼：但你不会……

米德：但要是没声音就那么干看的话，呃，那你得能随意来去——

沃霍尔：它不会是默片。泰勒会给配乐的。

米德：我想我大概会即兴做个声轨出来。用钢琴或者工作室里有的不管什么东西，我的收音机啦，还有其他随便什么。

赫希曼：希望片子能从纽约电影合作社（New York Film Cooperative）获取，这样想要放映的团体就可以从他们那儿申请了。

米德：嗯。

赫希曼：好的。非常感谢我们今天的来宾，安迪·沃霍尔和泰勒·米德。

杰勒德·马兰加采访安迪·沃霍尔

杰勒德·马兰加（Gerard Malanga）

1963 年

《文化》（Kulchur）第十六期，1964 至 1965 年冬季刊

在 1960 年代的"工厂"，诗人杰勒德·马兰加是安迪·沃霍尔的首要助手。他们在 1963 年 6 月的一个派对上相识，在那之后不久，马兰加开始为沃霍尔工作。他此前在一家生产领带的工厂做丝网印刷工，他把从这项工作得来的知识和技能带到了"工厂"，而此时的沃霍尔正好在向更为机械的作画手法迈进。

"工厂"的环境对马兰加产生了影响，他基于沃霍尔式的观念，开始了和沃霍尔的一系列访谈。本篇是这一系列的第一篇，发表在 1960 年代的一份规模不大但却颇具影响力的文学杂志《文化》上。（这一系列的另外两篇，《和安迪·沃霍尔谈〈帝国〉》[1964] 和《安迪·沃霍尔论自动化：与杰勒德·马兰

加的访谈》[1968] 也收录在本书之中。)

据马兰加回忆:"整件事是很随意的。我跟安迪说,要不要大家坐下来,做一个问卷式的访谈。我们坐在椅子上,彼此面对面,我手里拿了个笔记本。因为他的回答都很简短,所以记录起来非常容易,只要把他说的写下来就好了。基本上就是我在做听写。"

马兰加问的那些问题是他从一份招聘问卷上摘录的。"我在这里那里做了一些修改,还重复问了一些问题,以便更有沃霍尔式的效果。安迪对于现成的情景感兴趣,所以我觉得很适合采取这种采访方法。"

——本书编者

▶

问：你叫什么，住在哪里？

答：我叫安迪·沃霍尔。我住在纽约的列克星顿大道。实际上我大部分时间都待在东四十七街的"工厂"。

问：你上一份工作是受雇于谁？

答：I. 米勒鞋履沙龙（I. Miller Shoe Salon）。

问：你的职业？

答：工厂主。

问：你是否有秘密职业？

答：商业艺术家。

问：你是否有秘密职业？

答：有。

问：如果有，是什么？

答：我想不起来了。

问：为什么你没有在做你应该做的事情？

答：因为我在拍电影。

问：你的环境允许你做你该做的事吗？

答：不允许。

问：什么事超出了你的控制？

答：我不懂你的意思。

问：为什么别人应该雇用你？

答：因为我是可靠的人。

问：社会欠你的吗？

答：是的。

问：如果你做你的工作感到开心，还应该付你钱吗？

答：应该。

问：为什么？

答：因为那会让我更开心。

问：该付多少？

答：我想多少就多少。

问：你是人吗？

答：不是。

问：为什么你要这样给出你的回答？

答：因为我是个敏感的人。

问：如果你不开心，应该付你钱吗？

答：应该。

问：有谁是根本不该付他钱的？

答：有天分的人。

问：为什么？

答：因为他们很容易就能把事情做好。

问：如果你是个笨蛋的话，你还做得了你现在做的事吗？

答：可以。

问：如果是这样的话，你干吗要做你现在做的呢？

答：因为我不是个太聪明的人。

问：如果你不是个太聪明的人的话，你该为此得到补偿吗？

答：该。

问：特别笨的人应该得到补偿吗？

答：该。

问：你的体格是否影响你做事？

答：影响。

问：怎么个影响法？

答：嗯，有时候，我要是因为多吃而长了点儿肉，我会感到沮丧。

问：你需要什么？

答：不需要什么。

问：你需要的该从何处来？

答：从上帝那里来。

问：你是什么？

答：一个人。

问：你知道什么？

答：什么都不知道。

问：你为自己知道这一点而感到高兴吗？

答：高兴。

问：知道这一点，是有好处的吗？

答：是的。

问：有多少好处？

答：零好处。

问：知道这一点，应该是有好处的吗？

答：应该。

问：你想要忘记什么吗？

答：忘记所有事。

问：如果可以改换身份，你会想变成谁？

答：我不知道。

问：这会对我们的教育标准有怎样的影响？

答：没影响。

问：认识对的人，是不是更好？

答：是。

问：为什么？

答：因为他们是对的人。

问：你认识谁？

答：几乎不认识谁。

问：你认识的人，你就确定认识吗？

答：我对什么都不确定。

问：有什么是你确定的？

答：我对什么都不确定。

问：这样的话，你应该得到雇用吗？

答：我想，决定我应不应该被雇用的，不应该是我对什么是确定的或不确定的，而应该是我能够做什么。

问：你能做什么？

答：我可以把每件事都做好。

问：你想帮谁做？

答：那些我知道应该得到帮助的人。

问：在帮助的意愿和帮助的潜在价值之间，有必然联系吗？

答：没有。

问：为什么没有？

答：因为想要提供帮助未必就会实际进行帮助，因此也就不存在潜在的价值。

问：基于你以上的这些回答，可以说你是一个对他人有用的人吗？

答：不是我要变得对别人有用，而是别人应该变得对我有用。

问：基于你以上的这些回答，可以说你是某种意义上的共产主义者吗？

答：不能。但有人说过我是柏拉图主义者。

问：请跟我谈谈你自己。

答：我已经谈过了。

和安迪·沃霍尔谈《帝国》

杰勒德·马兰加

1964 年

位于匹兹堡的安迪·沃霍尔档案所藏未刊手稿

在他 1966 年为影片《美国：艺术家们》（*USA: Artists*）所做的访谈中，安迪·沃霍尔说："我的意思是说，你应该直接告诉我该说什么，我可以只要重复就好了，因为我没法儿，呃……我今天很低落，什么都想不出来。为什么你不直接告诉我该讲些什么，我照着说就好了。"[1]

下面的两篇"访谈"就是这种性质：它们是由沃霍尔的助手，诗人杰勒德·马兰加本着安迪·沃霍尔的精神拟就的对话。这两篇"访谈"沃霍尔都知道，并且也征得了他的同意。排印于此的《和安迪·沃霍尔谈〈帝国〉》是首次面世，而《安迪·沃霍尔论

---

[1] 参看本书收录的莱恩·斯莱特 1966 年所作访谈《美国艺术家：安迪·沃霍尔和罗伊·利希滕斯坦》。——原注

自动化：与杰勒德·马兰加的访谈》则曾于 1968 年在文学杂志《切尔西》（*Chelsea*）发表过。

　　沃霍尔的事业遗留下的一类问题是经他个人授权的对他本人的扮演。其中最为知名的，是 1967 年秋季，"工厂"常客、经验丰富的演员艾伦·米杰特（Allen Midgette）受雇于沃霍尔，扮成他进行的一系列高校演讲。对沃霍尔本人来说，在高校做巡回演讲既困难又无趣；而学生们呢，则都盼着见到一位充满活力、魅力四射的艺术家。当寡言少语、说不清是害羞还是胆怯的沃霍尔出现的时候，他们往往大失所望。米杰特就不同了，戴着银灰色假发和深色墨镜的他魅力非凡，总能在学生当中引起轰动。这套把戏一时间进行得很顺利，但最终还是完结了——一位起了疑心的报社记者打电话到"工厂"，沃霍尔讲出了实情。[1] 之后，安迪·沃霍尔本人不得不回到那些学校为之前的扮演行为做补救工作。

　　1964 年夏天，沃霍尔、乔纳斯·梅卡斯、杰勒德·马兰加、亨利·戈尔德扎勒（Henry Geldzahler）

---

[1]　这里本书编者的概述相较于沃霍尔自己在《波普主义》里的记述有所不同。依照沃霍尔的记述，巡回演讲进行得很顺利，麻烦出在四个月之后："直到大概四个月后，一所大学的某人碰巧在《村声》上看到一张我的照片并且把它和他拍的讲台上的艾伦作了对比，我们不得不给他们退钱。当西部的一家本地报纸叫我出来说明情况时，我只好说：'那会儿看起来这似乎是个好主意。'"

和约翰·帕尔默（John Palmer）聚在位于中城的时代–生活大厦44层的一间办公室里，拍摄了《帝国》（*Empire*）——一部八小时长的片子，记录下夜间的帝国大厦。拍摄从下午六点开始，于夜里近一点结束。

本篇"访谈"的大部分问答摘自一本帝国大厦的宣传册。"访谈"写于《帝国》拍摄后的数个星期内，而非如马兰加在他的导语里声称的那样，作于《帝国》拍摄后的凌晨四点半。

——本书编者

▶

（下面与安迪·沃霍尔的访谈是在 1964 年的夏日凌晨四点半于时代–生活大厦 43 层做的，此时距离《帝国》这部八小时的"地下"电影摄制完成刚过了半小时。）

杰勒德·马兰加：可以跟我讲一下你上大厦的感受吗？

安迪·沃霍尔：搭电梯上到帝国大厦的楼顶实际上只要花一分钟，但是造访帝国大厦的经验将令每位游客毕生难忘。

从我踏上那台摩登特快电梯的一刻起，我就开始了令人兴奋的旅程。电梯以每分钟 1200 英尺的速度将我飞速送到位于 86 层的观景台。之后，一部特别电梯又将我带到 102 层的大厦之巅。

马兰加：你登上大厦后看到了什么？

沃霍尔：一旦来到帝国大厦的楼顶，世界上最为壮观的景象就展现在了我的脚下。从 86 层（距离地面 1050 英尺 /320 米）的户外天台或者由玻璃窗所环绕、热闹非凡的观景台向下看，其他建筑在这一工程学奇迹面前都显得又矮又小。

从位于大厦 102 层（距离地面 1250 英尺 /381 米）的玻璃窗环绕的圆形观景台向外看，风景甚至更加美妙。在那里，在距离地面将近 1/4 英里的高空，我常为白云所环绕。

25英里之内的地标，我都可以分辨得出，而且我还能够远眺 50 英里，望见五个州——马萨诸塞州、康涅狄格州、宾夕法尼亚州、新泽西州和纽约州。

马兰加：从帝国大厦之上，你都看到了哪些纽约地标？

沃霍尔：北面，美国无线电公司大厦在 840 英亩的中央公园的衬托下分外醒目。左手边，哈德逊河向北，连接着上纽约州和新英格兰。布朗克斯区则在远处的背景里。

从位于 86 层的观景台西北角，参观者可以看到时代广场（在视野的中心部位）和哈德逊河沿岸的繁忙码头，码头上停靠着来自世界各地的巨型船舶。

从帝国大厦的顶层向西北方向望，参观者可以看到东河岸边的联合国大厦（在视野的中心部位）和克莱斯勒大厦（位于左手边）。皇后区则在远处的背景里。到了夜晚，纽约灯光闪耀，有着令人难以置信的美。从位于 86 楼的观景台下眺，可以看到时代广场和剧院区的中心。

马兰加：关于帝国大厦的电视塔，你都知道些什么？

沃霍尔：在帝国大厦的第 102 层，在一个面积相当于棒球投手区的空间上，矗立着一座 22 层、222 英尺高、重达 60 吨的桅杆状结构：它直上云霄，最高点距离地面 1472 英尺，是世界上信号最强、发射范围最广的电视塔。从这里，纽约地区全部共七家电视台的节目被传输到四个州的广大区域内：一千五百万人居住于此，共计拥有的电视机数超过五百二十万台。换句话说，在美国居住的人口中，每十人就有一人处在从帝国大厦传输出去的电视节目的覆盖之下。

马兰加：安迪，可以请你向我简要介绍一下帝国大厦的一些重要数据，并将其和类似建筑做个比较吗？

沃霍尔：蜚声国际的帝国大厦是世界上最高的建筑。相关数据显示，帝国大厦高 1472 英尺，而其他国际著名建筑则有 984 英尺高的埃菲尔铁塔，555 英尺高的华盛顿纪念碑，480 英尺高的胡夫金字塔，以及 179 英尺高的比萨斜塔。

马兰加：关于帝国大厦的巨型泛光灯，你可以告诉我些什么呢？

沃霍尔：帝国大厦令人叹为观止的照明，让这一世界最高建筑的世界知名剪影在夜晚的纽约地平线上也占据着同它白天一样的主导地位。这一巨型泛光灯照明工程的基本光源是一个 1000 瓦特的碘化石英灯，此灯与肯尼迪角导弹发射台上所用的照明灯同属一类。泛光灯以其强度高、射程长和具有精细的光束控制能力而独树一帜。帝国大厦的泛光灯巧妙地安置在大厦的壁阶处，在达到最佳照明效果的同时，又能确保观景台处的美妙夜景不致被妨害。

马兰加：在为了世界博览会[1]而装配上泛光灯之前，帝国大厦是否曾在一个时期内拥有四个强力探照光束？

沃霍尔：是的，你说得很对。从观景台向外望，可以看到四束"自由之光"（Freedom Lights）。它们是世界上最强的光束，它们让帝国大厦成为了全球最高的灯塔……让它无论对海上还是空中的旅客而言，都是一处地标。在 86 层观景台的西侧露台上放置着一块铜牌，上面刻有著名作家麦金利·坎特为"自由之光"创作的 168 字赞词。

马兰加：帝国大厦内部的装饰又是怎样的呢？

沃霍尔：自 1963 年揭幕以来，放置在帝国大厦大厅内、由艺术家罗伊·斯帕基亚（Roy Sparkia）和他夫人勒妮·内梅罗夫（Renee Nemerov）共同创作的八件艺术作品"世界八大奇迹"，已经成为了造访帝国大厦的游客必看的又一胜迹。运用新的技法，艺术家在使用色彩之外，还同时以光作画，描绘了古代世界的七大奇迹以及现代世界的第八奇迹……帝国大厦。

马兰加：你可以跟我讲一下帝国大厦外表面的情形吗？

沃霍尔：帝国大厦不仅是世界上最高的建筑，而且也

---

[1] 指 1964 年的纽约世博会。

是最美的建筑之一。大厦的外表面使用了印第安纳石灰石，石灰石以闪耀的不锈钢镶边，覆盖了大厦从第6层到顶层的全部。无论是在日光里还是在月光下，大厦都显示出非凡的样貌。大教堂一般的大厅，所用大理石是从四个国家进口而来的：法国、意大利、比利时和德国。专家为寻找最美的大理石，对这些国家进行了仔细的梳理；而为了确保大理石颜色和纹理达到最佳的匹配效果，曾将一处采石场挖采净尽。

马兰加：你觉得帝国大厦是一个流行的主题吗？

沃霍尔：帝国大厦在许多电影、百老汇戏剧和几部大热的音乐剧中都起到了重要作用。几乎没有哪一天是它不被电视节目提及的。它还出现在许多流行歌里，以及许许多多的书里。

马兰加：可以列举一些到访过帝国大厦的知名人士吗？

沃霍尔：每一年，帝国大厦都会招待许多国家元首、要人和名流。如果你来得正是时候，你可能见过英女王伊丽莎白二世和菲利普亲王、泰国国王和王后、瑞典的比吉塔公主和德西蕾公主，或者希腊王后弗雷泽里卡，又或是你最喜欢的电影演员。

马兰加：哦，你说这个让我想顺便问一下，谁是你最喜欢的电影演员？

沃霍尔：我最喜欢的电影演员是特洛伊·多纳休。

马兰加：最后我想问一下，你知道其他人眼中的帝国大厦是什么样的吗？

沃霍尔：在评价过帝国大厦的诸多出版物中，有如下溢美之词（但愿我的引用是准确无误的）：

"帝国大厦……美国七大工程学奇迹之一。"

——《时代杂志》

"帝国大厦令人难以置信。"

——《读者文摘》

"……从帝国大厦之巅俯瞰纽约。没什么能与之相较。"

——多萝西·基尔加伦（Dorothy Kilgallen）

"从帝国大厦之上，你可以看出 50 英里之远。"

——《艾伦镇星期日新闻报》
（*Allentown Sunday Call Chronicle*）

"所有游客都绝对不该错过帝国大厦。"

——《纽约时报》

"最棒的是在帝国大厦看夜景。"

——《格拉斯哥（苏格兰）新闻》
（*Glasgow [Scotland] News*）

"从帝国大厦向外望，其景之美令人窒息。"

——伊丽莎白王太后

"纽约造访人数最多的建筑。"

——美国全国广播公司（NBC）

安迪·沃霍尔论自动化：与杰勒德·马兰加的访谈

杰勒德·马兰加

1964 年

《切尔西》第十八期，1968 年

　　这篇"访谈"是在安迪·沃霍尔知晓并同意的情况下，由杰勒德·马兰加一人写就的，大约完成于1964年。马兰加在沃霍尔讲出了他的著名言论"我认为每个人都应该成为一部机器"后（参看本书收录的 G. R. 斯温森于1963年所作的访谈《什么是波普艺术？》），研究了工业自动化的种种情形，写出了下面这些问答。

——本书编者

▶

问：你是否觉得自动化的关键时刻正在以比大多数人预想的快得多的速度提前到来？

答：一直以来，我都认为以自动化代替内燃机是在人类进步的历程中的一个非常重要又让人兴奋的里程碑。

问：但自动化的真谛是什么呢？

答：你不必做太多思考。

问：对于三万五千名乃至更多的正在因为机器而失去工作的美国工人，你有何感受？

答：我不为他们感到遗憾。这让他们有更多的时间休息。

问：你认为自动化是否要为全国范围内的硬币短缺负责？

答：可能吧，不过我希望硬币彻底消失。

问：电脑对你来说意味着什么？

答：电脑不过是另一种机器。

问：你是否觉得若是不进行自动化，在经济上是一种自杀行为？

答：绝非如此。

问：你多次说到过你希望自己成为一部机器。这是否意味着你能检测到你正在做的事，并且能够采取行动来修正任何错误或者进行下一步操作？

答：是的。人类的力量在每一个领域内都在不断增长，唯有宰治自己的能力不长。在行动的领域内，还从没有出现过现在这类事件，让人类显得如此渺小。在历史上，鲜有如今天这样由严酷的事实支配着思想的情况；鲜有如此广布的个人德性却找不到一个明确的集体的焦点。我们面对着那令人感到恐惧的问题：我们的麻烦是否已经超出了我们可以掌控的范围？毫无疑问，我们正处于这样的一个阶段，情况可能确是如此，但这样的情况将随着自动化的兴起而改变，因为人类将理解不同的纪元以及它们到底是如何开始以及结束的。

问：纯粹主义者喜欢谈自动控制——一台主机被用来掌控其他机器，就像工厂中的那种情况。以这个定义为标准，你会说自己是一个纯粹主义者吗？

答：还不是。

问：你希望有什么可以替代人类的努力吗？

答：希望。

问：为什么？

答：因为人类的努力太艰难了。

问：高精度丝网印刷需要技术工人有很高的技巧方能做到。让我们假想一下，如果你有机会得到预先编制好程序的、带有数字信号的机器，可以用来操作现在通常是由我来做的精细的丝网印刷，会发生什么？

答：一切都将以更有效率的方式被完成。

问：你认为我对我的工作是否有产权？我的意思是说，在我一生的时间内，我都拥有我的工作吗？

答：不。

问：如果我的工作随着技术的发展被淘汰了，在这间"工厂"内，难道就不会有新的工作出现吗？

答：大概会有。只要找些其他事情来做就好了。

问：我会挣得更多吗？

答：会的。

问：你如何应对自动化的挑战？

答：成为它的一部分。

问：你会拿自动化为你创造出来的那些闲暇时光做些什么？

答：什么也不做，休息。

问：你会投身于让生活变得更有滋味的业余爱好吗？

答：不会。

问：人类的评判对你意味着什么？

答：人类的评判对我来说没有任何意义。人类的评判在自动化的世界里是无法继续存在的。"问题"必须被"解决"。而没有了评判，也就不会有问题。

问：你有耐心等待问题一点一点解决吗，就是通过小的解决方案的不断施行，其效果不断累积，直到它们带来可观的改善？

答：我尽力做的是避免解决问题。问题太多了，而且太难了。我不认为通过小的解决方案的不断施行和积累可以带来什么。它们只会产生出必须要解决的新问题。

问：那么你是否觉得我们正在进入一个时期——而且
这一时期很可能将会一直持续——在这一时期内，这
个世界最主要的特征将是变化。

答：变化而不带来不同，那么也就和不变没什么两样
了。我们生活在一个我们对变化没有觉察的世界里，
也就是说那些确实在变化的事物也只是每天自我改进
一点点。

问：解剖一下自动化的含义。

答：自动化是使事物变得容易的一种方式。自动化就
只是让你有事情可做。

和安迪·沃霍尔的访谈

大卫·埃伦施泰因（David Ehrenstein）

1965 年 3 月 3 日

《电影文化》(*Film Culture*)，1966 年春季刊

1965 年，刚从高中毕业不久的大卫·埃伦施泰因在纽约城里跑来跑去，参加为数众多的地下电影放映活动。埃伦施泰因才刚开始写作电影批评，常能在安迪·沃霍尔的电影放映时遇到他并和他聊上一聊。在《电影文化》的编辑乔纳斯·梅卡斯的建议下，沃霍尔给了埃伦施泰因一次采访他的机会。埃伦施泰因决定采取"三步走"策略："我先是去'工厂'晃悠了一天，看看情况，找找感觉。第二天，我去'工厂'采访了沃霍尔。再之后，我回到'工厂'，在那儿又晃悠了一天。"

访谈当天，正好是"工厂"在一周中的繁忙时刻：《试镜》(*Screen Tests*) 当天要拍诗人特德·贝里根（Ted Berrigan）和画家乔·布雷纳德（Joe Brainard）；一张 45 转的唱片放得震天响，是"滚石"

乐队的《我有时间》("Time Is On My Side");一整天里,不同的人来来去去,试图向沃霍尔兜售他们的项目,其中有一位年轻的法裔加拿大人名叫罗克(Rock)的,他曾几次尝试自行了断但最后都没成(罗克主演了本篇访谈中提到的沃霍尔电影《自杀》[Suicide, 1965]。在那部电影中,镜头对准罗克手腕上的一道道伤疤,由他逐一讲述自己多次尝试自杀的经历。电影因其内容所具有的法律风险而从未公映)。

访谈在一整天中断续进行,埃伦施泰因跟着沃霍尔在"工厂"里四处转悠,在不同的时刻打开录音机记录下片段的对话。"我想要做的是待在'工厂',就碰巧发生的事情在发生的当下向他提问。"

沃霍尔在本篇访谈中对刚刚上映的影片《西尔维娅》(Sylvia)表现出的热情值得我们在这里多说几句,因为他对这部影片的主演卡罗尔·贝克感兴趣。贝克在《哈露》(Harlow, 1965)中出演了珍·哈露一角,这给了沃霍尔以灵感,拍了他的第一部有声电影《婊子》(Harlot, 1965),影片中马里奥·蒙特兹(Mario Montez)以诱惑之姿接连吞食了几根香蕉。卡罗尔·贝克之后出演过沃霍尔的影片《坏》(Bad, 1976),影片由杰德·约翰逊执导。

——本书编者

▶

大卫·埃伦施泰因：你人生中看过的第一部电影是什么，或者你印象中自己看过的第一部电影是哪部？你喜欢它的什么？

安迪·沃霍尔：呃……《三个女孩儿长大了》（*Three Girls Grow Up*）[1]，我喜欢它是因为我那会儿还很小。

埃伦施泰因：影片是谁演的？

沃霍尔：迪安娜·德宾 [2]。

埃伦施泰因：什么啊？

沃霍尔：格洛丽亚·琼 [3]。

埃伦施泰因：你喜欢格洛丽亚·琼什么？

沃霍尔：呃……她唱得实在是很好。

埃伦施泰因：你最近看了什么喜欢的片子吗？如果有，你为什么喜欢？

---

[1] 指《三个聪明女孩儿长大了》（*Three Smart Girls Grow Up*，1939），影片由亨利·科斯特执导。——原注
为保留沃霍尔答语中"长大"和"我那会儿还很小"的对照，此处没有使用影片的既有中译名《春闺三凤》。

[2] 迪安娜·德宾（Deanna Durbin，1921—），女演员。——原注

[3] 格洛丽亚·琼（Gloria Jean，1927—），女演员。——原注

沃霍尔：我看了，呃……《西尔维娅》[1]，它是上周最好的电影，本周最好的电影是……呃，《欢乐屋》（*Joy House*）[2]。

埃伦施泰因：你喜欢《西尔维娅》什么？

沃霍尔：呃……片子里发生了很多事。

埃伦施泰因：比如什么？

沃霍尔：影片开始时她很年轻，之后她长大了，总之她的日子多姿多彩……死去活来。

埃伦施泰因：《西尔维娅》中有什么特别之处是可以关联到你的电影的吗？

沃霍尔：呃……这片子比我的要好。

埃伦施泰因：真的吗？为什么？

沃霍尔：片子里发生了太多的事了。

---

[1]《西尔维娅》（1965），由戈登·道格拉斯（Gordon Douglas）执导。——原注

[2]《欢乐屋》1965年在美发行上映。电影于1964年在法国制作，以《猫科动物》（*Les Félins*）之名在法公映。影片由勒内·克莱门（Rene Clement）执导，阿兰·德龙（Alain Delon）和简·方达（Jane Fonda）主演。——原注

埃伦施泰因：这部戏的演员怎么样？

沃霍尔：演员都……非常好。

埃伦施泰因：你愿意和卡罗尔·贝克[1]合作一部电影吗？

沃霍尔：呃……不。

埃伦施泰因：为什么不？

沃霍尔：呃……她的演技太强大了……对我来说太强大了。

埃伦施泰因：有演技的人不是你想要的？

沃霍尔：对，我想要真正的人。

埃伦施泰因：你特别钟意某一类型的电影吗？比如西部片、黑帮片或者歌舞片？

沃霍尔：哦，我都喜欢。

埃伦施泰因：你是怎么开始拍电影的？

沃霍尔：呃……我不知道。你上周看了什么片子，特

---

[1] 卡罗尔·贝克（Carroll Baker, 1931—），女演员。——原注

德?

特德·贝里根 [1]：我们看了《西尔维娅》。

沃霍尔：真的吗？

贝里根：我在时代广场看的。

沃霍尔：哦，是吗，你觉得《西尔维娅》怎么样？

特德：我看得目瞪口呆。

沃霍尔：真的吗？我也是目瞪口呆。

特德：我们坐第一排看的。

沃霍尔：哦，真的吗？我坐在大概第七排。哦，特德，你想拍部片子吗？

特德：可以啊。

沃霍尔：你只需要……呃，这次让我们不拍吃香蕉……嗯，对，那招用过了……这回让我们就坐着拍就行了。

埃伦施泰因：你现在就要拍一部片子？你会做些什么，为了拍片都需要干点儿什么？

---

[1] 特德·贝里根（Ted Barrigan, 1934—1983），诗人。——原注

沃霍尔：呃……不干什么。哦，把那把椅子拖过去，这样空间更宽敞。把它挪过来，呃……对，挪到那儿……对，就在那儿……很好……哦，现在回答你的问题，为了拍片子我们得把椅子准备好。

埃伦施泰因：你会让特德做些什么？

沃霍尔：呃，让他假装他没有在做任何事。

埃伦施泰因：新美国电影里，你佩服谁？

沃霍尔：杰～～克·史密～～～斯（Jaaaacck Smiiiitttth）。

埃伦施泰因：你真的喜欢杰克·史密斯[1]吗？

沃霍尔：当我还小的时候，我一直……认为他是我心目中的最佳导演……我的意思是说，他是我唯一会想要去模仿的人，他实在是……很棒。现在既然我已经长大了，我就光觉得他拍的电影是最棒的了。

埃伦施泰因：具体来说，你喜欢他电影的什么？

沃霍尔：他是我所知道的唯一一个使用颜色……倒着用的人。

---

[1] 杰克·史密斯（Jack Smith, 1932—1989），电影制作人。——原注

埃伦施泰因：你为什么开始拍有声电影？

沃霍尔：这个嘛，嗯……这是唯一能做的。我的意思是说，如果你要拍电影的话，你就必须有声音。

埃伦施泰因：那你为什么此前拍了无声电影呢？

沃霍尔：我当时就只有那种摄影机。

埃伦施泰因：那么彩色电影呢？

沃霍尔：我的第一部彩色影片会是《自杀》。它是上周的电影，不过我们这周才会开拍。

埃伦施泰因：片子会是谁来演？

沃霍尔：罗克。哦，格里（Gerry），你能去买一下拍彩色电影的胶片吗？把支票簿拿过来一下可以吗……对，我会写张支票给你。

埃伦施泰因：你确切知道自己已经拍过多少部电影了吗？

沃霍尔：呃，不清楚；不过说起来我们一周拍一部。

埃伦施泰因：你们是怎么追踪这些片子的进展，做相关后续工作的——还是说，你们不做这些？

沃霍尔：呃，我们不做。

埃伦施泰因：你认为自己是纪录片制作人吗？

沃霍尔：我不知道。

埃伦施泰因：你最满意自己的哪部作品？

沃霍尔：《试镜》和《沙发》（*Couch*）

埃伦施泰因：为什么呢？

沃霍尔：我不知道为什么。格里，你为什么喜欢它们？

杰勒德·马兰加：因为今天早上坐在沙发里，它让我觉得它是一个人。沙发本身就是一个活物。

埃伦施泰因：那《试镜》呢？

马兰加：呃……我没有要说的。

埃伦施泰因：呃，我们可以就电影问问他的意见吗？

沃霍尔：哦，特德·贝里根？当然。

埃伦施泰因：特德·贝里根，你刚拍的这部电影怎么样？

贝里根：怎么样？

埃伦施泰因：你喜欢你刚才的经历吗？

贝里根：当然，它很奇妙。

埃伦施泰因：你刚说眼泪溢满了你的眼眶。

贝里根：我刚才对着灯看，看它像什么……实在是很奇妙；我简直每一秒都爱我自己。我看着镜头，光让它看起来像是一朵巨大的蓝色的花。于是我就那么看着它直到花朵消失不见，然后我又对着灯看了几分钟，花朵就又重新出现了。

埃伦施泰因：你最不满意的电影是哪部？

沃霍尔：这个嘛，还有一部没出来的片子是《约翰和艾薇》（*John and Ivy*），不过这仅仅是因为片子……它的样子，或者说，呃，总之发生了很多很复杂的事情。

埃伦施泰因：你希望借电影来做什么？

沃霍尔：嗯，就是找有趣的事儿然后把它们拍下来。我们可以问乔一些问题，他很不错的。乔，这是你拍的第一部电影吗？

乔·布雷纳德 [1]：我跟罗恩·帕吉特 [2] 拍过电影。罗恩·帕吉特制作电影。

沃霍尔：哦，哪儿能看？

布雷纳德：都在他那里。

沃霍尔：哦，是吗？你能把那把椅子拿过来吗？

埃伦施泰因：新美国电影似乎非常关注 1930 年代和 1940 年代早期。你呢？

沃霍尔：1910 年代早期。那时差不多是电影刚刚开始起步的时候。

埃伦施泰因：你喜欢爱迪生吗？

沃霍尔：我喜欢爱迪生。我当然喜欢爱迪生！

埃伦施泰因：爱迪生对你有很大的影响吗？

沃霍尔：哦，是的。

埃伦施泰因：你有什么新计划吗？有别于你已经做过的事情的新计划。

---

[1]　乔·布雷纳德（Joe Brainard，1942—1994），视觉艺术家、诗人。——原注
[2]　罗恩·帕吉特（Ron Padgett，1942—　），诗人。——原注

沃霍尔：音乐剧。

埃伦施泰因：谁来写音乐？

沃霍尔：这个我们也还不知道呢。第一部音乐剧将会是踢踏舞。

埃伦施泰因：你有什么遗憾吗？

沃霍尔：没有。

录像带正流行：与安迪·沃霍尔的一次地下访谈

理查德·埃克斯特拉克特（Richard Ekstract）
1965 年
《磁带录制》（*Tape Recording*），1965 年 9、10 月号

1965 年夏，安迪·沃霍尔得到了他的第一台录像设备。"他们的想法是要让我把这个东西展示给我那些'有钱的朋友'看（它卖大约五千美元一台）并能让他们买上一台，"沃霍尔在《波普主义》（*POPism*）中写道，"我记得拿它拍过比利 [·内姆] 在逃生梯 [1] 上给伊迪 [·塞奇威克] 理发。它在一周左右的时间里是我们的新玩具。"

这项合作是经由理查德·埃克斯特拉克特的安排达成的，他是《磁带录制》的出版人。《磁带录制》是一本专注于那时的家庭录音新技术的同好杂志

---

[1] 逃生梯是火灾时逃生使用的、连接于建筑外墙上的楼梯。

（fanzine）。埃克斯特拉克特在1964年曾联系过沃霍尔，请他担任一个名为"波普之声"（Pop Sounds）的比赛的评委。比赛由《磁带录制》组织，意在寻找声音领域的波普艺术。不幸的是，寄来的绝大多数录音都是在讲笑话，比赛也因此取消了。不过那之后不久，沃霍尔就开始向埃克斯特拉克特咨询录音和录像器材的相关问题。埃克斯特拉克特也在1960年代接下来的一多半时间里，成为了沃霍尔在技术上的指导。

1965年初，北美飞利浦公司（Norelco）推出了第一台一般人能买得起的影像录制设备。"安迪打电话给我，说他一直都在制作地下电影，想向我借一台北美飞利浦公司的录像机，黑白和彩色摄像机都能用的那种，"埃克斯特拉克特回忆道，"我觉得对北美飞利浦来说，借给他一台，再为他搞一个地下派对作为首映式，是个提升曝光度的好机会。"

埃克斯特拉克特听说在纽约华尔道夫酒店地下有一条弃用的列车隧道，他觉得那儿是为沃霍尔用新机器拍摄的影片做首映式的理想地点。派对于1965年10月29日举行，那天是个星期五。从街面上的一个洞口进入，纽约地下世界的常客和公园大道的家庭主妇混在一起，全都在躲闪老鼠和蟑螂。

派对取得了成功，不过派对上放了什么，其具体内容我们并不知晓——片子以旧式的一英寸的格式录制，使得在今日想要回放实际上已经不可能了。

与派对同期进行的，是《磁带录制》做的以下这篇访谈，作为杂志 1965 年 9、10 月刊的封面主打。访谈是由埃克斯特拉克特和《磁带录制》的编辑罗伯特·安格斯（Robert Angus）一起，在位于第四十七街的"工厂"做的。埃克斯特拉克特除了对沃霍尔本人并不清楚的一些技术性细节做了订正之外，全篇内容未作编辑。

——本书编者

如果你觉得录制声音是件趣事（确是趣事），想想看如果有一天你可以用一台录制设备同时录下声音和影像，将会有怎样无限的可能。在这个夏天，当安派克斯（Ampex）、松下和索尼纷纷推出了售价在一千美元左右的家用录像机的时候，这一天已经离我们这些影音发烧友更近了。现在各家竞争的，是看谁可以最先将全套录像设备的价格降到五百美元或更低。当这也实现了的时候，以磁带进行录制（tape recording）无疑将成为全美位列第一的爱好。

　　为了测试这一新媒介，《磁带录制》杂志接洽了影音发烧友兼家庭电影制作人安迪·沃霍尔，请他拍一些带有实验性质的家庭录像带。沃霍尔——对于尚且不知道他的人，我们在此稍作介绍——是一位艺术家，几年前当波普横扫美国的时候，他暴得大名。他那些画了金宝浓汤罐头和布里洛盒子这类寻常事物的画作在艺术圈掀起了狂潮，如今挂在美国和海外的许多显赫人家和博物馆中。

　　大约两年前，沃霍尔开始了他制作16毫米电影的尝试。他受到了"地下电影"阵营的欢迎。这些地下电影人制作实验电影，以期将电影艺术扩展为激动人心的视觉艺术新形式。

　　沃霍尔在地下电影运动中扬名立万，是靠了诸如《睡觉》这样的电影——八小时的影片拍了一个人在睡觉。他的另一巨作《帝国》，则是拍了八个小时的帝国大厦。沃霍尔和他的伙伴现今以家庭录像带制作了一些地下电影，以便《磁带录制》的读者可以抢先一步看到这一新媒介的相关技术表现。因此可以说，我们开启了一项探索之旅，即使在本文正在被书写的当下，这一旅程也仍在继续。

沃霍尔使用了一台零售价为三千九百五十美元的北美飞利浦倾斜磁道磁道磁带录像机。这台机器的工作方式与更低价位的同类产品是一样的。与录像机一起，北美飞利浦提供了一台可以遥控的、带变焦镜头的电视摄像机。为了特别的效果，他还使用了一台带佳能变焦镜头的康和（Concord）MTC 11 手持摄像机。录像带则是由里夫斯音技（Reeves Soundcraft）提供的。这台旋转磁头录像机的磁带转速为每秒 7.5 英寸，使用的是一英寸宽的录像带。

磁带录制： 你是怎么开始制作地下电影的？

沃霍尔： 我那会儿要去好莱坞。事情就这样开始了。

磁带录制： 你的意思是说……

沃霍尔： 好莱坞是世界电影中心，所以我去的时候随身带了一台电影摄影机，是一台 16 毫米的宝莱克斯（Bolex）。当时我和泰勒·米德在一起，他是一位很有名的地下电影演员。我的第一部电影叫作《泰勒·米德在好莱坞》（*Taylor Mead in Hollywood*）。

磁带录制： 你拍了什么？

沃霍尔： 什么都拍，全拍了下来。我那时主要是在学习使用摄影机。

磁带录制：地下电影是怎么兴起的？

沃霍尔：我不知道。那时许多人都在拍这种电影，乔纳斯·梅卡斯组织了一个合作社"实验影院"（the Cinematheque）来做展映。

磁带录制：你的第二部电影是什么？

沃霍尔：第二部是《睡觉》。

磁带录制：你希望借这部片子展示什么？

沃霍尔：影片开始时是某人在睡觉，之后他还在睡觉、老在睡觉、总在睡觉。实际上，为这部电影我确实拍了所有的素材，但是最终的成片我做了手脚，以便效果更好。

磁带录制：你的意思是说……

沃霍尔：噢，就是全片八小时用的是同一段环接起来的100英尺的胶片。改天我希望可以和碧姬·芭铎这样的人重拍一遍这部电影，就那么让摄影机看着她睡上八小时。

磁带录制：听上去很有意思。

沃霍尔：是的，但是花销惊人。

磁带录制：拍这些"长片"要花多少钱？

沃霍尔：数千美元。

磁带录制：你能从地下电影中取得收入吗？

沃霍尔：不能。

磁带录制：那可真是个昂贵的爱好。

沃霍尔：我画画挣的钱都花进去了。

磁带录制：你拍过有声电影吗？

沃霍尔：拍过，我买了一台艾瑞孔（Arricon）有声摄影机，自带 1200 英寸的胶片卷轴。不过光学录音的音质不是太好。录像带录下来的声音就好多了。

磁带录制：家庭录像是如此新的一个媒介，在其间探索感受如何？

沃霍尔：像爱丽丝漫游奇境。

磁带录制：在你看来，胶片和录像带之间的本质区别是什么？

沃霍尔：即刻回放。当你拍电影时，你不得不等待、等待、再等待。

磁带录制：打光呢？

沃霍尔：用录像带的话就完全不需要。一个灯泡就够了。太可怕了。这套摄录设备用起来太容易了，谁都能操作。

磁带录制：相较于胶片，你更喜欢录像带吗？

沃霍尔：哦，是的。

磁带录制：为了能熟练运用录像机，你花了多长时间来上手？

沃霍尔：几个小时。你必须要掌握的就只是图像矫正器，它是用来补偿室内光线的。一旦你掌握了它，就只需要确保所有的磁头都干干净净的就可以了。

磁带录制：录像带将给家庭影片带来怎样的影响？

沃霍尔：它将取代家庭影片。我们将用它来拍我们那部三十一天的电影。

磁带录制：什么？

沃霍尔：关于基督的故事。

磁带录制：拍它要花多少钱？

沃霍尔：很多钱。

磁带录制：你觉得自己只是一个玩儿录像带或者胶片的普通爱好者吗？

沃霍尔：哦，是的。任何人都做得了我做的。

磁带录制：你用录像机从电视录过东西了吗？

沃霍尔：录过，实在是太棒了。直接录和从屏幕摄录，我们都试过了。即使是从屏幕摄录，影像质量也很不错。我们正录着，有人把胳膊伸到电视屏幕前去换台，录出来的效果很有空间感。我们发现可以在录像的时候一边放电视，一边在电视机前放个人。这样如果你拍一些电视机屏的特写，你就可以做镜头交切，效果相当好。

磁带录制：有意思。你试过用录像带来做用胶片没法做的事吗？

沃霍尔：试过。我们喜欢利用静态影像。我们有时会把带子停下来，让第二幅画面传过来。当你停掉录像带的时候，它还会再走上几秒钟，你可以获得这样一个静态影像。很古怪，也很有趣。

磁带录制：你怎么确保带子上录下了你想要的画面？

沃霍尔：这个简单。你用电视监视器做个测试。如果测试的效果不错，对于结果你就可以放心了。

磁带录制：在户外拍摄是否也这么容易呢？

沃霍尔：是的。我们把录像机拿到逃生梯上拍了街景。

磁带录制：拍到了什么？

沃霍尔：看向我们的人们。

磁带录制：你可以剪辑录像带吗？

沃霍尔：不能。

磁带录制：这困扰你吗？

沃霍尔：不会。我们此前的电影也从来不做剪辑，因为我们想保持原初的样子和原初的情绪——而这些是没法在拍摄完成的数日之后，用冲印好的胶片来重现的。因此不管我们拍下了什么，我们就那么全都接受下来。现在有了录像带，我们可以即刻重拍，而这不会打断我们的率性而为或破坏我们的自发情绪。实在是太棒了。录像带真是帮了大忙。

磁带录制：在拍的时候，你如何让演员在镜头前可以给出他们的最佳表现?

沃霍尔:我不要求最佳表现。

磁带录制:谈谈滤镜吧。你用了什么滤镜没有?比如那些你在拍电影时会用的滤镜。

沃霍尔:我们试了一个红色滤镜、一个偏光滤镜和一个绿色滤镜,如果我没记错的话。红色滤镜可以使所有的红色变得更亮,还能降低对比度,从而达到改变对比度的效果。尽管录像带和胶片有着不同的响应曲线,滤镜作用在录像带上的效果倒是和作用在黑白胶片上的很相似。

磁带录制:说说镜头怎么样?

沃霍尔:就像电影摄影一样,镜头越好,你就越能拍出好的影像。我们用了北美飞利浦 VE2612 炮塔变焦镜头,康和 MTC11 上的标准镜头和一个佳能的变焦镜头 TU,C16。三者拍出来的效果都可以接受。不过北美飞利浦的镜头最好。

磁带录制:拍录像带的过程中,声音是否是个麻烦事儿呢?

沃霍尔:家庭录像带最为激动人心的一点就是它非常出色的同期声。没有"双系统"声或者剪辑的必要。完全是内在的、嵌入式的。唯一要注意的是麦克风放置的位置。不过录像之前稍微试个几次也就足够了。

磁带录制：对你的地下录像带来说，声音有多重要？

沃霍尔：声音对我们来说是重要的，因为与我们一起共事的人有话要说。

磁带录制：你用录像机以来，最大的乐趣是什么？

沃霍尔：哦，在派对上用起来特别棒。简直好极了。人们喜欢看到自己被录到带子上，而且他们全都举止如常，因为这台设备一点儿也不扎眼。

磁带录制：派对上的人对这台机子都怎么说？

沃霍尔：哦——啊——哦——啊——

磁带录制：还有别的吗？

沃霍尔：啊——哦——

磁带录制：人们拿家庭录像机还能做些什么？

沃霍尔：还可以制作出最棒的色情电影。情形一定会很不错。

磁带录制：你觉得美国夫妻会……

沃霍尔：当然。而且他们还会请朋友过来放给他们看。

磁带录制：录像机还有什么其他让你喜欢的地方吗？

沃霍尔：哦，有的。你可以拿它来监视别人。我相信电视的价值，我认为它会取代电影的。

磁带录制：对于家庭电影制作人，你还有什么最后想说的吗？

沃霍尔：买一台录像机。

美国艺术家：安迪·沃霍尔和罗伊·利希滕斯坦

莱恩·斯莱特（Lane Slate）

国家教育电视台（NET）制作，1966 年；30 分钟；16 毫米黑白影片。

在这部和罗伊·利希滕斯坦先后登场的黑白影片里，沃霍尔呈现了他最为冰冷、引起最多争议的一次露面。在这部片长半小时的纪录片的前十五分钟，人们看到欢快的利希滕斯坦在他的工作室里谈论着一块特殊的荧光塑料背板，这块背板会随着观者所处位置的不同而改变其特性。在影片的第二部分，观众看到的则是一个冷漠的、没有情绪起伏的沃霍尔，很不情愿回答由那位没有出现在画面中的、对他抱有攻击性和怀疑态度的对话者向他接连发出的问题。在一幅银色《猫王》前，沃霍尔沉默寡言地坐在凳子上。镜头常常会推上去，给沃霍尔的脸部一个特写，他的脸上架着一副破了的深色墨镜。

他的手指盖在他的嘴唇上，这让观众几乎听不到他嘴里咕哝着的那些迟疑的回答。

影片中，沃霍尔的访谈并不是连贯呈现的，而是穿插了许多关于"工厂"的介绍。画面中，沃霍尔或在制作丝网印刷，或在创作漂浮的雕塑，或在与友人闲谈；画面外，一个叙事者的声音试图对沃霍尔的艺术加以解释。沃霍尔的电影片段也在片中有所呈现，此外，片中还引用了一些"工厂"常客的话，和所有这些相伴的是一组"时髦的"配乐。影片以"地下丝绒"（Velvet Underground）和"爆炸模式化不可避免"（The Exploding Plastic Inevitable）的演出片段结束。

《美国艺术家：安迪·沃霍尔和罗伊·利希滕斯坦》是一套九集系列片中的一集，该系列是为国家教育电视台（美国公共广播公司 [PBS] 的前身）制作的，由莱恩·斯莱特执导。这一系列包括那一时期的众多艺术家，如克拉斯·奥尔登堡、罗伊·利希滕斯坦、吉姆·戴恩、贾斯珀·约翰斯、杰克·特沃科夫和罗伯特·劳申伯格等人。莱恩·斯莱特于 1990 年去世。

这篇访谈是由本书编者从影片中誊录的。

——本书编者

采访者：安迪，你曾偶然提到过"因为我不再相信绘画的价值了……"

沃霍尔：呃……这个，嗯……我不认为绘画有价值是因为我讨厌物品，呃……啊……我讨厌去博物馆看到墙上挂着画，因为它们看起来太重要了，而它们……我想并不真的有什么意义。

采访者：人们把你认作最为完美的波普艺术家，却并不真的知道这意味着什么，或者在我看来，他们并不真的知道你的作品是怎么一回事。我希望尝试就你的画和你之前做的那些事多谈上一谈，因为……我觉得对于公众来说，有些事情需要澄清，此刻的公众对你有着某种印象……而我不确定他们对你的印象就是你希望他们有的那种，尽管我不认为这对你来说是一件重要的事。是这样吗？

沃霍尔：你说什么？

采访者：人们对你有这种或那种印象，你介意吗？我的意思是说，你现在拥有的名声与你的实际状况是有一点儿距离的，我觉得。人们以一种而非另一种方式看待你，这样的情形对你来说是成问题的吗？

沃霍尔：呃，哦……我不是太明白。你想说的是什么意思？呃……这就像是坐在世博会上的福特汽车里，而声音却在后面。可以什么事情都不想实在是太棒了。[1] 我的意思是说，你应该直接告诉我该说什么，我可以只要重复就好了，因为我没法儿，呃……我今天很低落，什么都想不出来。为什么你不直接告诉我该讲些什么，我照着说就好了。

采访者：不，不要担心，因为……

沃霍尔：……不，不……我觉得这是个非常好的办法。

采访者：过一会儿你就会放轻松了。

沃霍尔：嗯，不会的。不是这样的。实际的情况是，我没法儿……嗯……我感冒了，我想不了事情。如果你可以告诉我我要说的话，而我只要重复一下，那就太好了。

采访者：这样吧，让我来问一个你可以回答的问题……

沃霍尔：别，别。请把答案也告诉我。

采访者：好吧。嗯，我也不知道答案……

---

[1] 沃霍尔在《波普主义》里谈到过他此处提及的世博会经历，抄录如下，供读者参考："关于世博会，我最记得的一件事是当我坐在汽车里时，身后的扬声器传出声音来。我坐在那儿听着从我身后传来的话语穿我而过时，有了种我做访谈时常有的感觉：话不是从我这儿出来的，它们是从其他地方来的，从我身后的某个地方来的。"

沃霍尔：哦，这样的话……你可以……嗯，你可以……

采访者：这样，你在开始做丝网印刷前，你画过一些画，还画过漫画，对吧？

沃霍尔：呃……我想我是画过漫画，呃……在我……在我做……嗯……丝网印刷前。

采访者：你有过一些关于物品的画作，不是以机械的方式完成的。画的是什么？

沃霍尔：我画过，呃……我想都是些广告……杂志广告。

采访者：这之后你创作了，呃……

沃霍尔：这之后我创作了，呃……

采访者：比如说……

沃霍尔：比如说……

采访者：呃……

沃霍尔：呃……

采访者：在我看来，许多人可能倾向于批评你是因为他们可以说你的作品给人一种距离感：它们是以机械的方式完成的，而且你并没有真的创作它们，他们会讲一些诸如此类的说法。然而，就像任何人一样，当你开始谈论你的作品，你说的话透露出你是真的关心和在意的，我的意思是说，你希望人们的生活可以变得更好。

沃霍尔：呃……嗯……是啊，这个嘛，我想我真的不，呃……要关心和在意实在是太难了，而我呢，我……嗯，我关心……我还是关心和在意的，不过要是可以不去关心和在意那就简单多了。

采访者：换句话说，你是不是想说你希望人们对他们的生活可以有更多的觉察和意识，但是你又不真的想要太深地介入他们的生活……

沃霍尔：呃……对，是的……是这样的。我不想过多地介入。

采访者：我认为关于你所有的作品，这都是非常重要的一点——你想和你的作品保持一定距离。这是因为你刚才提到的那种不希望太过接近它的感觉吗？

沃霍尔：呃……是。我不想要太过接近它。

采访者：你从未在你的任何作品里真正谈论过有关你自己的任何事。你不想谈自己，对吗？

沃霍尔：呃……这个么，关于我，也没有什么太多好说的，你说对吧。

采访者：但是你做了一些非同寻常的事情。我认为对我来说，高潮是在你费城当代艺术中心的展览开幕式上 [1]！来了那么多人，以至于他们不得不把墙上的画作全都摘了下来，数千人把那儿挤得水泄不通，可是连一张画都没有，有的就只是你。你在那里真的成了个名流，在我们美国还没有过你这种类型的名流呢。你想到过这一点吗？

沃霍尔：哦，哦。那情景真迷人，让人叹为观止。

采访者：我说，安迪，你对于有那么多人觉得能够光看着你坐在椅子上或者站在阳台上就满意了这一点，是怎么想的？

沃霍尔：哦，呃……这是不会长久的。

采访者：不会吗？

沃霍尔：不会……嗯，不会的，因为就光那么坐在那儿，嗯……又有什么意义呢？我想我真正想要做的，是拍些电影，还有，呃，这么说吧，就是把我们做的拍下来，然后把它们全都合在一起。

---

[1] "安迪·沃霍尔"展，当代艺术中心，费城，1965 年 10 月 7 日至 11 月 21 日。——原注

采访者：当你最开始拍电影的时候，你以非常简单的方式来做，摄影机都不带挪动的；现在你倾向于以越来越复杂的方式拍片子。你现在开始拍有声电影了。你现在在尝试做什么呢？

沃霍尔：呃……这个么，呃……我厌倦了就光是把摄影机架在那儿一动不动了，因为，呃……这意味着把同一个想法重复来重复去。所以我现在正在改变，嗯……我在尝试看摄影机还能做些什么。我最为关注的是，呃……怎么才能拍得差，嗯……我们正在努力把片子拍好，就是说我们努力把片子拍得特别差。比如说，嗯……比如说有一件特别重要的事情正在发生而你却似乎一点儿也没拍着，又或者胶片上的划痕要多少有多少，不然就是把能弄上去的灰都弄上去，呃……又或者就是推拉镜头推拉得一塌糊涂，比如你把镜头推过去然后，呃……就刚好错过了最重要的事情。再不然就是，呃……镜头晃来晃去……这样所有人就都能知道他们是在看电影了。因为随便谁都可以拍得……我不知道该怎么说，但是拍电影太容易了，我的意思是说，你就只管……嗯……只管去拍，就能把每个画面都拍得很好。所以我们现在就在做我们现在正在做的事。

采访者：我想要再换个话题。我希望可以请你来谈谈你最近的雕塑。

沃霍尔：呃……哦，我最近在做的新作品是雕塑，因为，呃……嗯……因为我不想再画画了，我觉得我可以完全放弃绘画、去做电影，之后我觉得我得想个办法把这事儿了结一下，我一开始想的是那就必须做一幅画出来，能漂浮的画，我就请比利·克鲁弗[1] 帮我做一张能漂浮的画，他想了想说，不如，呃……用银色的……因为他知道我喜欢银色，他弄来了所有那些我现在正在做的银色的东西，我们想的是，呃……给它们填充上氦气再让它们飞出窗外，它们飞走了，也就少了一样东西，是吧，嗯，这就是我想出来的了结绘画的一个方式，嗯……

采访者：你是说你认为这样可以了结绘画，然后……

沃霍尔：对我来说，是的……

采访者：对你来说。也就是说，你觉得相较于绘画——一件挂在墙上的一动不动的物品，我们真正需要的是更能让人们参与进来的事物？

沃霍尔：哦……嗯……这个么，我们开始了一个……我们正在赞助一支新乐队，名叫"地下丝绒"。嗯，我们希望……呃……因为我不再认为绘画有价值了嘛，我觉得融合是个好办法……我们现在有机会将音乐、艺术和电影全都结合起来，我们可以说是正在做这方面的尝试，呃……明晚九点，我们会以一场演出来试验我们这个新想法，如果成功的话，可能会十分

---

[1] 比利·克鲁弗（Billy Kluver, 1927—2004），工程师。1966 年，他参与创办了"艺术和技术实验"（Experiments in Art and Technology）——一个面向艺术家和工程师的非盈利服务组织。——原注

华丽。

采访者：你希望和那支乐队一起做什么呢？

沃霍尔：啊，这个么，会是类似全球最大的迪斯科之类的东西。我们将有二十一块银幕，外加，我说不好，三四支乐队吧。

安迪·沃霍尔：我的真实故事

格蕾琴·伯格（Gretchen Berg）

1966 年夏

《东村另一家》（*The East Village Other*）[1]，1966 年 11 月 1 日

　　这篇常常被引用却鲜少被完整重刊的访谈，被认为是沃霍尔在 1960 年代所做的访谈中最为重要的一篇。实际上，这篇访谈是如此重要，以至于美国邮政局在 2002 年发行他们的沃霍尔邮票时，印在邮票边纸上的话就出自这里："如果你想要知道关于安迪·沃霍尔的一切，那么只看表面就好了：我的画、电影还有我，那就是我了。没有什么在表面的后面。"

　　二十三岁的格蕾琴·伯格是著名电影史学者赫

---

[1] 东村相较于西村（格林威治村）是"另一家"（the other），而这本刊物相较于《村声》（Village Voice）也是"另一家"。此刊封面上的刊名印刷为 The east village Other，其中 east village 字号很小，The Other 字号很大，所以刊名似乎也可直接译为《另一家》。有评论者谈到此刊的反文化（countercultural）程度让《村声》看起来像是教堂的宣传册。

尔曼·G. 温伯格[1] 的女儿。她是由影评人谢尔登·勒南[2] 介绍给安迪·沃霍尔的。勒南此前造访了四十七街的"工厂",甚为感佩,他打电话给伯格,跟她说她应该去见见沃霍尔。

伯格此前本就通过她的电影界友人知道了沃霍尔。她回忆道:"我们之前就已经听说有一位新晋艺术家正在拍一些不同寻常的电影,我还在位于四十一街的电影制作人实验影院(The Film-Makers' Cinematheque)看过一些:《帝国》《睡觉》和《吻》(Kiss)。当时我们并不很清楚他是谁,以及他在做什么。"勒南打了电话后不久,伯格在一次放映活动上碰到了沃霍尔,她走上前去跟他约采访。沃霍尔答复说采访他倒是有兴趣,不过同时又警告她说,通常他并不会说什么。

伯格并未被吓退,她在 1966 年的夏天前往"工厂"采访了沃霍尔。她"见到了一位人很好、话很少的男人",他对于和一位"彬彬有礼又严肃认真的年轻女人"谈话饶有兴味。这些当面进行的访谈是在事后被写下来的,半是靠了北美飞利浦公司的一部盘

---

[1] 赫尔曼·G. 温伯格(Herman G. Weinberg, 1908—1983),影评人,字幕制作者,历史学者。——原注

[2] 谢尔登·勒南(Sheldon Renan, 1941—),影评人,导演。——原注

对盘（reel-to-reel）录音机，半是凭着记忆。

对话基本是在三、四周的时间里，于下午两点到六点之间进行的，全是些闲散的聊天，外加伯格的观察。在伯格的记忆里，"问的问题意在使他放松，消除他的恐惧或者犹豫，把他带入到一种类似睡梦的状态里，这样他就会谈他内心深处的想法。我的发问是为了引他来说说这、聊聊那，为了给他以提示和启发；更准确地说，它们不是发问，而是一些议论。最后写稿时我有意追求一种类似拼贴的文字，给读者一种在一个炎热的夏日亲临'工厂'的感觉。"

伯格预先准备了一些问题，但是很快她就把它们丢到一边儿去了，让对话按照自身的脉络延展。她被沃霍尔迷住了，她希望自己的稿子能反映出这一点。"安迪是一个强大而有力的存在，他有着极富吸引力的个性。跟他谈话，你会觉得自己好像被催眠了似的。对我来说，好像一切都化作了一条延绵不绝的溪流，我问的那些问题全都变得不重要了。"因此，她开始将自己与沃霍尔的互动当成"冥想"而非访谈。

在一个令人不寒而栗的段落里，沃霍尔谈到了瓦莱丽·索拉纳斯（Valerie Solanas），那个在这次访谈大约两年后、于 1968 年 6 月开枪打了他的人：

"人们有时试图给我们下套儿：有个姑娘给我们这儿打电话，说要给我一个名叫《爆你菊花》（*Up Your Ass*）的电影剧本，我觉得片名实在是很不错，我很客气地请她带剧本过来大家聊聊。但是本子的内容实在是太脏了，我觉得她肯定是警察。我不知道她到底是不是警察，不过我们在那之后就再没见过她了，对此我倒也不意外。我猜她大概觉得那个本子对安迪·沃霍尔来说绝佳。"

在伯格到访的那段时间，"工厂"里到处都是它知名的常客，包括杰基·柯蒂斯、杰勒德·马兰加、勒内·里卡德（Rene Ricard）、"国际丝绒"（International Velvet）和埃里克·埃默森（Eric Emerson）。在场的还有一个名叫丹尼·威廉斯（Danny Williams）[1]的哈佛学生。他在访谈进行中，在一个沙发上睡着了，手里还拿着抽了一半的烟，把沙发给点着了。伯格还记得沃霍尔试图把威廉斯叫起来时，敞间的音响上正放着斯特拉文斯基的《彼得鲁什卡》。

最后的稿子花了几天编辑而成。"有一些东西没有放进成稿里，比如我们谈到了我的摄影作品集，

---

[1] 丹尼·威廉斯为"爆炸模式化不可避免"做灯光和音效。1967 年，他在科德角（Cape Cod）的海岸边神秘地消失了，他的衣服留在他的车旁，而他的尸体则从未被找到。——原注

这部分我就没有放进成稿里，因为没有适合它的位置，但是几乎所有其他东西我都保留了下来。"

这篇访谈写成后，伯格不知道该拿它怎么办。那时她和男朋友住在东村的圣马可之地（St. Mark's Place），《东村另一家》的编辑部就在附近，她决定去那儿走一趟，不过这个决定纯属偶然。《东村另一家》当场就把稿子留下了，伯格记得他们说："是安迪的访谈呀，真好，酷。"

——本书编者

安迪·沃霍尔：我更愿意保持神秘，我从来不会谈我的来历，而且呢，每次我被问到这种事儿的时候我都会编一个不同的说法出来。这倒不光是因为我人设的一部分本来就是不会什么都跟人讲，而是我会不记得自己头天都讲了什么了，于是又得现编一套出来。而且说起来，我也不觉得自己真有什么人设，讨人喜欢的人设也好，不招人待见的人设也罢，都没有。我受到其他画家的影响，所有人都在我的艺术里：所有美国艺术家都影响了我，我最喜欢的两个是安德鲁·韦思（Andrew Wyeth）和约翰·斯隆（John Sloan）；哦，我真是爱他们，我觉得他们非常棒。比起特定的某个人，生活和过日子更为影响我。大体来说，"人"影响了我，而我憎恨"物"，对我来说"物"一点儿意思也没有，所以画画的时候我就弄好多"物"出来，不带任何感情。所有那些关于我的报道……其实是很搞笑的，真的……倒不是说他们不理解我，我觉得每个人理解每个人，不沟通也不成问题。怎么说呢，我觉得他们是理解我的，而且我本来也不会为他们怎么写我而感到困扰——说起来我根本不怎么看人家怎么写我，我就只看看报道里登出来的照片，他们怎么写我都没关系，我只读文字的质感。

我看所有东西都是这样，只看事物的表面，有点儿像是心智的盲文，我就只用手划过事物的表面。我认为自己是个美国艺术家，我喜欢这里，我觉得美国很棒，很了不起。我愿意去欧洲工作，不过去了欧洲的话，我就不会做同样的事情了，我会做些不同的事情。我觉得我在艺术里描绘了美国，但我不是社会批评家——我在画里画那些事物，是因为它们是我最为了解的东西。我没有试图以任何方式去批评美国，没有想要展现任何丑陋——我只不过是个艺术家，就是这样。但我其实也说不好自己是不是真的把自己当艺术家，我没怎么考虑过这个问题。我不知道那些写东西的人是怎么评价我的。

我不再画画了，大约一年前我放弃了画画，现在就只做电影了。我也可以同时做两样事，不过电影更激动人心。绘画是我已然度过的一个时期了。不过我现在正在做一些漂浮雕塑：银色的长方形物体，我把它们吹起来，它们四下里浮动。和亚历山大·考尔德的动态雕塑（mobiles）不同，我这些不连着任何东西，它们自由地漂浮。前一阵有人给我办了个回顾展，让我出席，整件事都很好玩：来了太多的人——来看我或者来看我的画——他们不得不把我的画全部从墙上取下来，之后我们又费了很大劲才从人群中脱身。我想，来的人真可谓是满腔热情了。

我不觉得我的一些画是在呈现我们时代的性感偶像，比如玛丽·莲梦露或是伊丽莎白·泰勒，我看梦露就当她是一个人。至于说用那样强烈的色彩来画梦露是否有什么象征意味，我的回答是，那是美的，而梦露她人美，如果说有什么是美的，那就是亮丽的色彩了，就是这样。又或者不止是这样。我的梦露是我当时在做的死亡系列的一部分，系列里有以各种方式死去的人。创作死亡系列并没有什么深刻的理由，不是说我要记录"时代的牺牲品"；做那个系列完全没有理由，或者说只是出于非常表面的理由。我喜欢这个世界，我从中得到很大的快乐，但我不是耽于逸乐的人。我听说我的画已经像车和衣服一样成为时尚的一部分了，我想这个趋势确实开始了，而且很快所有时尚的东西全都会是一个样，现在这是刚开始，事情会变得更好的，一切都会成为有用的装饰品。我不认为时髦或者成功有什么不对的；成功对我来说，嗯……呃……就是让你有事做。比如说吧，我现在正尝试在"工厂"这儿做生意，而有很多人呢，来了就往那儿那么一坐，什么事情也不干，我就没法这样，因为我有工作得做。

我并没有花很长时间才取得成功，我做商业艺术的时候就已经做得很不错了，实际上，我做那个做得比画画和拍电影要好，绘画和电影并没有带给我什么。我对于自己的成功也不感到意外，一切不过是工作，工作而已。我从未想过要成功成名，这事儿不要紧……我现在也不觉得自己和过去有什么两样……我不像写我的文章里说的那样是爱出风头的人，但我同时也不怎么是个辛勤工作的人——我看起来要比我实际上更勤奋是因为所有的画都是我的助手拿着我的一幅原作复制的，就像一间工厂里会做的那样，我看起来工作得很勤奋是因为我们每天都会出一幅画、一个雕塑和一部电影。我这儿有好几个人都可以做我做的事情而且做得像我一样好，因为事情实在是很简单：模板就在那里。而且不管怎么说，有很多画家和制图师都是只画一点点，然后就交给别人去完成。有五位波普艺术家在做着同样的事情，不过是在不同的方向上开掘，我算一个，汤姆·韦塞尔曼算另一个——他的作品我很欣赏。我不把自己看作波普艺术的领军人物或者认为自己比其他人画得好。

我从未想过成为一个画家，我想要做的是跳踢踏舞。我甚至不清楚我的艺术算不算是美国艺术的新趋向，因为有太多的事情正在发生，而且都很好很棒，很难说谁的方向就是美国的新趋向。我不认为自己被很多年轻人仰慕，尽管孩子们似乎喜欢我的作品，不过我不是他们的领袖或者他们要追随的那种人。我认为不管我和我的助手去哪儿都会吸引很多的目光是因为我的助手个个看起来都很棒，人们是盯着他们瞧而不是我，我不认为是我激起了人们的兴奋和骚动。

我们制作电影、绘画和雕塑，只是为了不用睡大街。我给《电视指南》（TV Guide）做封面那回也是为了交"工厂"的房租。不是我谦虚，而是那些帮我做事的人真的是太出色了，摄影机一开，镜头对准演员，演员们都在做着他们应该做的事而且做得是那样好。不是我不喜欢谈论自己，而是关于我自己真的没什么好说的。我在访谈里一向说得不多，现在则几乎完全不说了。如果你想要知道关于安迪·沃霍尔的一切，那么只看表面就好了：我的画、电影还有我，那就是我了。没有什么在表面的后面。我不觉得我作为一个被认可的艺术家地位有什么不稳固的，艺术潮流的变迁并不会吓到我，对我来说这种事一点儿影响都没有。如果你觉得自己没什么可失去的，那么也就没什么好怕的了，而我就是没什么可失去的那种人。我被时髦人士接受也好、不接受也罢，都没有什么关系——接受了，是奇迹；不接受，也没关系。就算被接受了，我也可能会被即刻遗忘。这种事没什么大不了的。"真没什么要紧的"——这是我一直以来的哲学。这是一种偏东方的哲学。考虑事情实在是太难了。而且不管怎么说，我都觉得人们应该少些思考。我没有在试图教育大家在我的画里要看出什么或者要感受到什么，我的画里完全没有教育的成分。

我早期的电影都是只用一个演员，而且是一连几个小时让他在镜头下做同样的事情：吃东西、睡觉或者抽烟。我这样做是因为通常人们去看电影就只是为了看明星，那股劲头恨不得要把明星吃下肚里去；终于，这儿有个机会可以只看明星了，而且不管他在做什么，你都想看多久看多久，想怎么吃就怎么吃。另外就是这种电影拍起来也容易。

我不认为波普艺术正在变得过时，人们仍在前去观看它，仍在买它，但我没法儿告诉你什么是波普艺术——它和我关联太深了，真要说的话，就是波普艺术拿了外面的放到里面，又或者拿了里面的放到外面，波普艺术让大家理解寻常事物的意义。波普艺术是属于每个人的。我不认为艺术应该只属于少数精英，我认为它应该属于美国大众而且他们通常也是接受艺术的。我认为波普艺术像其他艺术形式——印象主义什么的——一样，都有其正当性。波普艺术不只是在唬人。我不是波普艺术的大祭司——波普艺术（Pop Art）亦即流行艺术（Popular art）——我只不过是其中的一个劳工。人们怎么写我，又或者读那些写出来的东西的人会怎么看我，这两者都不会困扰到我。

我就只上到高中，大学对我来说没有意义。[1]

我在电影里用得最多的两个姑娘，宝贝儿简·霍尔泽（Baby Jane Holzer）和伊迪·塞奇威克（Edie Sedgwick），既非当下女性的代表，也非时尚或者什么其他东西的代表，我用她们用得最多仅仅是因为她们本身很了不得。《绅士》（*Esquire*）[2] 在一个采访问卷中问我会想让谁来演我，我回答说伊迪·塞奇威克，因为她做所有事都做得比我好。他们问的是流于表面的问题，所以我也就给了他们一个流于表面的回答。人们说伊迪看起来像我，但我可一点儿也不这么想；实际上那是她自己说的，我对此很是意外——没错，她有着金色的短发，但她从来不戴墨镜……

我并不比看起来更聪明……我从来没有时间思考真实的安迪·沃霍尔是怎样的，我们这儿实在是太忙了……不是说我们要忙工作，而是说我们得忙着玩儿，因为当你做的是自己喜欢的事情时，工作就是玩儿。

---

[1] 实际上，安迪·沃霍尔在高中毕业后，于 1945 年秋入读了卡内基技术学院（Carnegie Institute of Technology）——现在的卡内基·梅隆大学（Carnegie Mellon University）——的艺术系。

[2] 内地版本名为《时尚先生》，不过考虑到今日中国的《时尚先生》不能和历史上的 *Esquire* 对应，所以直译为《绅士》。

我的哲学是：每天都是新的一天。我不为艺术或生活感到担忧，战争和轰炸让我心忧，但是通常面对这种事情你也做不了什么。我在我的一些电影里已经对此有所呈现了，我会尝试再多做一些这方面的工作，比如像《胡安妮塔·卡斯特罗的一生》（The Life of Juanita Castro）。在我拍的这些电影里，我想表达的一点是，事情的关键取决于你想从怎样的角度来看。金钱也不会让我心忧，尽管我有时不禁要想：钱都到哪儿去了？有人全拿了！我不会让我的电影免费放映的。我主要和罗纳德·塔韦尔（Ronald Tavel）一起工作，他是一位剧作家，给我写了大概有十部戏了。我告诉他一个大概的想法，他写剧本。他现在把电影当外百老汇（off-Broadway）戏剧来做。

我并不真的觉得每天都来"工厂"的这些人仅仅是在围着我转，实际上更像是我围着他们转。（哦，这裤子真不错，哪儿买的啊？哦，我觉得它非常棒。）对于那些想要深入到表面之下的问题，我还没有建立起一套防御机制来应对。我不觉得他人会给我带来多大的搅扰。我觉得我很大程度上是我的时代的一部分，是我的文化的一部分，就像火箭和电视是这时代和文化的一部分一样。我最喜欢美国电影，我觉得它们棒极了，它们是那样地清楚明白，是那样地真实，它们的表面非常美。我喜欢美国电影想要表达的：它们基本上没什么想要表达的，而这也就是为什么它们是如此地美好。我觉得一件事物越是没什么要表达的，它就越是完美。欧洲电影里则有着更多需要思考的东西。

我觉得，在"工厂"，我们简直是与世隔绝，而这很好。我喜欢与世隔绝，这让我可以专心工作。不过我们还是会被打搅，总有警察来我们这儿巡视，他们觉得我们在做坏事，然而我们没有。人们有时试图给我们下套儿：有个姑娘给我们这儿打电话，说要给我一个名叫《爆你菊花》的电影剧本，我觉得片名实在是很不错，我很客气地请她带剧本过来大家聊聊。但是本子的内容实在是太脏了，我觉得她肯定是警察。我不知道她到底是不是警察，不过我们在那之后就再没见过她了，对此我倒也不意外。我猜她大概觉得那个本子对安迪·沃霍尔来说绝佳。我倒不会为此感到愤恨，但是我确实对于那种题材没兴趣，那不是我想在美国推动的。我只是在工作，在做事情，在保持忙碌。我觉得这是人生中最美好的事：保持忙碌。

我早期那些只拍静止对象的电影还可以帮观众彼此熟悉起来。通常你去看电影都是沉浸在一个幻想的世界里，但是当你看到让你不安的东西时，你会跟坐在你身边的人更紧密地联系起来。比起戏剧和音乐会，利用电影你可以做到的事情要更多一点，因为看戏或者听音乐会的时候你非得坐在那儿不可，而我认为电视可以比电影做到的还多。看我的电影时你可以做的事儿，要比看其他电影更多：你可以吃、可以喝，可以抽烟、咳嗽、看别处，而当你把目光再次移回来的时候，银幕上的一切都还在那里。这并非理想的电影类型，这只是我自己的电影类型。我的电影自成一体，全都是16毫米的黑白影片，摄影都是我自己来。片长七十分钟的那几部用的是光学录音，音质挺差的，等我们拿到了常规的录音设备会把它们换掉。我发现如果自己剪片子的话实在太累了，那些设备全都太差劲了，用起来没个准儿。我拍的是实验电影，我这么说是因为我不知道自己拍的是什么。我对观众对我电影的反应很感兴趣——我的电影将成为以特定方式测试观众反应的实验。我喜欢新美国地下电影（New American Underground Cinema）的电影制作人，我觉得他们非常棒。地下电影就是你拍的时候还有放的时候都需要秘密进行，比如拿到第四十一街的电影制作人实验影院去放。我喜欢所有类型的电影，除了动画电影（animated films）——不过卡通（cartoons）可以——我也不知道为什么。艺术和电影，二者没什么关系，电影是你拍的东西，而不是用来展示绘画的东西。我就是不喜欢，不过这不意味着动画电影有什么错。我对肯尼斯·安格的《天蝎上升》（Scorpio Rising）很感兴趣，这是部古怪的电影……如果这部片子能有一个常规的声轨——像我的《黑胶》（Vinyl）那样——会更好的。《黑胶》某种意义上和《天蝎上升》有着相同的主题，但《黑胶》是部 SM 影片。《天蝎》真实，而《黑胶》真实又不真实，它只是呈现一种情绪。

我对 SM 并不抱有强烈的情感或主张，我对于任何事情都不抱有强烈的情感或主张。我不过是用手头碰巧有的东西来作为创作的素材。我不收集照片或者文章来作为参考资料，我不觉得那样做有意义。不过我过去会收集杂志上的照片作为我画画时的参考。

这个世界让我着迷。它是那样地美好，不管它是什么样的。我赞同所有人都遵从的做法：那一定是正确的，因为有人说过那是正确的。我不会评判任何人。我认为肯尼迪很棒但是他的死并没有让我感到震惊，那不过是一件发生了的事。（怎么你今天打扮得跟个牛仔似的，戴了那么个围巾？）这种事不该由我来评判。我本来打算拍一部关于刺杀肯尼迪的电影，但最后没拍。我是个非常消极、被动的人。我接受事情。我不过是在观看、观察着这个世界。斯拉夫科·沃尔卡皮奇[1]不过是告诉你如何像他那样拍电影，这也就是为什么我在去现代艺术博物馆听了他第一次演讲后就把票转卖了的原因。

我计划不久之后再拍几部电影，用35毫米，也许会拍一部我的自传。我最新的一部影片是《床》（The Bed），是由鲍勃·海德（Bob Heide）的一部戏剧改编的，戏在奇诺咖啡馆（Caffe Cino）演过。这部电影我们会使用分屏（split screen），屏幕一边是静止的，展现在床上的两个人，另一边是动态的，展现这两个人两年间的生活。我所有的电影都是假的（artificial）[2]，不过呢，世间的一切其实都有点儿假，我不知道虚假（the artificial）在哪里停止，而真实（the real）又在哪里开始。假的让我着迷，它们明亮而闪耀。

---

[1] 斯拉夫科·沃尔卡皮奇（Slavko Vorkapich, 1892—1976），电影导演。——原注

[2] artificial 本义为人工的，是和天然的（natural）相对的一个概念，又可以引申为不自然的、不真诚的、做作的、假模假式的，下文在翻译中按照语义的侧重而选用不同的词。

我不知道自己十年后会怎样……我唯一的目标是在好莱坞拥有一个泳池。我觉得那会非常棒，那种做作的（artificial）特质是我喜欢的。纽约就像巴黎，而洛杉矶则非常美国，它是那样地崭新，如此地不同，一切都更大、更漂亮、更简单，一切都很浅显。这也是我喜欢的看待世界的方式。（杰勒德，你应该去理个发，你现在这个发型和你完全不搭。）我并没有一直都在寻找一种洛杉矶式的天堂。我不会被好莱坞接管，我还是会做我一直都喜欢做的事儿，或者其他类似的事儿。（噢，嗨，大卫。）

　　《我的男妓》（My Hustler）是我掌镜，查尔斯·魏因（Charles Wein）负责在我们拍摄的时候指导演员。片子讲的是一个上了年纪的娘娘[1]试图掌控一位年轻男妓和他的两个竞争对手的故事，那两个对手一个也是男妓，另一个是个姑娘。演员在片子里做的都是他们在现实生活中做的事儿，他们在银幕上各依本色演出。（嗨，芭芭拉。）我曾被形容为"复杂、天真、不露声色、老于世故"，这些全出自一篇文章！他们实在是太刻薄了。这些评价根本自相矛盾嘛，而我可不是一个充满矛盾的人。我只不过是对于任何事情都不抱有明确而强烈的主张而已。（嗨，兰迪。）我确实没什么想说的，而且我也没有聪明到可以把同样的事情每天都换一个不同的说法来说，所以我干脆什么也不说。我觉得人们是如何理解我的——是在多个层

[1]　娘娘（queen），指男同性恋中女性化的一方。

次上理解我还是就在一个单一的层次上理解我——对我而言都没什么。我做的死亡系列可以分成两部分，一部分是名人之死，另一部分是没人听说过的人的死；而这后一部分人，我觉得人们应该偶尔想上一想：从帝国大厦上跳下来的女孩儿，吃了有毒的金枪鱼的女人，还有在车祸中死去的人。并不是说我为他们感到遗憾，而是人们就这么让事情翻篇而并不会真的觉得他们不认识的人的死跟自己有什么关系，所以我就想如果让这些不为人知的人被那些通常不会想到他们的人记住的话，会是挺好的一件事。（噢，嗨，保罗。）我认为每个人都应该想做什么就做什么，比如说吧，我就不会阻止梦露自杀，如果自杀能让她更快乐，那么那就是她该做的。（我觉得这儿有什么东西着火了。你没闻到什么吗？）我在死亡系列里用杰奎琳·肯尼迪的头像做的那些画，只是为了展示她的脸，还有时间的流逝——从子弹击中约翰·肯尼迪到她送别他。美国有个特别棒的习惯，可以把任何事、任何人打造成英雄。在这里，你做什么事儿都可以，也可以什么都不做。但我一直以来都认为你该做点儿什么。为之奋斗、奋斗、奋斗。（肯定是有什么东西着了！丹尼，醒一醒好不好？你着火了！真的，丹尼，我们没开玩笑。现在，可以请你起身吗？我是说真的，丹尼，这没什么好笑的。这甚至不是必须的。我就**知道**什么东西着了！）那是我的一个助理。他们不全是画家，他们做各种各样的事：丹尼·威廉斯过去帮罗伯特·德鲁和 D. A. 彭尼贝克的电影制作团队做音效，保罗·莫里西是个电影制作人，杰勒德·马兰加是诗人。我们现在要进军演艺行业了，我们有一支摇滚乐队叫作"地下丝绒"，他们在"工厂"排练。我也会有份演出，我负责在某一幕上台走个过场。任何来我们这儿的人我们都欢迎，只是我们正力图在这儿做些工作……！

我觉得今天的年轻人很了不起，他们年纪更大而且懂得也更多。当人们指责青少年犯了错，大多数时候其实他们都并没有做错什么，而是有人觉得他们不好。接下来我会拍一些给更年轻的人看的电影，同时我也愿意在我的电影中呈现他们。我才刚从杂志上撕下来一篇文章，是关于摩托车帮派的一位大哥的葬礼的。所有人都骑着摩托前来吊唁，我觉得实在是太棒了，哪天我要把它拍成一部电影。真是了不得……他们是现代的草莽英雄……我甚至不知道他们都做些什么……他们平时都干点儿什么？

我认为美国女人都非常美，我喜欢她们的样子，她们太好看了。加州女人的打扮很美，但是等你回到纽约，你会很高兴自己回了纽约，因为纽约女人的打扮更为古怪，而这让她们甚至更美。我有一次读到一篇谈论我的文章，在讲到我那机械式的丝网印刷作画法时，文章说："这是怎样一种勇敢而无畏的方式啊，这一方式显示了这是个有着怎样的深度的男人啊！"这说的什么跟什么啊？我的画出来的效果总是和我期望的有差距，不过我从未对此感到惊讶。我觉得美国非常好，但是我可以在任何地方工作，任何我负担得起生活开支的地方。我读杂志的时候，就只看上面的图片，而文字则基本上不会去读。文字没有意义，我只是用眼睛去感知一下它们的形状而已，而且我发现如果你看一样东西看得足够久的话，意义就会消逝……

我现在正在拍的电影，是一部七十分钟的咏叹调，由波多黎各人马里奥·蒙特兹（Mario Montez）主演，他在戏里男扮女装，电影的名字叫作《斯通潘纳托先生》（*Mr. Stompanato*）。我觉得人们在访谈中应该问我一些更聪明、更巧妙的问题，他们应该试着更多地了解我。不过我觉得新闻报道是唯一的写作方式，因为它会告诉你发生了什么而不会给出任何意见。我总是喜欢知道"发生了什么"。

我的作品真的没什么需要理解的。我做的是实验电影，而想到实验电影，每个人都觉得那就是比谁的画面更模糊，要不就是推镜头的时候总是推到错误的人脸上去，又或者镜头总是晃来晃去的电影。但实际上拍电影太容易了，你可以就随便那么一拍然后每一幅画面都很清晰、很正常。我不想再画画了，所以我就想说结束绘画的方式可以是让一幅画飘走，所以我就发明了浮动的银色四方形，你往里面充入氦气，然后把它放飞到窗外去……我喜欢银色……现在我们有了一支乐队——"地下丝绒"——他们将在一间世界上最大的迪斯科舞厅演出，舞厅里绘画、音乐和雕塑可以被整合到一起，这就是我现在正在做的事儿。

访谈就像是在世博会上坐在福特的那些机器里，机器带着你四处转，然后某人在那儿做着讲解；我一直都觉得我的话不是出自我，而是来自我的后面。采访者应该直接告诉我他想要我说的话，而我会按照他说的来重复。我觉得那样会非常好，因为我脑子里空空如也，实在是想不出任何要说的话。

我仍然关心他人，不过不关心要简单得多……关心太难了……我不想要卷入到他人的生活中去……我不想要太过接近……我不喜欢触碰东西……这也是为什么我的作品离我是如此地遥远……[1]

---

[1] 本篇访谈最后两段几乎和沃霍尔在莱恩·斯莱特拍摄的访谈里说的一模一样，参看本书上一篇《美国艺术家：安迪·沃霍尔和罗伊·利希滕斯坦》（1966）。——原注

安迪·沃霍尔的内在

斯特林·麦基尔亨尼（Sterling McIlhenny）和彼得·雷（Peter Ray）

《骑士》（*Cavalier*），1969 年 9 月刊

　　为了进行下面的这场访谈，我们带着录音机来到了"工厂"。"工厂"是沃霍尔对他工作室的称呼，它位于曼哈顿东四十几街的一栋摇摇晃晃的敞间（loft）建筑的四楼。"工厂"的内部——墙、天花板和地板——以及其他一切，都或是喷成了银色，或是用雷诺兹铝箔（Reynolds Wrap）包裹，营造出一种古怪的永恒而抽象的感觉。除了一些拍电影留下的道具，室内仅有的几件家具都是 1930 年代的"现代"（moderne）风格：一个以透明合成树脂和玻璃构成的陈列柜（china cabinet）和一张半圆形的沙发。就在这张沙发上，我们展开了本次访谈。"工厂"的正中有六七个年轻男女，全都穿着紧身长裤，留着长头发，

"披头士"的最新专辑轰响着,他们就着音乐慵懒地跳着扭摆舞。我们抵达"工厂"的几分钟后,银色大门开了,安迪·沃霍尔走进来,和我们了无生气地握了握手。像"工厂"的四壁一样,他的头发似乎喷涂了银色,有些惹眼,但除此之外,他的存在完全不会引人注目。他苍白瘦弱,不怎么用肢体语言,说话很轻柔,有时几乎听不见;无论是在室外还是室内,他都一直戴着墨镜。几乎无法判断由这种自我掩藏而呈现出的淡然是他有意营造的、带有反差意味的屏障,还是说这种反差是真实存在的,我们看到的就是他本人实际的样子。本篇访谈可以作为一部波普艺术的心理剧[1]来读。演出的,除了主角本人,还有他的一众助手——他们把"披头士"丢到一边,围拢到我们沙发的周围来。我们还没能把录音机准备好,安迪·沃霍尔就已经拿出了他的晶体管装备,把麦克风递到了我们面前。

——斯特林·麦基尔亨尼和彼得·雷

---

[1]　心理剧(psychodrama)是一种心理疗法,患者通过在人前将自身的心理冲突和情绪问题等困扰表演出来以达到情感的宣泄和困扰的减轻。

▶

沃霍尔：以前有人录过你们吗？

骑士：没有，我还从来没有参与过地下运动。

沃霍尔：我们应该把这次访谈拍下来，而且还可以一边拍一边看。

骑士：这地方看起来很有意思，尽管这里那里的雷诺兹铝箔似乎有点儿松动了。一切都是银色的，这有什么特别的含义吗？

沃霍尔：嗯，你可以说是因为我爱白银，不过真要这样说的话其实我也爱黄金[1]。

骑士：不过金色似乎被隐藏得很好。你从哪儿弄来的这么个玻璃纸包裹的沙发？

沃霍尔：有一天人家送过来的。显然是有人写错了地址，所以它被送到了这儿。

骑士：你没跟人家说这不是你们订的沙发？

沃霍尔：没有。沙发这么沉的东西，人家好不容易运

[1]　这是沃霍尔的一个文字游戏。英文中，银色和白银都是 silver，金色和黄金都是 gold。

来了，如果再不得不运走……我们不希望累着人家。

骑士：波普艺术运动大概是什么时候开始的？

沃霍尔：我想大概是五年前开始的。

骑士：据称萨尔瓦多·达利说过自己是波普艺术之父。对此你有什么想说的吗？

沃霍尔：我不知道。他显然已经出道很久了，不过大多数时候很难明白他在说什么。

骑士：你做过的最早的波普艺术是什么？

沃霍尔：我做的是漫画和广告。当时有许多艺术家在尝试不同的事情，而所有事情聚合起来就构成了波普艺术运动。

骑士：为什么你会从漫画开始着手？你对漫画的兴趣是来自于将其视为一种娱乐媒介，还是像有些知识分子那样，视其为某种插图版的现代神话？

沃霍尔：我不知道。我就当它是漫画，就是这样。它们是我所知道的东西，而且他们相对比较好画，特别是比较好拓着画。我还在我的"死亡"时期做了电影明星——玛丽莲·梦露、伊丽莎白·泰勒、特洛伊·多纳休。当时玛丽莲·梦露死了，我觉得伊丽莎白·泰勒在动了手术之后也活不长了。我当时认为有很多人都快死了，比如特洛伊·多纳休。

骑士：为什么你会觉得特洛伊·多纳休要死了？

沃霍尔：我不知道。他就是看起来像是要死了。我主要集中做了一系列的玛丽莲·梦露。她让我着迷，就像她让整个美国都着迷一样。我做了大约四十幅她的画。它们现在大多数都在画廊或者私人藏家手里，不过我自己仍留有一些。

骑士：所有这四十幅全都不一样吗？

沃霍尔：大多数都不一样。我用了照片。我采取了多色丝网印刷法，就像我的漫画技法。为什么你不问我的助手格里·马兰加[1]一些问题呢？很多我的画都是他做的。

骑士：沃霍尔先生，你在作画中扮演的角色是什么？

沃霍尔：哦，我挑选了题材，这些不需要有太多改换。

骑士：既然你对你的作品参与得这样少，那么对你来说，你的这些画有什么价值呢——如果它们有价值的话？

沃霍尔：哦，我不知道……[就在这时，一个瘦高、

---

[1] 即杰勒德·马兰加。

卷发的年轻男子出现在"工厂"的银色入口，他穿着短裤和凉鞋，戴一副墨镜。] 噢! 我有些波普艺术是昂迪恩（Ondine）做的。昂迪恩，来，我们正在接受录音采访。来说两句。

昂迪恩：我得先去趟厕所。

沃霍尔：哦，别啊，先过来一下。

骑士：你对于你创作的那些图像到底有没有一点儿感情？

沃霍尔：昂迪恩，先别去厕所。

骑士：顺便说一下，你那儿有一面很棒的镜子。非常自恋。

沃霍尔：真的吗？在哪儿？我不记得了。

骑士：在门后边。它可以让你从两个角度看着自己上厕所。但让我们回到艺术的话题上来吧。你大多数的画都是对寻常事物的简单、完全的再现，而非阐释：布里洛盒子、美钞、火柴盒。有些我们之所以能看出来是艺术完全就只是因为它们被展示在画廊里而非超市里。当你画这些东西的时候，你头脑中有预想的特定观众吗？

沃霍尔：没有。

骑士：那你做的时候是什么感觉呢？你希望人们会对这些画有所反应吗，还是说你画它们就只是为了自我愉悦？

沃霍尔：这让我有事可做。

骑士：你这是相对什么而言，无事可做？

沃霍尔：对。

骑士：一定有比手动印制几十个布里洛商标更能让人有所收获的事情好做。印几十个这种东西肯定又花时间又费力。

沃霍尔：没花太长时间，特别是如果你有很多人帮着你做的话。

骑士：你期望人们将其视为艺术作品吗？

沃霍尔：不，我们对它们没有任何感情，甚至当我们制作它们的时候也是。做这些不过是让我们保持忙碌。这是打发时间的事儿。

[昂迪恩从厕所走出来。]

沃霍尔：哦，昂迪恩，别再消失了。拜托了。

骑士：为什么昂迪恩把一桶水倒进马桶里？

沃霍尔：这很重要，因为那个抽水马桶不太好用。

骑士：说回到艺术，为什么人们会买你的艺术？

沃霍尔：我不知道。

骑士：有没有一丢丢可能是你在试图探明公众会追随你的艺术实验走多远？

沃霍尔：不，这只是给了我点事儿做。

骑士：你跟买了你作品的人见过面吗？

沃霍尔：只见过一次——他们总是把东西退回来，钱也没付。通常是些个人的原因。

骑士：你说的是什么意思？他们挂得不对还是你不喜欢？

沃霍尔：不是。他们就总是把它退回来。不是价钱的事儿。他们花得起那个钱。哦！昂迪恩，来说上几句吧，来嘛。

昂迪恩：我什么时候才能上床睡觉？

沃霍尔：就坐这儿，坐我边上。

昂迪恩（冲着骑士）：嗨，你好啊，那是什么（指着麦克风）？

骑士：那是沃霍尔的，这是我们的（麦克风）——录音采访是用这个。

昂迪恩：哦，那我冲着沃霍尔的说。

沃霍尔：昂迪恩是我六个半小时的电影《睡觉》的主角[1]。整部电影唯一出现在镜头里的就只有他。

骑士：这么说，昂迪恩是活着的、行走的作品主题了。

沃霍尔：嗯，行走的，是的。

昂迪恩：我只是还在行走而已，我得了重感冒，我已经几乎三天没能睡着觉了。

骑士：昂迪恩是一位波普艺术家吗？

沃霍尔：不，不过他做一些雕塑。是吧，昂迪恩？

昂迪恩：我希望人们永远不会买我做的任何东西。我从不想被大众接受。比如说吧，我不会在任何电影里

---

[1] 实际上《睡觉》拍的是约翰·焦尔诺，可以参看本书收录的第四篇访谈《一位诗人对安迪·沃霍尔的采访》。

出现，除了安迪·沃霍尔的，而他的电影并未被大众接受。

骑士：他付你钱吗？

昂迪恩：当然不。我是为爱而做的。

骑士：沃霍尔先生，我想再问一次，为什么人们会买一个你画的布里洛盒子呢，他们完全可以只花几分钱就买上一个真的[1]——如果他们觉得这是艺术的话。

沃霍尔：他们也可以去买 SOS 牌不生锈清洁皂钢丝球。昂迪恩，你用哪种？

昂迪恩：我用随便哪种，只要可以让我的肤色呈现出清洁透亮的样子就可以，像柠檬一样好似被阳光亲吻过。

沃霍尔：我觉得你的嘴就被阳光亲吻过呢。

昂迪恩：我的**嘴**？不不不，我的嘴是一滴露珠。

沃霍尔：谁给昂迪恩倒杯水。

骑士：昂迪恩，你喜欢其他人的波普艺术吗？

---

[1] 布里洛是清洁用钢丝球品牌，这个品牌的钢丝球内嵌一块清洁皂。下文沃霍尔提到的 SOS 是另一个牌子的同类商品。

昂迪恩：我不知道其他人的波普艺术。我只知道安迪的。

骑士：这很难让人相信啊。沃霍尔先生，你是否也像当今的许多艺术家那样做过心理分析呢，或者你使用过致幻药物吗？

沃霍尔：没有，我想我都是直面所有的事情。

骑士：你认为这反映在你的画里吗？

沃霍尔：我觉得是的。昂迪恩，你喜欢我给你的那本魔法书吗？你是巫师吗，昂迪恩？

昂迪恩：嗯，我喜欢那本书，但我做不了巫师，我不是布朗克斯区（the Bronx）的 [1]。

骑士：一定得是布朗克斯区的才能做巫师吗？

昂迪恩：所有我认识的巫师都是布朗克斯区的。

骑士：沃霍尔先生，你学过艺术吗？

沃霍尔：没有，从来没有，不过昂迪恩在高中时学过。

---

[1] 布朗克斯是纽约市最北端的一区。

昂迪恩：对，不过我只画我自己。白色，用水溶性颜料。我那天在亨利·戈尔德扎勒那儿，他正在刷浴室墙。我把一些涂料弄到身上了，于是决定索性脱了衣服把自己全涂一遍。不过他把刷子从我手里夺走了。[1]

骑士：沃霍尔先生，你刚才说你没学过绘画。那么你的作品是否受到什么强烈的影响呢？

沃霍尔：马克·夏加尔。我很喜欢他的作品。我从未想过要模仿他的艺术，不过我确实觉得我可以像他那样表达自己的想法。

骑士：你是什么时候开始画画的？

沃霍尔：大约四五年前。

骑士：在那之前呢？

沃霍尔：在那之前，我还很年轻。

骑士：嗯，你那时肯定很年轻。你对于批评家对你作品的评价感兴趣吗？

沃霍尔：不感兴趣，除了亨利·戈尔德扎勒的评价。他是我的一个好朋友、一个拥趸；而我希望他能喜欢。

---

[1] 英文颜料和涂料都用 paint 这个词，昂迪恩一开始回答的话语义不明，但是听者仍然会认为他是在说水溶性颜料，继续听下去，才知道他在说刷墙的涂料。所以这句答语的 paint 分别译作颜料和涂料。

至于其他人关于我的作品说了什么，对我来说没有价值。我不需要认可。我对于自己正在做的事情有信心。

骑士：波普艺术的未来会是怎样的呢？

沃霍尔：它已经结束了。

骑士：那你打算怎么办呢？

沃霍尔：我打算更加专注于我的电影。我从去年5月至今没有画一张画。

骑士：你从自己的画里挣到钱了吗？

沃霍尔：挣到了。不过挣的刚够我拍电影的花销。演出的人还有帮着构思的人，我不付他们任何人钱，不过拍摄和冲印开销特别大，还要算上"工厂"的租金和道具的支出。

骑士：可以跟我们讲讲你的电影吗？

沃霍尔：那可说来话长了。我拍了有四十部电影。

骑士：《电影文化》（*Film Culture*）杂志说你的"地下电影在某种意义上，是对于客观世界的沉思……是一种快乐电影"。然而你的有些片子拍的是客观世界里相当古怪的一些部分。比如说《吃》（*Eat*）是四十五分钟的默片，拍了一个男人吃一个蘑菇，《帝国》足足八小时就只拍世界上最高的大楼。《口活儿》（Blow Job）被形容为半小时的"熊熊欲火，以克制的手法和良好的品味来呈现"。你最新的一部有声电影《黑胶》，其中的一些场面，如果用维多利亚时期的英语说，描绘的是"鸡奸"；而这一主题，无论我们用什么词来指称，都仍然是一个文明社会认为需要严正地加以对待的。有鉴于题材的争议性，你是否曾在影片的放映上遇到过麻烦？

沃霍尔：过去，我能记起来的情况，至少有一次相当糟，我们遭遇了警方的突击搜查。不过我想他们现在对这些基本上已经不太在意了。

骑士：你是什么时候开始拍电影的？

沃霍尔：大概两年前。我是忽然之间有的这个想法，就是觉得拍电影应该会是件有意思的事儿，我就出去买了一台16毫米的宝莱克斯摄影机。我是在加州拍的第一部电影，当时是在前往洛杉矶的旅途上。和我同行的有泰勒·米德，他是个地下电影明星。我们每天都投宿在不同的地方。我们在北滩（North Beach）上的一个男厕所里拍了一些镜头，我们又在一栋好莱坞的旧宅里拍了一些室内戏。那部电影叫《泰山和重获的简……算是吧》，泰勒·米德称其为他最反好莱坞的一部电影。

骑士：你们在哪儿放这些电影？

沃霍尔：实验影院前两天晚上刚放过一部。阿斯特剧场（Astor Playhouse）也会放。

骑士：在你的绘画和电影之间有什么关联吗？

沃霍尔：没有，不过以后会有的。亨利·戈尔德扎勒说我可以把我的电影和绘画结合起来。

骑士：此话怎讲？

沃霍尔：我想现在最好还是不要说得太详细。

骑士：除了昂迪恩，还有谁演过你的电影？

沃霍尔：宝贝儿简过去也演。伊迪·塞奇威克是我们最新的超级明星。

骑士：你都在哪儿拍电影？

沃霍尔：差不多所有室内戏都可以在"工厂"这儿拍，因为需要的道具都很简单，甚至有些简陋。室外戏在我们喜欢的随便什么地方拍。我们刚开始拍电影的时候，技术上完全是按照传统的方式来操作的，也会有剪辑什么的，就像其他片子一样。现在我们已经不这么做了。我们觉得自己已然超越其上了。

骑士：不久之前，你在以录像带做实验。实际上，你说过自己将来所有的作品可能都会用录像带来拍。

沃霍尔：嗯，是的，我们当时在用北美飞利浦公司给我们的设备工作。当时设备就放在 "工厂"，而如你所见，现在东西已经不在这儿了。他们那会儿在做推广，为了那台机子还在纽约华尔道夫酒店下面的铁轨上搞了个地下派对，轨道从那里一直通向中央车站。派对以拍摄一幕两人决斗的场景达到高潮。录像带自有其优势，比如可以即刻回放，而且对于照明也没有太高的要求。用录像带的话还可以立即重排，这样为某个场景创造出来的特定氛围就可以保持不变。

骑士：为了拍这些电影，你肯定得有个团队吧。

沃霍尔：是啊，有一个，然后还有两个秘书负责联络和接电话，也给留声机换唱片。

骑士：你现在在拍什么电影？

沃霍尔：我们在拍一部叫作《呼吸》（Breathe）的电影，之后我们会一周拍一部，不过它们会是正统的（straight）电影。

骑士：你说的 "正统的" 电影是什么意思？

沃霍尔：我没法给它一个定义——这么说吧，不空洞的电影。

骑士：有没有谁是你特别想用在这些电影里的？

沃霍尔：所有这些电影都会有伊迪·塞奇威克。

骑士：1964 年，宝贝儿简在你很多电影里都有出演，也是在那一年，她被称作"年度女孩"。你认为她演你的电影和她在其他方面所取得的成功有关系吗？

沃霍尔：噢，当然。在加入我们之前，她真是没做过什么。

骑士：她是怎么加入你们的？

昂迪恩（插话）：有天下午她就忽然出现在这儿了。她是被一群小仙女 [1] 带过来的，之后她就时不时地过来一趟。

骑士：你觉得拍电影有乐趣吗？

沃霍尔：噢，当然，我很享受拍电影。

骑士：甚至在拍那部昂迪恩睡了六个小时的电影时也很享受吗？

沃霍尔：噢，那部我从没有完整地看过。拍的时候我只是不停地往机子里装胶片，另外就是确保拍了我要的横摇镜头和其他镜头。不过最后我们只用了 100 英

---

[1] 小仙女（fairy），指男同性恋。

尺胶片，把它翻来覆去地一连放上八个小时。我们的片子不做剪辑。不过有时我会从拍下的三卷里选两卷来用。

骑士：你希望有很多人看你的电影吗？

沃霍尔：我不知道。如果他们花钱看的话，也许吧。顺便说一句，我的电影可以租。我们这儿有影片目录，都是正常价：一分钟一美元。一部三十分钟的电影花三十块就能租到。《睡觉》是特惠价，一百块就能租，而只要一百二十块你就可以租到全部八小时的《帝国》。

骑士：有很多人都说过这些是相当无聊的电影。

沃霍尔：是有这个可能。我觉得我们近期那些有声电影要好多了。

骑士：你说为了能专注于电影制作，你不会继续作画了。有什么特别的理由让你做出了这样的决定吗？

沃霍尔：当我遇到这世界上最棒的人——亨廷顿·哈特福德[1]——时，我就决定把心全放在电影上了。他

---

[1] 亨廷顿·哈特福德（Huntington Hartford），美国人，他是一位艺术赞助人，同时也是A&P超市财富的继承人。1964年，他雇请建筑师爱德华·迪雷尔·斯通（Edward Durell Stone）设计建造了位于哥伦布圆环（Columbus Circle）2号的现代主义建筑，用作哈特福德现代艺术馆（Hartford's Gallery of Modern Art）。——原注

对于我们正在尝试做的事情很有兴趣。他给我们用他的天堂岛（Paradise Island）——在巴哈马群岛（Bahamas）——来拍我们下一部电影。

骑士：考虑到哈特福德先生的现代艺术馆里陈列的那些保守的艺术，很难想象他会参与如此先锋的项目。

沃霍尔：嗯，对于这个计划，他和所有人一样都非常兴奋。这将是我们第一部标准时长的电影。我的意思是说，它将有一个大卡司、一个完整的幕后团队和一个精心准备的剧本。

骑士：除了大卡司和幕后团队，这部电影和你其他电影有什么不同？

沃霍尔：我们打算靠它挣钱。不仅是要挣够"工厂"的租金和电影的制作费，而是要挣一大笔钱。

骑士：可以跟我们讲讲这部电影吗？

沃霍尔：我们要拍《简·爱》（Jane Eyre），查克·魏因正在写分镜剧本。我们要拍一部总长在一小时四十分钟的片子，伊迪·塞奇威克是主角。为什么不问查克点儿问题呢？

骑士：你好，魏因先生，你是怎么参与到安迪·沃霍尔的工作中来的？

查克·魏因：是个意外。当时我跟伊迪去一个派对，安迪问我愿不愿意给他写一部戏。我说好啊。到目前为止，我已经写了《可怜小小富家女》（*Poor Little Rich Girl*）、《派对》（*Party*）、《这不只是又一个下午》（*It Isn't Just Another Afternoon*）和其他一些。

骑士：沃霍尔先生，你为什么选中了查克来写剧本呢？

沃霍尔：我在派对上见到他时，没想出来别的可以说的。

骑士：一般人可能对于艺术了解得不多，不过只要他看报上的八卦专栏或者看电视上的晚间节目的话，他就会对你有所了解。比如说，最近纽约的报纸在社会文化版上刊登了一张你和伊迪在洛克菲勒中心的彩虹厅参加"摩登舞会"（Mod Ball）的照片。你已然以一种奇怪的方式成了一个社会现象。

沃霍尔：我参加派对这种事儿可能被过分强调了。大多数派对都得到了很好的报道，这也就解释了为什么我的名字出现得如此频繁。我确实也上了一些电台和电视节目，不过通常我都会搞砸。我已经放弃开口讲话了。

骑士：什么都不讲了吗？

沃霍尔：几乎是。

未命名的访谈

罗伯特·赖利（Robert Reilly）

1966 年春

匹兹堡的安迪·沃霍尔档案所藏未刊手稿

在 1960 年代中期，"工厂"是大学生的热门聚集地。1965 年春，伊迪·塞奇威克和她那帮剑桥[1]的朋友已经占据了"工厂"，就此为想要成为超级明星的常春藤联盟的学生打开了大门。罗伯特·赖利就是这些学生中的一位。正在耶鲁读本科、主修政治科学的他，想到为学生刊物采访安迪·沃霍尔是一条可以和沃霍尔当面结识的捷径。他打了电话，约定了一场在银色工厂的采访。

完成的访谈稿投给了《耶鲁记录》（*Yale Record*），这是一本创办于 1872 年的美国最古老的校园幽默杂志，当时是月刊。赖利从未给《记录》供过稿，他

---

[1] 指哈佛大学所在地，马萨诸塞州的剑桥市。

在访谈稿完成后就盲目地投了过去。赖利在稿子里用了"老猫头鹰"——《记录》的吉祥物——作为名号。这篇访谈从未被发表，不过赖利的计划成功了：在这次采访之后，他成了"工厂"的常客。

——本书编者

▶

安迪：

　　发在《记录》上的访谈大致会是这个样子。请尽快将你的广告寄给我（耶鲁站 801 号，纽黑文市，康涅狄格州，06520）。截稿日期是下个周末。我们想尽量安排在 5 月 15 日（放电影还有"地下丝绒"的演出），如果你确实需要在广告里写上时间，就写这个吧。噢，顺带说一句，我、我的一个朋友，还有一些姑娘下周五或下周六可能会去你的迪斯科。

——鲍勃·赖利 [1]

安迪：嗨，你刚好错过了所有的姑娘。

老猫头鹰：什么姑娘？

安迪：我粉丝俱乐部的姑娘。她们几分钟前都还在这儿呢。

老猫头鹰：听上去不错啊。《时代周刊》曾以"粗俗"来形容你的艺术——汤罐头、布里洛盒子、成排成列的玛丽莲·梦露——对此你有什么想说的吗？

安迪：是的。

---

[1] 鲍勃（Bob）是罗伯特（Robert）的简称。

老猫头鹰：你是说你的艺术是粗俗的？

安迪：是啊。

老猫头鹰：噢，那你觉得自己做的真的是艺术吗？

安迪：（没说话）

老猫头鹰：有些评论家说波普把事物的符号变得比事物本身更加真实，是这样吗？

安迪：（没说话）

老猫头鹰：买你画的都是什么类型的人？

安迪：呃，这不是你该和我聊的。让我们只谈靴子和中国菜。

老猫头鹰：好吧。你为什么穿靴子？

安迪：让我可以更高一点儿。不过用罐头更好。

老猫头鹰：你是说用在你的鞋上吗？

安迪：哦，不，用在你的鞋里，就像《生活》里的那个小男孩儿那样。你的靴子真不错，不过是圆头的，而且是小细跟。我的是古巴跟。

老猫头鹰：你穿靴子还有什么其他原因吗，除了更高一点儿？

安迪：除了让我更高一点儿？

老猫头鹰：对。

安迪：嗯，我是个施虐狂。

老猫头鹰：靴子和施虐狂有什么关系？

安迪：呃，这个嘛，你可以穿着靴子踏在别人身上。

老猫头鹰：哦，真的吗？

安迪：你被人踩在脚下过吗？那感觉可棒了。

老猫头鹰：找机会我得试试。

安迪：哦，你的靴子真大。用来踩人很不错。

老猫头鹰：这就是我为什么穿它们。

安迪：但你只有在周六来纽约的时候才穿吧，你没法儿在学校穿这个。

老猫头鹰：安迪，你不了解耶鲁，告诉我，耶鲁大学在哪儿？

安迪：我太笨了。我不知道任何东西的所在。你说过你是从纽黑文来的，所以耶鲁一定是在纽黑文。

老猫头鹰：对于金斯伯格[1]称颂大麻一事，你怎么看？

安迪：我认为人们应该做他们想做的事。哦，我都不知道你烟不离手，哇哦。

老猫头鹰：你要来一根儿吗？

安迪：不，我不会。我也从来不睡觉。

老猫头鹰：跟我说说为什么上周在车里每个人都在损鲍勃·迪伦？我的意思是，他的嗓音很适合唱他的那些歌。

安迪：哦，不是因为那个。只是因为他太刻薄了。

老猫头鹰：不过你不认为迪伦有权刻薄吗，如果他想要如此的话？

安迪：但是对每个人都刻薄？

老猫头鹰：那我觉得也没问题。你会开车吗？

---

[1]　指美国诗人、作家艾伦·金斯伯格 (Allen Ginsberg)。

安迪：会，不过我有一次撞了一辆计程车，从那以后就紧张得开不了车了。当时计程车里没人，不过我把整个侧面都撞得凹进去了。我的思维太飘忽了，开不了车。我一直都想知道人们到底是怎么开的车。我永远都记不住该做什么、该动哪儿。

老猫头鹰：你最喜欢哪种啤酒？

安迪：啤酒？说实话，啤酒的味道永远都像尿一样。

老猫头鹰：是吗？你是怎么知道的？

安迪：呃……你没尝过尿吗？

老猫头鹰：没有。

安迪：真的吗？不过现在你知道尿是什么味儿了。

老猫头鹰：你说过你年轻的时候总是害怕做事……

安迪：我们曾经被一个朋友看见，等等，这位是大卫·鲍登，他……

大卫·鲍登：我在写你的自传。

安迪：哦。

老猫头鹰：为什么你要把头发染成银色？我真的很好奇。

安迪：呃，在我年轻的时候，我总想看起来更年长一些；现在我看起来更老一些了，我想要看起来更年轻一些。所以，呃……伊迪的头发染成了银色的，于是我就照着也染了一个，因为我想要看起来像伊迪，因为我一直都想要看起来像个女孩儿。

老猫头鹰：哦，真的吗？为什么呢？

安迪：呃，女孩儿更漂亮……哦，伊迪是一切的首创——皮衣、靴子，一切都是她起的头儿。我认为女孩儿和男孩儿穿皮衣的时候特别漂亮，可能要好看过……

老猫头鹰：你对于女孩儿穿的连衣裙怎么看？

安迪：呃，这个么，我其实不觉得衣服有多大价值，我觉得身体才是真的美呢。前几天我为一本书拍了一个裸体的姑娘，她真是太美了。哦，并不是她真的有多美，而是她不穿衣服的时候，身体特别地好看。而且我觉得比起看别人，人们更愿意看自己，也更愿意照顾自己。我认为加州人特别好，因为他们穿得更少。

老猫头鹰：但有些人很丑，你不觉得吗？

安迪：呃，这倒是，不过美其实某种意义上都是就个人而言的美。我钟意的美可能不同于你钟意的美。

老猫头鹰：可以把酒（ale）递给我吗？

丹尼：给你耶鲁（yale）？好啊，我们会给你耶鲁的。

安迪：哦，大卫，我给你打电话的时候你不在家。

大卫：我出去游行来着，为了和平而游行。

安迪：哦，真的吗？我也应该去的。为什么你没在游行的队伍里？

老猫头鹰：难道你没有读我们的越南专号吗？你不是个和平主义者吧？

安迪：什么是和平主义者？

老猫头鹰：就是不喜欢越南的人。

安迪：哦，那可不是！！！

老猫头鹰：哎，为什么你要游行？

安迪：我没……

老猫头鹰：为什么你**想要**去游行？

安迪：呃，嗯，呃……有人说我们必须去。我也说不好。我不知道。你要来点儿中国汤吗？

老猫头鹰：好啊，来点儿中国汤。谢谢。你从哪儿买的那件衬衫？

安迪：在圣马可之地那儿的一间潮流小店里买的，离圣马可浴室（Saint Mark's Baths）不远。你没去过那间浴室吗？

老猫头鹰：没。

安迪：真的吗？哦，你回答得也太快了，就好像，呃，那儿是什么特别不好的地方似的 [1]。

老猫头鹰：是啊，难道不是吗？

安迪：我不知道。我从没去过。你知道伊迪带着苏珊去了四季（Four Seasons）[2] 吗？我会录一张唱片，给哥伦比亚，应该是。

老猫头鹰：唱歌？

安迪：哦，不，就聊聊天、说说话。

---

[1] 圣马可浴室是一间男同性恋浴室。

[2] 指四季酒店。

老猫头鹰： 你现在做的事能挣很多钱吗？

安迪： 这么么，我也不清楚。我现在没有在画画了。不过我想我应该会把以前的一些习作的局部粘起来当成整幅的画卖了弄点儿钱。我做很多不是艺术的事儿就为了弄些钱。就像马上要做的这个便携迪斯科的玩意儿。这样我们就有钱来做好东西，画啊，电影啊。哦，大卫，村里[1]的警察太搞笑了，真的。有一个留着胡子的，整日里无所事事，就等着看人家能不能认出他来。

大卫： 我在哪儿读到过他们让自己的人留着长发，胡子几天不刮，四处走动。

老猫头鹰： 真逗。

保罗： 让我们看看幸运脆饼吧[2]。哦，这个给我们的耶鲁朋友。"当心穿着**蓝色**西装的男人。"

安迪： 哇哦。他在为那本破杂志做采访。他们会把我们写得很糟。

丹尼： 你仍然少一张牌吗？

---

[1] 指纽约的格林威治村。

[2] 根据上文的对话他们应该在吃中餐外卖，美国中餐多赠送幸运脆饼（fortune cookies），脆饼里面有印着趋吉避凶的话的小纸条。

安迪：什么牌？我不明白。

丹尼：你在马米恩（Marmene）醒来。你还记得你醒来后说的话吗？非常古怪。我觉得你当时说的时候很严肃。我猜你是做了梦，梦见有人给你算命。想起来了吗？

安迪：没有。

丹尼：我猜你当时是梦到有人给你算命，你以非常焦虑的口吻跟我说："还缺一张牌。"你还说了些其他关于算命的事儿，然后你就醒了。

安迪：不会吧，这是什么时候的事儿？

丹尼：在马米恩，当时你睡在一家汽车旅馆。

安迪：我没有睡汽车旅馆。

丹尼：不，你睡了。

老猫头鹰：呃，我想我得走了。谢谢你，安迪，这次访谈信息量真大。

安迪·沃霍尔采访《湾区时报》记者

约瑟夫·弗里曼（Joseph Freeman）

1965 年 10 月 30 日

《湾区时报》（*Bay Times*），纽约布鲁克林的羊头湾高中
（Sheepshead Bay High School），1966 年 4 月 1 日

《安迪·沃霍尔索引（书）》（*Andy Warhol's Index [Book]*），
1967 年

    1967 年，安迪·沃霍尔出版了《安迪·沃霍尔索引（书）》（兰登书屋 [Random House]/ 黑星图书 [Black Star Books]：纽约）。这本书描绘了沃霍尔工厂的景象，包括安迪和他朋友的照片、一些立体拉页、一个银色气球和一张软碟（flexidisc），软碟上转录了沃霍尔用磁带录音机录下的妮可和诗人勒内·里卡德的聊天。书内还有三篇访谈：一篇是布鲁克林一所高中的学生报做的，一篇是个德国记者在"工厂"做的，还有一篇是集中谈沃霍尔的电影《切尔西女孩》（*Chelsea Girls*）的。

负责此书制作的比利·内姆（Billy Name）回忆道："我一开始管这书叫《安迪·沃霍尔索引》（*Andy Warhol's Index*）。当时的想法是出一本索引，收录观者应该看的沃霍尔的所有电影，以和天主教会出版的索引两相对照——后者收录了经过他们的审查断定为应该避免观看的电影（'工厂'的许多人都是天主教徒）。兰登书屋表示反对，他们说这个项目是要出一本'书'，所以我就把书名改成了《安迪·沃霍尔索引（书）》。"

内姆也负责为这本书选定文字内容。"《安迪·沃霍尔索引（书）》里收录的访谈都不是专门为这本书做的，它们都是我从装有访谈的文件夹里挑出来的，这些关于'工厂'的访谈全都在其他地方刊行过。我拿这些出来是为了书里面能有一些文字内容，以便和我选定的那些照片相配合。之所以选定这几篇访谈，只是因为它们包括了足够的文字，可以满足一本书对于'阅读'的需要。我们的档案里存有好几篇访谈，我选的是看起来最'迷人'、最荒唐又或者最像'沃霍尔工厂搞出来的'访谈（也就是说有别于《纽约时报》或者《艺术在美国》[*Art in America*] 会登载的那类访谈）。"

做这个采访时，约瑟夫·弗里曼是布鲁克林羊头湾高中的学生。这次采访经历对他影响很大，据内姆说，"在采访了沃霍尔之后，安迪让弗里曼来'工厂'当助手，是有酬劳的。他做之前杰勒德·马兰加做的那些事儿，协助制作丝网印刷、清洗丝网，还有一些跑腿儿的活儿。"《湾区时报》至今仍在羊头湾高中出版，一年两期。

——本书编者

▶

“你认为波普艺术是……”

“不。”

“什么？”

“不。”

“你认为波普艺术是……”

“不……不，我不认为。”

“你当时为什么不做商业艺术了？”

“呃，因为我做它太赚钱了。”

“你现在做的这些作品更能带来自我满足感吗？”

“呃，不能。”

“好吧，如果你非要这么说的话。你作画是为了更充分地表达你的个性，还是因为你能挣到很多钱？”

“呃……这个么，我所有的画都是杰勒德做的。”

“拍一部四个半小时长的电影展示罗伯特·印第安纳

吃两个蘑菇，这样做的目的是什么呢？"

"你怎么知道是两个蘑菇？只有一个蘑菇。"

"哦，我读到的文章说是两个蘑菇。"

"哦，是一个蘑菇。"

"拍那个的目的是什么呢？"

"这个么，他吃一个蘑菇花了那么长的时间。"

"我的意思是，你为什么非要把这个拍下来呢？"

"呃，我不知道。他人在那儿，他在吃一个蘑菇。"

"你平时大约会在绘画上花多长时间？"

"不花时间……你的眼睛是什么颜色的？"

"我觉得是蓝色的，不过我妈说它们会变色。"

"它们看起来……它们看起来是棕色的。"

"是啊，我妈就是这么说的。她说在晚上，它们看起来是棕色的。"

"嗯，为什么你要说它们是蓝色的呢？"

"因为我一直都觉得它们是蓝色的。她说它们是蓝色的。"

"真的吗？"

"是啊，它们是蓝色的。"

"它们是棕色的。"

"它们是蓝色的。"

"它们是棕色的。"

"呃，我说，你知道，这不是我的错。我就是觉得它们是蓝色的。"

"它们真黑，瞳仁那部分真的很黑……你画哪种画？"

"哦，我爸妈才刚给我买了一个画架和一个，呃……，那个玩意儿叫什么来着？"

"画笔？"

"对，画笔，还有一个调色盘和一个画箱。不过我还什么都没画呢。"

"为什么你不在地板上挤点儿颜料，然后把画布……

你有房间吗⋯⋯你自己的房间？"

"有。"

"好，把他们给你买的画布放在你屋门口里，然后把颜料挤在门前，这样有人会踩到颜料然后再踩到画布上，这样你就什么也不用做了。"

"但那就不是我的作品了啊。"

"颜色会很不错。"

"那倒是，颜色会很不错，不过这不是我想要做的。"

"你想要我做什么？"

"我喜欢图案。"

"那你可以在脚上放个图案。"

"也许我可以在脚底放上一个橡皮图章。"

"对啊，那样会很不错。"

在气球农场和安迪做一场访谈

不知姓名的德国记者

1966—1967 年

《安迪·沃霍尔索引（书）》，1967 年

这篇德国记者访谈的出处，我们并不是很清楚。比利·内姆表示："我把这篇访谈收进书里并未征得许可（其他收入书中的内容也是一样），也不记得记者的姓名或者他所在的媒体是哪家了。"这篇访谈原本以两种字体排印，德国记者的话用了一种哥特式字体，而安迪的话则用了一种干净的无衬线字体。"我使用两种字体来排是为了强调文化的不同类型，也是出于设计的考量和口味上的偏好。"内姆说。本书未保留这篇访谈的原初字体样式。

气球农场（Balloon Farm）是东村圣马可之地那里的一家夜店，原来叫作"家"（The Dom）。沃霍尔于 1966 年 4 月在那里呈现了"爆炸模式化不可避免"的演出。1966 年夏末，鲍勃·迪伦的经纪人，艾伯

特·格罗斯曼（Albert Grossman）和一个合伙人接管了"家"，并将名字改为了气球农场。

——本书编者

▶

德国记者：你知道，这是我在这里的第二晚，第一晚你不在，现在你在，我终于逮到你了。[1] 我感到一种许多似乎彼此并无关联的事物被统合到一起、变成了一个整体的感觉，这是你想要在这里做的吗？就是像我们刚刚谈过的，一个迪斯科舞厅，它由舞池、音乐和电影等等互相搭配而成。

安迪：不同的人聚合在一起（此处字迹模糊无法辨认）

德国记者：就是聚起来一帮人，这些人从这里得到一种感官上的冲动。

安迪：对。

德国记者：这和你做的其他事情构成了一种什么关系呢？因为，你被称作波普艺术家，对此我知道的意思很有限，因为说到底，"波普"是什么意思呢？这是一个全新的事物，我们可以把我们想的任何含义都放进去。你自己会把什么样的含义放进去呢，你会怎么定义你是谁、你想要做什么呢？

安迪：它让我保持忙碌。

---

[1] 这位德国记者说英文有一些自己的特点，有时用词有点儿怪，有时句子说的不完整或者不很合语法，我在翻译时对这些特点有所保留。

德国记者：它让你保持忙碌，但是你在工作，你是一个匠人、一位艺术家，而且你有一间工作室，你在拍电影。现在，比如说，让我们聊聊电影制作。你在制作被称为"地下"的电影，这又是个新词。但这个词描绘了什么呢，另外你想要在你拍的这些电影里描绘什么呢？

安迪：对此我还没有考虑过。

德国记者：你是一个很难采访的对象，因为……

安迪：我告诉过你的，我话不多。

德国记者：是，我知道，我知道。说话不算什么的，做事才是一切。

安迪：对。

德国记者：你根本不想讲话。

安迪：呃，对。

德国记者：你说过愿意和我说话的。而且很显然，既然你很友好地说，好吧，好，让我们聊聊，那么我就想问你问题，问你的问题多多少少是想要一个关于安迪·沃霍尔的定义，因为我不想自己来定义你，我更希望得到一个你关于自己的定义，你怎么看自己在年轻人中扮演的角色、起到的作用？因为他们簇拥着你，他们仰慕你，他们爱你。我知道这一点因为我和很多人聊过。这让我感兴趣，而这对你有什么影响，我也感兴趣。

安迪：没影响。

德国记者：你想要回到你的——我的意思是说，你来来回回的，坐在这里、坐在那里看着——回到你的"工厂"，如此反复——这是你自己的私生活，不关别人的事。

安迪：你说什么？

德国记者：写你的文章很多，都是没有得到你的配合吗？

安迪：呃，对。

德国记者：你的意思是，人们就只是看见你做了什么，他们观察着，然后对他们来说，一个安迪·沃霍尔就形成了？

安迪：对。

德国记者：从什么时候开始你拥有的这家迪斯科舞厅？你为什么会想到要开这么一间舞厅呢？

安迪：都是自然而然发生的。

德国记者：真的吗？

安迪：真的。

德国记者：就这么发生了。所有这一切真的，我的意思是说，它们就这么发生了？还有你和来这里的人的关系——我和妮可聊过，也和英格丽德（Ingrid）等其他人聊过。我有一个感觉，一切都在发生。他们来这里。我的意思是说，他们喝咖啡，然后吃一片萨拉米，然后他们上台去，然后他们又下来，你在这儿又或者你不在这儿，所以所有这些事情应该有逻辑但是又很难找到逻辑，为什么是这样？

安迪：不不，没有逻辑。

德国记者：但是这里的事情和你去你的"工厂"、在那里工作之间是有联系的……

安迪：没有……

德国记者：这个联系……

安迪：没有。

德国记者：那么你现在在做的是什么呢，如果你打算说一下的话。

安迪：我不打算。

德国记者：你不打算。

安迪：不打算，我也没有在做什么。

德国记者：没有在拍电影吗？

安迪：呃，嗯，我们会明天再开始拍。

德国记者：不是有一部戏，里面有妮可，你让人们过来？

安迪：是有，不过那是我们三周前拍的。

德国记者：主题是什么？

安迪：没有主题。

德国记者：没有主题。它是一部短……

安迪：不是。

德国记者：长……

安迪：大概七十分钟。

德国记者：她们是有天分的女孩儿吗？我的意思

是……

安迪：她们年轻。

德国记者：她们是未来的……

安迪：对。

德国记者：……但仅仅是在你的作品的框架下，还是说你觉得她们有一天会离开，成为电影……

安迪：对。

德国记者：对，你希望如此吗？

安迪：哦，当然，希望如此。

德国记者：你的人生总是在绕圈吗？你能描述出一个方向吗？我是说，我可以。它让我无聊到落泪，不过我可以描述出一个方向。

安迪：不能。

德国记者：你不愿意描述。

安迪：你来告诉我。

德国记者：呃，我没法告诉你。我是说，我可以告诉你我的人生方向——我的人生完全被误导了方向，不过这也算一个方向。但你甚至不愿意说你被误导了方向。

安迪：对。

德国记者：你满意吗？你感到快乐吗？

安迪：哦，当然，快乐。

德国记者：你知道你为什么快乐吗？你有一些头绪吗？

安迪：（没有作答）

我最爱的超级明星：关于我的史诗《切尔西女孩》的笔记

杰勒德·马兰加

1966 年

《艺术》(*Arts*)，1967 年 2 月

《安迪·沃霍尔索引（书）》，1967 年

《切尔西女孩》这部片长三个半小时的分屏（split-screen）电影，是沃霍尔最成功的 1960 年代影片，对于地下电影这一类型来说也是一部突破式的影片。大卫·鲍登对于这部片子有一个简明的描述："全城的人都在说地下电影终于在《切尔西女孩》这里找到了属于自己的《音乐之声》(*Sound of Music*)。"（Bourdon，249）这部片子在电影制作人实验影院开映，之后于 1966 年 12 月 1 日换到了集结地电影院（Cinema Rendezvous），由此成为了第一部在曼哈顿中城的艺术影院获得了两周放映期的地下电影。来自国内媒体的好评，加上人们口耳相传

的赞誉，使得影片在纽约的放映连场爆满，很快片子就在全国各地的影院放映开了。

这部电影并不是作为一个整体进行的构思，它是由沃霍尔在 1966 年夏天拍摄的数盘胶片汇编而成的。最终影片由十二盘胶片——八盘是黑白的，四盘是彩色的——构成，放映时在一个屏幕上并列投映两盘。影片记录了沃霍尔身边的几位女性的生活——妮可、布里吉德·波尔克（Brigid Polk）和"国际丝绒"[1]，她们中的很多人住在纽约西二十三街的切尔西酒店。尽管编剧罗纳德·塔韦尔为片子写了两个剧本，但影片的大部分内容都是即兴的。超级明星演她们自己，常常会在镜头前演得过火，由此模糊了纪实和虚构的界线，而美国主流社会则得以从片中窥见 1960 年代中期纽约的地下生活方式。

——本书编者

---

[1] 本书编者此处概述欠准确，实际上影片出场人物很多，女性不只这三位，而且也有男性角色。

分屏:

　　我用了分屏（split screen），因为有两部电影同时进行。嗯——天呐，我说清楚了吗？现在我们正在疯帽匠（Mad Hatter）享用平静的早餐。……哦，我使用双屏是为了保持观众……不，为了抓住观众的注意力，让他们同一时间处理两件事。这样的片子会让观众紧张、让他们感到困惑。我用双屏（double screens）——我不知道——我为什么要用双屏？嗯，这样就有很多事情同时发生，可以抓住观众的注意力。我说清楚了吗？这样人们就会情绪亢奋，因为同一时间要顾着两头。同一时间忙两件事、同一时间忙两件事……同一时间忙两件事。

　　为什么我要既用彩色也用黑白？彩色和黑白？这样会有碰撞。太好了——我是说，彩色和黑白一个盖过另一个。我是说，这样一部彩色影片就会盖过一部黑白影片，或者一部黑白影片盖过一部彩色影片。我是说，这样效果实在是太棒了，看起来就像是一群吵闹鬼比着要盖过另一群吵闹鬼，它们有着不同的颜色、不同的图式和各种微妙的分别，呃……那个词怎么说来着？就在嘴边了，但我想不起来了……我忘了那个词了，等想起来我再告诉你。

超级明星:

　　我在电影里用超级明星，这样她们就可以成为超级明星，在银幕上展现她们自发的……呃……天赋。我也说不好。谁是我最爱的超级明星？我最爱的超级明星是英格丽德·超级明星（Ingrid Superstar）。难道你最爱的超级明星不是英格丽德·超级明星吗，还是说你喜欢"国际丝绒"？我最爱的超级明星是英格丽德·超级明星因为，因为，因为她就是她。她是一个真实的人，她不假。她就是她。她是一个真实的人。她说的和做的都是在那一时刻她想要说的和想要做的。而她唯一假模假式的时候，是她想要假模假式地来上一下的时候。她5英尺8英寸高，116磅重，大大的棕色眼睛，棕色和金色的头发（金发在前面）；她纤细苗条，穿九号或十号的衣服；她长着一张歪嘴，有时摆着一张流浪狗般的脸，在生命的喜悦和狂热中起起落落。哈哈，嗯——天呐。煎鸡蛋，我的煎鸡蛋——哦，你是说我的溏心蛋。哦，不，我不吃溏心蛋。

哦，哇哦，她现在可真是自我膨胀得不得了，真的。就像是不停地放大、飞向了宇宙一般。

哦，你说英格丽德和《切尔西女孩》？她原本什么都不是，完全是一件垃圾——她那会儿看起来就像是一件垃圾，她现在看起来好多了。她自己也觉得现在好多了，因为她停了下来，做出了转变。不过她过去喝红脸蛋（Red Cheek）苹果汁……红脸蛋苹果汁。……她过去是个有什么用什么的人，所以那会儿她喝红脸蛋苹果汁。

我认为《切尔西女孩》相较于我看过的其他电影是不同的类型。

问：为什么你让摄影机一直开着？

答：哦，因为这样我就可以捕捉到人们做自己的样子，而不是搭起一个场景来，让他们照着写出来的剧本演。因为自然的举动比演出来的要好，人们在做自己时比他们尽力演自己时要好，所以这样拍出来的片子效果也更好。

问：为什么你在电影里用了一个十分钟的剧本？

答：哦，因为整部电影可以用一个十分钟的剧本来概括，其实用几个词也能概括。要我来概括一下吗？为什么《切尔西女孩》是艺术？这个么，因为首先，它是由一个艺术家拍的，另外呢，它也会作为艺术问世。还有，《切尔西女孩》是一部实验影片，它处理人类情感和人类生活，而只要是和人类相关的，我觉得都是可以的。

问：片子里拍的都是堕落的人吗？

答：不都是，只有 99.9% 的人是。我最喜欢电影里的谁？我最喜欢教皇昂迪恩[1]。电影里的英格丽德我觉得很搞笑。

问：对你的作品影响最大的是什么？

---

[1] 教皇（pope）是昂迪恩的外号。

答：人们自身，还有他们的想法。实际上，没有其他电影和《切尔西女孩》类似，除了《灵欲春宵》(*Who's Afraid of Virginia Woolf？*)和《汤姆·琼斯》(*Tom Jones*)。如果我是在南方拍《切尔西女孩》的话，首先我觉得我会把片名改成《南方美人》(*Southern Belles*)。教皇昂迪恩，我大概会用古格里阿那·玛格杜纳(Gugliana Magaduna)来演，英格丽德则用芭贝特·拉罗德(Babette La Rod)，至于那个有毒瘾的胖医生，我大概会用我的父亲。拍摄大概会选在阿拉巴马州多森市的多森汽车旅馆(Dothan Motor Inn)进行，它是南方最乱的旅馆。倒不是说那儿一定有特别多堕落的人，而是说有很多乐队待在那儿，还有很多妓女、摔角手，以及一大堆诸如此类的人。呃，这样说的话，其实你也可以说住在那儿的都是堕落的人。如果是在南阿拉巴马拍的话，药 [1] 就不是一个好的主题了。要拍就拍酒，因为南阿拉巴马很干燥。对，我是南方人 [2]。其他美国佬不知道我是南方来的，所以他们也不来烦我，但其实南方人对人和北方人不一样；在北方住着，人会更仁慈。

问：你的画作里是不是有很多南方主题？

答：是的，当然了。我的画作中有很多南方主题。花

---

[1] 此处原文为 drugs，既可以指一般的药品，也可以指限制类药品和毒品，这里指 1960 年代流行的各类具有中枢神经兴奋作用或抑制作用的药物，也包括毒品。

[2] 沃霍尔出生于美国东北部的宾夕法尼亚州第二大城市匹兹堡，并在那里长大，并非南方人。

朵、利兹·泰勒和香蕉——南方那边的猴子都在吃。对，我在画里也用过黑鬼。黑鬼是南方至关重要的组成部分。实际上，要不是南方这些有色人种，我父亲的电冰箱厂早就关门了。

问：你鼓励所有人都用药？

答：我当然鼓励所有人都用药，但请只用医生给你开的那些药。

安迪西行

吉姆·帕尔特里奇（Jim Paltridge）

1966 年

《加州人日报》(*The Daily Californian*)，1967 年 10 月 10 日

　　1966 年春，当时还是加州大学伯克利分校学生的迈克尔·卡尔门（Michael Kalmen）和吉姆·帕尔特里奇参加了一个安迪·沃霍尔电影的展映活动。电影让他们大受震撼。一时兴起，他们决定给在纽约的安迪打个电话，邀请他来参加他们将在湾区举办的一场派对。卡尔门给沃霍尔的电话应答服务留下口信，说"克拉克·肯特"（Clark Kent）[1] 来过电话。几天之后，卡尔门接到了沃霍尔的回电，他和沃霍尔说自己正在 LSD 的兴头上，而沃霍尔则开始给他大段大段地朗读一本布赖斯峡谷的旅游宣传册。

---

[1] 即《超人》里超人在地球的养父母给他起的名字，而他在报社做记者时也用的是这个名字。

最终，他们开始交谈，卡尔门告诉沃霍尔他计划搬到洛杉矶，以剧本创作为业；沃霍尔则说他和他的演出团队"爆炸模式化不可避免"（由"工厂"的常客和摇滚乐队"地下丝绒"组成）将会在洛杉矶的一家叫作"神游"（The Trip）的俱乐部驻场演出一个月。

卡尔门到了洛杉矶后，打电话给沃霍尔，沃霍尔当时住在好莱坞山（Hollywood Hills）上一个叫作"城堡"（The Castle）的、模仿中世纪风格建造的石头建筑里——有很多摇滚明星都安排他们的随行人员住在那儿，价格是五百美元一周。沃霍尔一行人在神游的演出因为它的突然关张而中断了，整班人马滞留在城堡，连一辆出行的车都没有。吉姆·帕尔特里奇在他去墨西哥的途中和卡尔门在洛杉矶碰了个面，他们两个刚好都有车，于是在这个紧张而又无事好做、闲极无聊的时期里，他俩成了沃霍尔一行人的司机。回忆起城堡里的无聊烦闷，卡尔门说："我打开前门——那房子没有家具——看向起居室：玛丽·沃诺娃（Mary Woronov）在伴着艾克和蒂娜·特纳的《水深山高》（"River Deep Mountain High"）在屋子里转圈圈，妮可则在屋外的花园里喂兔子。"城堡的访客发现那里的气氛怪异且十分紧张——卢·里德（Lou Reed）[1] 正在想办法解除他和沃霍尔的合约关系。沃霍尔这次到访洛杉矶，还在费鲁斯画廊办了一个银色枕头展，这是他第三次在那里办展。

帕尔特里奇是《加州人日报》艺术和娱乐版的编辑，《加州人日报》是加州大学伯克利分校的日报，读者人数约为四万。帕尔特里奇决定将他和卡尔门的经历在报上逐日记载下来。卡尔门回忆道："我们和安迪·沃霍尔一行人待在一起，但不是他们中的成员。"正因如此，帕尔特里奇作为编辑，可以足够客观地记录下他们的见闻。

帕尔特里奇发现沃霍尔很有魅力。"他这个人相处起来很有趣。他没有太多想说的。他不希望被采访，但是如果你想在他们那儿闲晃的话，那倒不是问题。"在他们共处的时间里，安迪随时都带着他的录音机，而且还经常把录音机交给卡尔门，他对他说："你录什么都不要紧，只管录下所有的一切。"

在沃霍尔一行人待在城堡的时候，他们接到了比尔·格雷厄姆（Bill Graham）打来的电话。格雷厄姆是旧金山的菲尔莫尔西（Fillmore West）音乐

---

[1] "地下丝绒"乐队的主唱 Lou Reed 其实应该译为"路·里德"才对，因为 Lou 是他的名字 Lewis 的略称，Lewis 在中文里通译为"路易斯"，那么其略称当然也就应该是"路"。本书姑且按习惯译法译。

厅的老板，他邀请他们去他那儿演出，这篇访谈也在这里结束。卡尔门说："这是他们仅有的一个邀约，他们为要不要去进行了讨论。"根据沃霍尔的传记作者维克多·博克里斯的记述："到了这时，他们已然极为烦躁，这群硬核纽约来客没法再掩饰他们对于西海岸的轻蔑了：里德将之描述为'无聊而缺乏天赋的谎言'，而[保罗·]莫里西的讥讽更为刺耳，他问格雷厄姆为什么西海岸的乐队不来点儿海洛因，因为'所有那些真正出色的音乐人都用海洛因'。……格雷厄姆气炸了，他嚷道：'你们这帮令人作呕的致病菌！我们在这儿努力要把一切都打扫干净，而你们却带着你们恶心的思想和鞭子过来了！'"（Bockris, 251）

卡尔门以剧本创作为业的尝试失败了，他和帕尔特里奇回到了旧金山。几个月后，他俩接到了沃霍尔的邀请，请他们去湾区参加《切尔西女孩》的首映。电影结束后，他们回到沃霍尔一行人下榻的酒店。卡尔门回忆道："那里一片混乱，人们光着身子跑过大堂，那儿还有大量的药。安迪通常在洗他的袜子，不过他有一大袋医用药品：利眠宁、安定、安非他明和镇定剂。"1968年，在沃霍尔遭到瓦莱丽·索拉纳斯枪袭后，卡尔门给住在医院的沃霍尔发过一份电报，但在那之后，他和帕尔特里奇都没有再像 1966 年那样频繁地和沃霍尔碰面。不过，沃霍尔在那之后跟吉姆·帕尔特里奇说过，他的访谈是他读过的关于他的文章中最棒的之一。

迈克尔·卡尔门于 2003 年 6 月逝世。

——本书编者

从卫生间的大理石地面向上：黑色的靴子，黑色的翻毛皮裤子，黑色的皮带有一个钢制的皮带扣，红白色细条纹的深蓝色 T 恤，泡泡糖一样浅粉色的脸，依处方配制的墨镜，漂染成银色的头发。动作：一只瘦弱的手，同样是泡泡糖一般的浅粉色，握着一把无线电动剃须刀，从安迪·沃霍尔，这位波普艺术家、阳光超人、地下电影制作人和沉静的流行乐迷之王的下巴上剃掉一些银色胡须。安迪走进卧室，从床上拿起一件黑色翻毛皮机车夹克和一本《时尚》(*Vogue*)[1] 杂志。安迪·沃霍尔的床非常乱。时尚杂志、《洛杉矶时报》、《品类》(*Variety*)和照片散落在床上或床下，在安迪睡着和醒着的时间里，占据着它们应该占据的地方。安迪沿着一段长长的旋转楼梯走了下来。

安迪此刻在洛杉矶，和他一起的还有"地下丝绒"，这是一个表演团体，它的构成是这样的："丝绒"一伙人，包括他们的鼓、电吉他、电小提琴；妮可，美丽而古怪的斯堪的纳维亚式的存在，她在《甜蜜生活》(*La Doce Vita*)里演妮可；以及杰勒德和玛丽(Mary)，他们跳鞭舞。[2]

在晚上：舞台上，"丝绒"一伙、妮可、鞭舞舞者(鞭子、黑色皮带、胯部，杰勒德穿或者不穿衬衫、戴或者不戴珠子)、闪光灯、安迪的电影，所有这些全都是一部叫作"爆炸模式化不可避免"的巨型机器的一

---

[1] 杂志内地版名为《服饰与美容 VOGUE》，此处对美国版的刊名进行直译。

[2] 此处帕尔特里奇对"地下丝绒"的表述不准确，实际上"地下丝绒"、妮可、杰勒德等跳鞭舞的人，以及其他一些元素，加总起来构成了"爆炸模式化不可避免"这个表演组合。

部分。这部机器喷吐着无穷无尽的、由钢铁之音构成的缆线。约翰尼·凯尔（Johnny Cale）可能是也可能不是印第安人，他瘦长脸，长而黑的头发从中间分开，下巴下面一把电小提琴奏出又高又细的尖锐之音。杰勒德跪在闪光灯前，扭动着，祭出他的长鞭。玛丽扭动身躯，在杰勒德身边甩动着她的长鞭，把她的鞭子抖得啪啪响，跳跃、扭动，扭动她那被李维斯牛仔裤包裹着的胯部。带钢制皮带扣的皮带扎在她的腰间，在屁股上方一点点，这皮带也在跳跃着、扭动着，非常精巧。

安迪的电影！在静止的扭动的舞者、年轻的流行乐迷、"丝绒"一伙和舞动鞭子的人之上，是三四块银幕，上面有巨大的妮可，她或凝视或哭泣，杰勒德在举铁，巨大的吻，颗粒感分明的黑白照片上伊迪·塞奇威克在摸杰勒德的肌肉，无力的鞭打，骇人的高速鞭打。

玛丽在闪光灯下将鞭子缠绕在杰勒德身上，小明星和小混混穿着蓬松的毛衣，紧张的流行乐迷在跳舞，还有妮可——这位金发女郎中的金发女郎，身穿白色羊毛西服套装，向前一步来到聚光灯下："下面的歌曲是，《我不再是个年轻的男人了》（'I'm Not a Young Man Anymore'）。"

场景：下午一点钟，好莱坞山。安迪从旋转楼梯上走下来，他和"丝绒"一伙住在这个巨大的好莱坞-西班牙式城堡里。"丝绒"一伙已经起身、吃过饭了，现在他们正在打发时间：听电子乐、写诗、四散到城堡和户外的不同地方、阅读、随着音乐起舞。有很多时间需要打发，因为神游——这家日落大道

（Sunset Strip）上的夜店——关门了，而"丝绒"一伙本该在那里演出的。似乎没人知道神游为什么关门。安迪在吃一个葡萄柚和一粒减肥药作早餐。保罗，某种意义上他是"爆炸模式化不可避免"的商务经理、编曲和财务主管，正在讲电话——那种通常十分冗长的商务通话。他挂了电话。

保罗：波士顿教育电视台希望你去给他们的系列三俗电影做介绍。他们的出价是五百美元，给你一个人，但我告诉他们说你要价一千五。这会花上一天时间。他们会出差旅费。

安迪：（慢吞吞地，他的音色就像他头发的银色一般）哦，你昨天看到妮可上电视了吗？她真好看。

保罗：波士顿那边的人再打电话过来的时候，我该跟他们怎么说？

安迪：哦，我必须要妮可或者"丝绒"一伙中的一位和我一起才行。告诉他们我会带妮可一起去。

保罗：给妮可五百？

安迪：好，她会替我做解说。

玛丽（鞭舞舞者）：有家铝制品公司给你寄了这个，这个广告。他们希望你在上面做点儿什么，或者就签个名也行，他们会给你两千。

（这张广告之后一整天都搁在桌子上，没有签名。第二天，它被压在了两大本洛杉矶电话号码簿下面，再之后有人把它扔掉了。）

电话铃响起来，保罗接电话。

保罗：（把听筒递过来）安迪，蒙特利尔打来的长途。

安迪：咱们有认识的人在蒙特利尔？

保罗：有人想问问你要不要去一个满是香槟和草莓的蒙特利尔。

安迪：哦，哇哦，所有人都在打电话过来让我去某处参加派对。

保罗：（讲电话）很抱歉，但是沃霍尔先生要是没有妮可和"丝绒"一伙陪着，就哪儿都不去。你们必须得把我们十个人全都请过去才行……对……没事儿，感谢来电。

吉姆：安迪，我有车。你想出门走走吗？

安迪：哦，哇哦，你有车！我想出门走走。

吉姆：你想去洛杉矶县博物馆看金霍尔茨（Kienholz）展吗？

安迪：（茫然地）哦，好。

吉姆：你想要去森林草坪（Forest Lawn）吗？

安迪：（更为茫然地望向烟雾[1]）森林草坪那儿有什么可看的吗？

吉姆：那儿有阿兰·拉德[2]的墓。

安迪：（坏笑）哦，真的吗？

电视台的摄影师到了，他们开始以专业的方式查看起城堡巨大的正殿内的光线条件，但除了一个天鹅绒王座外，其他地方的光线都不太好。

安迪：妮可呢？

"丝绒"一员：大概半小时前她在外面看兔子。

"丝绒"一员：我觉得她还在花园里。

场景：城堡屋顶，下午三点钟。上面是淡蓝色的天，下面是烟雾。安迪坐在杰勒德和妮可中间，杰勒德是蓝色的李维斯牛仔裤、浅蓝色衬衫袖子带有饰边、深蓝色的串珠、猎刀，妮可近乎白色的金发又长又直，

---

[1] 应是指洛杉矶的光化学烟雾。

[2] 阿兰·拉德（Alan Ladd, 1913—1964），美国演员，电影、电视制作人。拉德在 1940 年代和 1950 年代早期，有多部成功的西部片和黑色电影。

白色西服套装，笑容羞涩。"丝绒"一伙被放在背景里，约翰尼·凯尔拿着个廉价的小提琴（不是他的）。在更远的背景里，帕特里克——这位曾随伦尼·布鲁斯（Lenny Bruce）学艺、今已十七岁的前童星是城堡的长期住客——从他的吊床起身，来到日光下，裹着一条蕾丝披肩扭动起身子来。

电视记者：（这位看起来就像是电视记者，他头发是剃刀剃的，穿蓝色衬衫和夏季西服套装）今天和我们对话的是安迪·沃霍尔，著名波普艺术家和地下电影制作人。沃霍尔先生为洛杉矶带来了他的演出——"爆炸模式化不可避免"，由妮可、"地下丝绒"、鞭舞舞者玛丽·沃诺娃和杰勒德·马兰加组成。沃霍尔先生，你是怎么想到这个主意的？

安迪：（虚弱的、友好的微笑）

妮可：（害羞地，她突出的下嘴唇闪着光）他喜欢我们。

杰勒德：（把刀举到嘴前）"丝绒"一伙。"地下丝绒"乐队。

电视记者：安迪，你知道你和你的朋友有着怎样的追随者吗？

安迪：（看着妮可，他瘦弱的泡泡糖般粉色的手指抚弄着他的嘴唇）

杰勒德：你是想问谁在追随我们？

安迪：（感到好笑，轻柔地）F.B.I.？

电视记者：安迪，作为年轻人的领袖式人物（安迪微笑着），你觉得自己对他们负有责任吗？

安迪：哦……我……

杰勒德：我不认为有谁在追随我们，即使确实有人……这么说吧，我们不过是在做我们喜欢的事，而如果有人想要追随的话，我想那不是我们的责任。

电视记者：谢谢。

　　所有人都再次走下那个旋转楼梯。

吉姆：保罗，我有车，你有想去的地方吗？

保罗：（转头朝向吉姆）谢了，不过我今晚必须看一下神游会不会重新开门。

吉姆：（转头朝向安迪）安迪，你有想去的地方吗？

安迪：哦，我有，我想去一趟费鲁斯。

　　场景：圣莫尼卡大道，深蓝色旅行车（station wagon）。车的后座上，杰勒德、安迪和某人。前座上，吉姆（负责开车）和克拉克·肯特（"《星球日报》[*Daily Planet*] 的克拉克·肯特"）。安迪正在读《洛杉矶时报》。

克拉克：安迪，《星期日泰晤士报》[1] 的那篇评论，你留了一份吗？

安迪：哦，你是说特别糟糕的那篇吗？

克拉克：我还以为你会喜欢真的特别糟的评论呢。

安迪：哦，有时我会。我觉得如果有评论说你特别糟的话，人们会想要亲自来瞧瞧。

克拉克：我们昨天去看金霍尔茨展了，你去看过了吗？

安迪：没有。

克拉克：你今天想去看吗？

安迪：哦，我不觉得我真的喜欢他。

克拉克：为什么呢？

安迪：我不知道，对我来说他似乎有些"品格端正"。

---

[1] Sunday Times 实际应译为《星期日时报》，Times 作"时报"讲，而非"泰晤士"（Thames），本书姑且遵从习惯译法。

克拉克：怎么讲？

安迪：我不认为他真的喜欢他做的那些东西，比如他并不真的喜欢油腻腻的汉堡。他有一张我的画。我们交换来着。我给了他一幅特别漂亮的画，不过我不记得我得到的是什么了。我大概是把它卖了。

克拉克：洛杉矶县美术馆也收藏有一张你的画。

吉姆：是啊，那是那儿唯一的好东西。

安迪：哦，真的吗，哪张？

吉姆：《灾难》（*Disasters*）系列里的一张，消防员救出孩子那幅。

安迪：哦，真的吗，银色的？

克拉克：不是，黑白色的。

杰勒德：我特别喜欢那幅，那幅有一种乖戾之气。

　　沉默

吉姆：你们在神游的开幕演出，有明星到场吗？

安迪：哦，当然，现场特别激动人心。珍妮弗·琼斯在场，我遇到她了。

杰勒德：桑尼和雪儿也在，不过雪儿先走了。

安迪：哦，她太保守了。桑尼喜欢我们的演出。我真希望沙滩男孩也来了。

某人：安迪，你是个纯粹主义者。

安迪：哦，哇哦！

吉姆：费鲁斯画廊在哪儿？

某人：在拉西内加（La Cienega）。

　　沉默

杰勒德：如果神游今晚不开门，我们要不要搞一场电影明星派对？

安迪：哦，那会很不错。等我们回来问问杰克，他认识电影明星。塞韦林（Severin）也认识。

　　音乐插曲：车载收音机总是开着，此时正在播放满匙爱乐队（the Lovin' Spoonful）的歌。你是否曾不得不拿主意？你是否曾不得不最终做决定？[1] 你的暖

---

[1] 这两句歌词是满匙爱乐队的名曲《你是否曾不得不拿主意》（"Did You Ever Have to Make Up Your Mind?"）前两段的首句。

昧在烟雾朦胧的亮蓝色空气中闪耀着。阳光在车上闪耀着，收音机开着。好莱坞千篇一律。它的千篇一律让驾驶仿佛静止一般，好像开车行驶在一个塑料沙滩球里。

某人：安迪，你喜欢洛杉矶吗？

安迪：哦，当然，这里的生活是如此简单。

　　安迪，他的随行人员，还有他的世界，仿佛一个巨大的、无害的升空气球，飘过好莱坞的天空。他们飘向在拉西内加的费鲁斯画廊召开的一场气球集会。

　　场景：费鲁斯画廊。一个有着白色的四壁和天花板的房间。一面墙上，一幅巨大的安迪·沃霍尔的黑白照片，照片上的他手指轻轻地放在嘴唇上。对面的墙上，一幅巨大的黑白照片，照片上，一个充气的银色枕头从安迪在纽约的艺术工厂的窗户里飘了出去。房间的一角摆着一个绿色的罐子，里面是氦气。天花板上，是二十四个同样的银色枕头。地板上有几个微微漏了气的银色枕头。安迪走进来，手里拿着半块儿希思巧克力（Heath Bar）。

安迪：嗨，有寄给我们的邮件吗？

女孩儿：有，我记得有一封是寄给你的。

随行人马开始玩儿那些银色枕头。

安迪：你们这儿有钳子吗？

女孩儿：有，我记得有……哦，可能没有。我去一下隔壁看看他们有没有。

她去了有大约十分钟。她回来了。

女孩儿：他们也没有。

克拉克：安迪，要不要我去一趟利伯雷斯（Liberace）的画廊，看看他们有没有？

安迪：哦，可以的话，那就太好了。

　　利伯雷斯的画廊也没有钳子，所以整班随行人马都出动去找钳子。半个小时后，他们全都回来了，其中一人拿着两把钳子。安迪的手伸进他黑色翻毛皮夹克的口袋里，掏出一包多汁水果（Juicy Fruit）口香糖。他把口香糖放到另一个口袋里，然后从刚才的口袋里拿出一包钓鱼用的那种铅坠。他拉下一个银色枕头，用钳子接了几个铅坠上去。银色枕头飘回屋顶上。

安迪：我希望它们可以飘浮在半空中。

　　屋子里很安静。安迪和整班人马都在往银色枕头上系铅坠，系好后放飞，让它们撞到屋顶再弹回来，刚好飘浮在半空中。屋子里很安静，光线从室外那雾蒙蒙的亮蓝色天空中射进来。银色枕头飘浮着撞向彼此，不发出任何声响。安迪和随行的整班人马都觉得他们自己正在变得轻盈起来。他们觉得自己很快也会飘浮起来，飘浮在拉西内加的费鲁斯画廊的半空，撞向彼此，不发出任何声响；两边墙上，一边是一张巨大的黑银两色的安迪·沃霍尔的照片，一边是一张黑白照片，上面有一只飘走的银色枕头。安迪将铅坠系在最后一个银色枕头上，然后松开了手。它先是缓慢地穿行在空中，然后就一动不动地飘浮在那里了。

安迪：哦，哇哦！我想来个冰淇淋甜筒。

　　场景：贝雷斯福德酒店（Hotel Beresford），旧金山。安迪穿的和之前一样，不过换了件蓝白条纹 T 恤。他在洗一双黑色的袜子，毛巾架上挂着洗好的另一双袜子，还有那件有着红白色细条纹的深蓝色 T 恤。有人敲门，安迪走去开门。吉姆进来了。

安迪：哦，嗨，我在洗袜子。

吉姆：为什么不直接把脏袜子扔了呢？

安迪：我喜欢留着它们，也许有一天它们会值钱呢。

吉姆：你什么时候到的？

安迪：哦，前天。哦，哇哦，当时的场面就像电影明星抵达机场似的。

吉姆："丝绒"一伙也来了吗？

安迪：没有，就杰勒德。

吉姆：嗯，你今晚有什么安排？

安迪：我不知道。你有什么安排？

吉姆：你吃过晚饭了吗？

安迪：没有，不过我可以吃上一片减肥药，这样就不会饿了。

吉姆：要不我们去唐人街吃中餐吧？

安迪：哦，好啊。

　　电话铃响了，是保罗从"城堡"打来的。安迪跟保罗讲电话，吉姆躺在床上，翻看成堆的照片：安迪、"丝绒"一伙、妮可、伊迪·塞奇威克，还有其他朋友和超级明星。安迪说拜拜，挂了电话。

安迪：外面冷吗？

吉姆：哦，待会儿可能会有点儿冷。

安迪：我要不要穿上毛衣或者夹克？

吉姆：我不知道。

安迪：你觉得我穿夹克看着会不会有点儿古怪？

吉姆：我不知道，这个要看你了。

安迪：别，由你来定。

吉姆：嗯，那就穿上夹克吧

安迪：我要带上录音机吗？

吉姆：干嘛？

安迪：哦，我也许会想要录点儿东西。

　　他们来到走廊上，安迪锁了门，两人搭电梯下楼，出了旅馆大门。

安迪：我们今晚会玩儿得开心吗？

吉姆：大概不会。

安迪：（坏笑）哦，真的吗？我们是被上一家旅馆赶出来的。当时我们全都办好了入住，然后经理见到了我们，他不喜欢杰勒德的珠子，所以他说我们就只能住一晚。

吉姆：你今天都干了点儿什么？

安迪：哦，我就看了看电视。哦，哇哦！那儿有一家糖果店。我们可以去买些糖果吗？

吉姆：当然。

安迪：你喜欢哪类的糖果？

吉姆：我觉得我什么都不想要。巧克力会让我打喷嚏。

安迪：哦，是吗？那可真好。

　　他们走进一家"超新鲜麦克法兰"（Awful Fresh McFarland）糖果店。安迪查看了所有不同种类的糖果。导购小姐一边做着介绍，一边切些小块来试吃。

安迪：哦，看起来都很好。我该买哪种呢？

吉姆：哦，对我来说都一样。那种看起来不错。

安迪：好吧，那种我要半磅，然后这种也来半磅。

导购小姐：一共是一美元二十九美分。

　　安迪把手伸进他的黑色翻毛皮机车夹克的兜里，掏出一包多汁水果口香糖。他把手再次伸进去，掏出了几张钞票。他把钱给导购，拿了找零和糖。他们走出店门。

安迪：你要口香糖吗？

吉姆：陌生人递过来的口香糖我总是会接受。

安迪：（坏笑）哦，真的吗？我觉得我不该吃那么多糖。大概对我身体不好。我觉得我喜欢买胜过喜欢吃。

吉姆：那为什么不买了然后直接扔掉呢？

安迪：哦，真是个好主意。

安迪和吉姆走进格兰特街的远东餐厅（Far East Restaurant）。侍应生将他们带到一张台前，递给他们菜单。

侍应生：点单前要不要先来点儿喝的？

安迪：你想喝点儿什么吗？

吉姆：嗯，我想来杯马天尼。

安迪：你们有特别干的雪莉酒吗？

侍应生：有。

安迪：我来一小杯雪莉酒，给他来一杯双料马天尼。

吉姆：你是想灌醉我吗？

安迪：是啊。

吉姆：那可能要让你破费了。通常我都可以喝啊喝地一直喝，在最终醉倒前一直保持清醒。

安迪：哦，我喜欢能千杯不醉的人。

　　他们开始看菜单。安迪小啜一口雪莉酒，吉姆则喝他的双料马天尼。

安迪：哦，每道菜看起来都很好。哦，哇哦，他们有姜汁牛肉。我们要不要来一道姜汁牛肉？

吉姆：好，再来一道蚝油牛肉、一道糖醋排骨。

安迪：是有菠萝的那种吗？

吉姆：是的。

安迪：哦，哇哦，我爱菠萝。

侍应生：两位先生想现在点单，还是再来一杯？

安迪：给他再来一杯双料马天尼。

吉姆：没用的，安迪。

安迪：我已经有点儿醉了。

　　侍应生端过来一杯双料马天尼。他们点餐，喝酒。上菜了，他们吃饭。

安迪：哦，做得太好了。我特别喜欢姜的味道。

吉姆：过去我父母招待朋友时，我们常来这儿吃饭。他们会喝得大醉，然后用茶壶叠罗汉。

安迪：哦，这儿的中餐比纽约的中餐好太多了。这真的是我吃过的最好吃的菜了。

吉姆：你要来杯咖啡吗？

安迪：你不想再来杯酒吗？

吉姆：不了，我就喝点儿咖啡就可以了。

安迪：可以给我们来点儿咖啡吗？顺便买单。

吉姆：你那些糖果呢？

安迪：哦，都扔了。

侍应生端来咖啡，一并拿来了账单。安迪和吉姆喝咖啡，安迪看账单。他把手伸进黑色翻毛皮机车夹克的一个口袋，掏出一张钞票来。侍应接过钞票和账单，笑开了花，鞠躬后便退下了。安迪和吉姆起身走出店门。

吉姆：你小费给得可真够多的。你是心情不好吗？

安迪：哦，不是的。他态度很好，而且晚餐也非常棒。

吉姆：你想要去利波（LiPo's）吗？

安迪：什么利波？

吉姆：那是一家邪恶的酒吧。

安迪：哦，真的吗？你想要去邪恶酒吧？

吉姆：也不是那么想。不过那家看上去像一部1946年的电影里的邪恶酒吧，电影拍的是战争期间在上海被击落的美国佬。这也是为什么我喜欢它。

安迪：你是邪恶的人吗？

吉姆：不是，我觉得我只是喜欢观看邪恶。

安迪：（坏笑）哦，真的吗？

安迪和吉姆走进利波。它的装饰风格俗艳，让人想起 1946 年的一部电影中的邪恶上海酒吧，电影是关于被击落的美国佬的。酒吧的一头是一座鎏金佛像，另一头是一部视听点唱机（Scopitone）。

安迪：哦，哇哦，这也太黄柳霜[1]了吧。

吉姆：你不觉得很棒吗？

酒保：请问我可以看一下身份证吗？

吉姆拿出他的驾照，安迪拿出一本老旧的绿色护照。酒保看了看吉姆的驾照，又看了看安迪的护照。

酒保：哎呦，好家伙！你们惊到我了，你看起来可不像三十八。你看起来特别年轻。

吉姆：可以来两杯布格尔迈斯特（Burgermeister）[2]吗？

安迪：哦，他们有视听点唱机。我们可以来上一首吗？

吉姆：当然，这就是我为什么带你来这里，这样你就能用视听点唱机点歌了。

---

[1] 黄柳霜（Anna Mae Wong，1905—1961）是首位美籍华人好莱坞影星。

[2] Burgermeister 词义为镇长、市长，这里指 Burgermeister 牌的啤酒。

安迪：哦，真的吗？都有哪些歌？

吉姆：博比·维（Bobby Vee）。

安迪：博比·维？哦，我爱博比·维。

他们在视听点唱机上播放博比·维。吉姆喝着他的啤酒。安迪谈起"丝绒"一伙和"《星球日报》的克拉克·肯特"来（他的真名叫迈克尔·卡尔曼[Michael Kalmen]，不过他向安迪做自我介绍的时候说自己是克拉克·肯特，现在每个人都这样叫他），而没有喝他的啤酒。吉姆最终喝起了安迪的啤酒。安迪和吉姆起身走出店门。他们开始看沿街的店铺橱窗。

安迪：他们的袖扣可真漂亮。

吉姆：你真这么觉得？

安迪：是啊。哦，哇哦，看这把弹簧刀有多漂亮。我对刀有感情。

吉姆：是么，为什么？

安迪：哦，我想是因为我过去有一把刀。不知道他们有没有便宜的香水，我可以给你买一瓶便宜的香水吗？

吉姆：别，我不觉得我想要香水。

安迪：真的吗？我来看看他们有没有的卖。

　　安迪走进店里去。

安迪：你们卖便宜的香水吗？

店主：不卖，不好意思，我们不卖香水。

安迪：哦，你们的刀具有些真的很不错。

店主：谢谢您，先生。

　　安迪和吉姆走出店门，路过了另一家店铺。他们停下来，看橱窗。

安迪：这些甲虫胸针真不错。如果我买一个甲虫胸针送给你，你会戴吗？

吉姆：大概会的。

　　安迪走进店里，买了一个甲虫胸针。他把胸针递给吉姆，吉姆把它放进兜里。他们走去另一家店，看它的橱窗。

安迪：你想让我给你买一个结婚戒指吗？

吉姆：不，不用了。

安迪：为什么不呢？你可能会用到的。

吉姆：你要来根烟吗？

安迪：哦，谢了，不用。

吉姆：你抽烟吗？

安迪：我原来抽过雪茄，因为那会儿我有些朋友抽雪茄。

吉姆：你为什么不抽烟呢？

安迪：哦，我想是因为我怕把自己点着了。

　　场景：菲尔莫尔礼堂，旧金山。吉姆上楼来到舞厅。大厅里是玛丽·沃诺娃，这位鞭舞舞者身穿黑色李维斯牛仔裤，大大的黑色皮带上有一个钢制皮带扣，黑色衬衫；妮可穿着深色衬衫，宽皮带，红白条纹的李维斯喇叭裤；莫琳（"丝绒"一伙的一员）穿着普通的李维斯和有着佩斯利图案的宽松上衣；另有某人穿着李维斯的喇叭裤，毛绒外套（monkey-fur jacket），戴金色耳环。流行乐迷，许许多多的流行乐迷；休假中的美发师和他们的约会对象，精神的嬉皮和懒散的嬉皮；青年联盟（Junior League）的成员穿着她们看起来不怎么舒服的荧光色漆皮套装，在大厅里漫无目的地兜来转去。吉姆走到玛丽、妮可、莫琳和某人跟前。

吉姆：嗨，安迪人呢？

玛丽：他在上面的楼座。你有烟吗？

吉姆：当然。

莫琳：哦，我可以也来一根吗？

吉姆：当然。

　　吉姆上楼来到楼座，安迪和保罗正在安放电影放映机。轮替的乐队正在离场。

吉姆：嗨。

安迪：哦，嗨。哦，我昨晚打电话给你来着。我们去了伯克利。

吉姆：我出门了。伯克利怎么样？

安迪：哦，太棒了。我们就坐着，看人。

保罗：如果能找到妮可，我们就可以开始了。

吉姆：她在楼下大厅呢，玛丽和莫琳也在。

保罗去把"丝绒"一伙都召集起来。安迪打开一部放映机。巨大的影像投映出来：伊迪·塞奇威克穿着黑色的胸衣和内裤坐在一张凌乱的床上，床上还有一位英俊的男孩儿，穿着居可衣（Jockey）内裤。"安迪你什么意思？"扬声器里传来伊迪的声音。"丝绒"一伙调好他们的设备。妮可走到台上来。

妮可：下面的歌是《我将是你的镜子》（"I'll Be Your Mirror"）。

玛丽和杰勒德挥舞着鞭子，扭动着身体。当约翰尼·凯尔刮擦夹在他那张长脸下的电中提琴时，扬声器中的静电杂音带上了尖利的金属声。楼座区，安迪身边围拢起一伙人。四个身穿红色紧身裤和亮蓝色佩斯利图案衬衫[1]的男孩儿，正在试图获取他的好感。吉姆俯在安迪耳边说了些什么。安迪把手伸进他黑色翻毛皮机车夹克的衣兜里，掏出一包黄色的多汁水果口香糖。他给了吉姆一片。卢，那位主唱，正在唱"闪亮、闪亮、闪亮、闪亮的皮靴"。杰勒德脱下他那袖子带有饰边的蓝衬衫，他油腻腻的金色卷发遮住了他的脸庞，他跪在闪光灯前，两臂伸展开来。塞韦林出现在楼座区，他穿着黑色橡胶裤、白衬衫、打领带，外面罩了一件长款礼服。一个穿着白色漆皮大衣的女人朝安迪挤了过去，身后跟着一个摄影记者。吉姆俯在安迪耳边说了些什么。闪光灯闪出蓝色的光。

---

[1] 原文中对衬衫的描述是 electric paisley shirts，语义不通，参照对紧身裤的描述，译者怀疑原文在书写或编校时漏掉了 blue。electric blue 词典释义为"铁蓝色"，是一种非常明亮的蓝色。

《旧金山纪事报》（*San Francisco Chronicle*）：
大幅黑白照片，上面的安迪·沃霍尔身穿黑色翻毛皮
机车夹克和黑色高领衫，银色头发，带着虚弱的、害
羞的坏笑。哦——哇哦！

和安迪·沃霍尔一起搭出租

弗雷德里克·特德·卡斯尔（Frederick Ted Castle）
1967年6月
《艺术新闻》，1968年2月

1967年5月，沃霍尔和他的随行人马一起前往戛纳电影节，参加一场《切尔西女孩》的放映活动。法国人对沃霍尔很是推崇，甚至说他是"我们时代的一位重要的见证人"。（Bockris，269）然而，由于围绕电影产生的争议，戛纳官方决定取消《切尔西女孩》的放映，这让沃霍尔很是不快，也加剧了他对法国电影——特别是让-吕克·戈达尔的晚近作品——的厌恶。戛纳之后，沃霍尔前往巴黎，参加《切尔西女孩》的首映。之后他在伦敦稍作停留，就回到了纽约。他到纽约的当天就搭飞机前往波士顿，去看"地下丝绒"乐队的一场演出。

在他从波士顿回到纽约的那天，沃霍尔去了马克斯的堪萨斯城（Max's Kansas City）。在那里，超级明星艾薇·尼科尔森（Ivy Nicholson）正在大吵大闹，尖声叫嚷着把吃的扔得到处都是。被她吓到的沃霍尔从那里转身离开，叫了一辆出租车。那辆出租的司机刚好是弗雷德里克·特德·卡斯尔，他是一位艺评人和写作者，在自己开的出租上藏了一台录音机。卡斯尔录下了这场聊天，并在九个月后的《艺术新闻》上的一档名为《事件》（"Occurrences"）的栏目里将它发表了出来。

那之后不久，卡斯尔写了一部实验小说，名为《吉尔伯特·格林》（*Gilbert Green*, Kingston, New York: McPherson & Company, 1986）。书的主角吉尔伯特·格林在一定程度上是基于安迪·沃霍尔创作的。"我的吉尔伯特·格林是由以下几个成分构成的混合物：我本人、安迪·沃霍尔和我想象的一位艺术家和诗人在那个不平静的时期 [1968 年] 会做的事情。"

——本书编者

▶

　　我初遇安迪·沃霍尔是在 1967 年的情人节前夜。
当时我在做出租车司机，而他搭乘了我的车。通常我
都不是一个话很多的司机，不过我才刚看过《切尔西
女孩》，我想告诉他我很高兴他拍了这部电影。我跟
他讲了，然后我们开始聊天。他问到我的写作是否是
抽象的。我此前从来没有从这个角度考虑过，不过我
想了想，确定我的写作的确是抽象的。第二天，我写
了一组两篇散文诗，诗是关于一部叫作《给安迪·沃
霍尔的情人节卡片》（A Valentine to Andy Warhol）的
电影的。在接下来的几个月里，我们开始对彼此有了
更多一点的了解。我给他写了一部没用的电影剧本，
我在他的"工厂"里看了许多电影。有一天，他建议
我说，既然我是个出租车司机，我应该在车上装一台
录音机录下别人的谈话，然后再誊录出来。他甚至奇
怪为什么没有人以这样的方式写作。当时他正准备要
出版他关于昂迪恩的小说[1]，小说的录制花了二十四
小时，誊录则花了两年。我发现对我来说誊录磁带是
难以忍受的，我自己可做不来，不过我同意录些带子
会是件有意思的事。没有和沃霍尔说我打算这样做，
我就直接这样做了；有三个星期，我都录下了在我车
上发生的一切。6 月的一天晚上，当我正在继续这个
实验时，安迪·沃霍尔上了我的出租车。下面是我原
封不动记录下的这次行程中的谈话。

---

[1] 《a，一部小说》（a, a novel），纽约：格罗夫出版社（Grove Press），1968 年。
　　——原注

沃霍尔：哦，见到你真是太好了……

卡斯尔：法国之行怎么样？

沃霍尔：哦，我们，可谓……

卡斯尔：没成。

沃霍尔：啊，你怎么知道的？

卡斯尔：我不知道，就是……

沃霍尔：仅有的两件好事，是我们和碧姬·芭铎共进了两次晚餐……

卡斯尔：她是个好姑娘吗？

沃霍尔：是的，她非常漂亮。

卡斯尔：我的意思是说，她好相处吗？

沃霍尔：哦，好相处，她真的是非常非常温柔，非常温柔。

卡斯尔：你知道，这些人有的真的不怎么样。

沃霍尔：哦，不不不，她真的特别好。呃……你闻起来像是刚喝了酒。

卡斯尔：哦，刚才我喝了杯啤酒，今晚出奇地无聊。

沃霍尔：哦，真的吗？马克斯那儿可不无聊！

卡斯尔：不无聊吗？

沃霍尔：不。艾薇……艾薇，呃，呃……你知道你在往哪儿开吗？

卡斯尔：知道啊，真的。我只是，呃，因为撞见你所以脑子有点儿乱。

沃霍尔：哦……

卡斯尔：这样的事情一般不会发生。

沃霍尔：我明白，有点儿古怪对不对？刚才说到艾薇，你知道，她打电话给我说，呃，说她马上就要去墨西哥了，问我能不能给她点儿钱，还说她正在闹离婚，说等她回来就会嫁给我，我说"什么？"你能想象吗，现在一切都很成问题，我决定我们得变得有条理起来，真的，得把事情都弄好，试着……呃，不能再谁来了"工厂"就往那儿一坐了，他们必须得干点儿什么，扫地、打扫卫生，不然他们就必须走人，你明白吧，现在一切都很成问题。我弄丢了我的，或者是有人偷走了，呃，我们的麦克风，所以……

卡斯尔：那也太糟了吧！

沃霍尔：所以，我，哦，我不知道，也可能是我不小心把它放在别的地方了，但也可能是有人把它拿走了，我是说，在我们能开始拍摄前我花了整整五个小时，可把我累坏了，然后我决定得跟艾薇把事情说清楚，我得告诉她她疯了，你懂吧，我要跟她说让我们还是不要继续了，你懂吧，这很有意思，所以我就这样跟她说了，之后我们我[1]带所有人一起去马克斯吃晚饭，我们到了那儿，然后她就开始扔，你知道，她刚好看到了我们，然后她就开始把她吃的东西丢过来，而且吧，越来越来劲，我就跑出来了，因为我不想当众争吵，其他孩子已经坐下来点单了，所以我想他们得留下来，但是，但是事情肯定还没完，因为她真的会……

卡斯尔：你还在拍她吗？

沃霍尔：嗯，还拍，我们想要把那个做完，我们想拍她的宝宝和她，不过现在我想也许我们会就这么停下不干了。不过我是说……嗯，我不知道她想要怎么样，你懂吧，我是说我真的不知道她想怎么样。我想不出来她到底是想要什么。

卡斯尔：要想知道女人想要什么可是非常困难的。我觉得这种事你也可以单方面做决定……她们其实并不

---

[1] 因为原文是对于录音的誊录，所以就有这种情况，沃霍尔先说了 we 紧接着说了 I，译文类似的地方都照原文来译。

怎么在乎的……

沃霍尔：我是说我都不怎么能见到她，我已经有四周没有见过她了……真的。

卡斯尔：我觉得她们通常都希望能有人替她们决定她们到底想要的是什么，然后又因为没有人能这样帮她们，她们会搞得一团糟……

沃霍尔：哦……你在忙什么呢？

卡斯尔：哦，我想一下，写作……

沃霍尔：哦，那很好啊。

卡斯尔：……四下里闲逛……工作……其实也没忙什么，我是说，没什么新鲜事儿，也没什么激动人心的事儿……你走了多长时间？

沃霍尔：哦，大约有三个星期，然后我们是三天前回来的，因为我们得去一趟波士顿，所以我们是昨天从波士顿回来的……

卡斯尔：片子在波士顿的反响怎么样？

沃霍尔：这个么，呃，"丝绒"他们在那边有演出，之后我们得到了一个上电视的机会，她——我是指妮可——和我得到了一个和阿尔·卡普（Al Capp）一起上节目的机会。

卡斯尔：听上去像是个不错的节目。

沃霍尔：很不错！他对我们很好。吉米·布雷斯林（Jimmy Breslin）也在，我一直都喜欢他，也一直想见一见，能和他碰上一面实在是很不错。

卡斯尔：哦，你、妮可、吉米·布雷斯林和阿尔·卡普，哇哦！

沃霍尔：没错，而且他对我们很好。你知道，通常人们都说他大概是个相当邪恶的人，但是，呃，他人真的很好！他很喜欢我们，太奇怪了！之后，昨天，他们在公园里有一场示爱集会（love-in）……我们也去了，还算有趣，之后"丝绒"他们在茶党（Tea Party）做了些事情……

卡斯尔：什么东西？

沃霍尔：那儿的茶党，他们是某种迷幻的……这么说吧，波士顿和旧金山很像，城市扩张得很快，呃，纽约在很多事情上似乎都没法像波士顿和旧金山一样……

卡斯尔：不是同样类型的……我是说，这儿的一切都很商业化，你说是吧？

沃霍尔：是啊，不过我的意思是……

卡斯尔：这儿没那么多课外活动。

沃霍尔：哦，是的，我想是这样。肯定是有这方面原因。它们都是有很多大学的城市，所以，你知道，这就意味着……

卡斯尔：许多孩子想的都不仅仅是要接受训练以便将来可以当个办公室职员什么的，他们是真的在行动的人……过去的几个月里，我们那儿多了不少从波士顿来的人，我不知道为什么会是……

沃霍尔：哦，真的吗？哦……

卡斯尔：你能想象吧，人们打电话过来说这说那说上一堆有的没的，然后他们就过来了，呃，真的，事情似乎真的正在那边发生，不过我觉得其实没什么真的在发生，旧金山也好，波士顿也好，都不过是幻影……一切看上去都很不错，但是没有什么事儿真的在发生。你能明白我的意思吗？

沃霍尔：嗯。我也在想，你知道，现在所有人都想来点儿出格的，于是他们就穿上古怪的衣服再戴上各种各样的玩意儿，然后他们也就变得看起来和其他人没什么两样了。

卡斯尔：确实如此。

沃霍尔：而且我实在不明白这一切到底是什么意思，你说是吧，他们这样不是就和其他人一样了吗，再磕点儿药，是吧，你都想得出来，一个个全都假模假式的，然后呢，有人就会出来接管一切，他会站出来告诉大家应该做什么。大概这就是大家想要的吧！

卡斯尔：嗯，我估计利里[1]是最尽心尽力的一位。

沃霍尔：是啊，我觉得是。不过你知道，唉，我不知道。

卡斯尔：你知道我怎么想？他从波士顿起家，要不是进了局子，现在肯定来纽约了。……你觉得拍一部关于你自己的电影怎么样？

沃霍尔：哦。可是谁演我呢？

卡斯尔：哈哈！

沃霍尔：其实我们自己拍了一部，片子叫《安迪·沃霍尔的故事》(*The Andy Warhol Story*)，是和勒内·里卡德一起做的，他这人，唉，实在是不怎么样。不过片子没出来，因为一些原因。找机会放给你看。

卡斯尔：什么？

---

[1] 应是指蒂莫西·利里（Timothy Leary，1920—1996）。利里致力于探索迷幻药的积极作用，对美国 1960 年代的反文化运动有着广泛的影响。

沃霍尔：我们和勒内·里卡德一起拍了一部，我不知道你认不认识他，他真可以说是很糟糕……

卡斯尔：我不认识他。

沃霍尔：而且……

卡斯尔：是说他尝试了演你吗？

沃霍尔：呃，伊迪演我，不过是，就是在我负责掌镜的时候，我们用他是在那天晚上的早些时候，不过等我们拍到他时，他特别疲惫，实在是很不明智，一切都是错的，可以说，呃……唉，在欧洲，一切都特别无聊！

卡斯尔：是，我懂你的意思。

沃霍尔：还是纽约好。

卡斯尔：在欧洲，一切都非常诱人，但又同时非常无聊……

沃霍尔：没错。

卡斯尔：有很多都很好，东西好吃啦，还有诸如此类的，是吧……

沃霍尔：是啊，确实。很不错。

卡斯尔：不过说起来……我都有五年没去过欧洲了，我应该再去一次。

沃霍尔：嗯，巴黎和以前不一样了，因为他们现在……呃……美国人不再去巴黎了，而且吧，他们有四家药妆店——他们管那种地方叫药妆店，还有很多英式的新店铺，真的很吓人。我猜他们不得不接受美国人，而他们其实并不想。你知道么，我们听戴高乐讲了三个小时的话，呃……

卡斯尔：你听了他的讲话？

沃霍尔：是啊，听了，我不知道他在说什么，但他这个人嘛，嗯……

卡斯尔：怎么？

沃霍尔：他很有型，挺不错的。

卡斯尔：我很喜欢戴高乐。

沃霍尔：不过我是想说，呃，就是吧，他们仍然，他们失去了一些东西，但他们仍然觉得自己还是——就是说他们已经失去了它，但他们仍然想要把持，他们不想要改变，这其实挺搞笑的，你懂吧，实在是很古怪的状况。因为他们真的想要像那么回事儿，而……

卡斯尔：有人在写或者说在编辑一本关于让-吕克·戈达尔的书。

沃霍尔：噢，是吗？

卡斯尔：让我写其中一章，我最近一直在忙这事儿，已经胡扯了十二页了。

沃霍尔：哦，我们看了他最近的一部片子，不过其实他拍了两部，我们没看最后拍的那部，我们看的是《美国制造》（*Made in USA*），拍得实在是很差！

卡斯尔：片子是在美国制作的吗？

沃霍尔：不是，是片子叫作《美国制造》。

卡斯尔：但不是在美国拍的。

沃霍尔：哦，实在是太差了！我是说，片子——呃，也许我倒没觉得它那么差，但和我同行的人全都觉得很差。他们弄得我心焦气躁，你能想象吧，他们片子没看完就走了。不过片子确实很无聊，而且安娜·卡琳娜（Anna Karina）看起来特别丑。我唯一觉得还不错的是他拍片很快，而且一直用同一批人，拍出来就好像是日记似的。而这大概就是我喜欢他电影的地方了……

卡斯尔：说起来，我特……我确实是喜欢他的电影。

沃霍尔：而且他还总是找看起来像她的女孩儿，之后，呃……

卡斯尔：但他不惧怕表达，不怕让角色说出点儿什么来，不是吗？

沃霍尔：哦，那倒是，不过你要是看了《美国制造》，也会觉得不怎么样的。片子确实很无聊。

卡斯尔：嗯，有可能……《阿尔法城》（*Alphaville*）我就一点儿也不喜欢。……

沃霍尔：哦，那部我也不喜欢，拍得很糟。

卡斯尔：很糟。

沃霍尔：但是《男性，女性》（*Masculine-Feminine*）我特别喜欢，我不想喜欢但我还是喜欢了，真的。而且这片子拍得……

卡斯尔：一开始像是个烂片，结果却并不是。

沃霍尔：对。而现在的这部，有更多开枪的戏码。每个人都在开枪，你能想象吧，我是说片子从某个地方就开始……

卡斯尔：他一直对开枪的戏码很着迷……

沃霍尔：《男性，女性》有一些，不过现在这部，他总是……

卡斯尔：甚至他的那些老片也有人拿枪指着别人。

沃霍尔：对，不过那些片子里开枪的次数可远远没有这回的多。这回是真开枪，真的，他们把每个人都给打死了。

卡斯尔：他一直都很着迷于美国电影里的那种场面，就是忽然间两个人争执起来，然后一个人就拔出了枪，就这种。

沃霍尔：不过有意思的是……

卡斯尔：但实际上，他其实并不理解。

沃霍尔：不过现在甚至，反正是太多了，太过了。

卡斯尔：嗯……

沃霍尔：真的，现在真是玩儿砸了。

卡斯尔：那是什么东西？〔一个册子〕

沃霍尔：哦，呃，哦，干脆给你吧。这家伙要把我逼疯了。

卡斯尔：我刚就在看这个。

沃霍尔：他窃听人家的公寓，其实吧，他窃听一切。

卡斯尔：哦，这就是那种和性事有关的……

沃霍尔：不，这就是一个搞窃听的家伙，他是个，他真的很可怕。他是个，哦，他想要当我们的经理，但是，呃，他总是鬼鬼祟祟的，搞点儿窃听啊什么的，你能想象吧，特别吓人。

卡斯尔：他录了东西？

沃霍尔：是啊，他卖窃听设备，还有诸如此类的玩意儿，他真是把我吓到了，实在是……哦……谢谢。

卡斯尔：应该多谢你。

沃霍尔：哎，既然我们回来了，就常过来看看呗。

卡斯尔：好啊。

沃霍尔：我们要努力工作了。

卡斯尔：回到正常的节奏？

沃霍尔：是啊，对，正常的节奏。我们要工作，**非常**

努力地工作。希望艾薇没有在等着我。

卡斯尔：时间还早。晚安。

沃霍尔：晚安。哦，谢了。

安迪·沃霍尔

约瑟夫·吉米斯（Joseph Gelmis）

1969 年春

《作为超级巨星的电影导演》（*The Film Director as Superstar*），

1970 年

《新闻日报》（*Newsday*）的影评人约瑟夫·吉米斯在 1969 年这次更为深入的访谈前，和安迪·沃霍尔做过两个简短的访谈。当他再次来到联合广场西的"工厂"时，出现在眼前的安全措施给他留下了很深的印象。前一年，沃霍尔遭遇了瓦莱丽·索拉纳斯的枪击，随后这些安全措施就被设立起来。"我记得你从电梯出来，面前是一堵假墙，引导你行进的方向，然后你需要通过一个十字旋转闸门，这会让你放慢脚步。所以虽然没有门卫，但要见沃霍尔也得先通过一个迷宫般的过程才行。在你左拐右拐一番之后，一个塞西尔·B. 德米尔（Cecil B. DeMille）的丑角大丹犬标本阻住了你的进路。"在他最终进来以后，吉米斯发现沃霍尔在聚精会神地看电视。

从吉米斯向沃霍尔的提问中，可以看出他作为报纸记者的特定视角："我以平常的方式向他发问，既没有问得很隐晦，也不是作为内行或是带有敌意的发问。沃霍尔的回应也很得体，给了我平和、平实、简单的回答。"

这篇访谈发表在《作为超级巨星的电影导演》（Garden City, New York: Doubleday, 1970）一书中，此书是吉米斯和当时许多声名卓著的导演的访谈合集，访谈对象包括斯坦利·库布里克和弗朗西斯·福特·科波拉等。回忆起和沃霍尔独特的访谈经历，吉米斯表示："我所采访的大多数导演都巴不得别人问他们有关创作过程的问题，又或者他们的作品有何意味。沃霍尔有意思的地方则在于他对电影制作的过程完全没有头绪。我在三十年里采访过的电影制作人恐怕得有五千位，沃霍尔的独特之处在于他所采取的非叙事的方法。他坦陈他的作品是以一种非专业的、发生了什么就拍下来什么的方式拍出来的，而由此他也就在电影这种艺术形式上，取得了到那时为止尚无人达成的成就。"

在他原初为访谈所写的导言里，吉米斯这样说道:"他是一位倾听者和观察者,一刻不停地吸收着和吸纳着。通常情况下,他像是一位梦游者,有着一双温柔的、母鹿一般的眼睛,一张松弛的、忧郁的嘴,一头直发染成白金色,声音轻柔而谦恭有礼。他是一位倦怠的健谈者,只是被动地做着回应。下面这篇访谈是在他位于联合广场的'工厂'做的,他只有在谈起当天早些时候看的'自慰片'时才有了一些生气,但那也是他唯一有生气的时刻。那天下午,在他和其他往来'工厂'的人讲话时,用的都是那一成不变的语调;而当他四下走动时,也透着一种轻微的懒散。"

这场访谈持续了大约半个小时,所谈内容一字不差地发表了出来。

——本书编者

▶

吉米斯：为什么你现在拍电影了？为什么你放弃了绘画？

沃霍尔：因为电影做起来更容易。

吉米斯：比给金宝浓汤签名还容易？

沃霍尔：是啊，因为你只需要把摄影机打开就行了。而如果你开始拍商业片，那简直还要更容易呢，因为人们会帮你全做好。他们真的会。负责摄影的通常实际上也就是负责整部电影的。

吉米斯：你真的认为莱斯特（Lester）、佩恩（Penn）、库布里克和尼科尔斯（Nichols）也都是让摄影师做了全部的工作吗？

沃霍尔：是啊。

吉米斯：几乎在你拍的所有片子里，都有忏悔或者自我讲述过往的成分。你片子里的那些人似乎总是在一刻不停地做着坦白或者忏悔。你为何那么钟意拍下坦白或忏悔之词呢？

沃霍尔：哦，他们碰巧是一些很能说的人。

吉米斯：你都是从哪儿找的演员？英格丽德·超级明

星、维瓦（Viva）、奥特拉·维奥莱特（Ultra Violet）[1] 和马里奥·蒙特兹（Mario Montez）都是打哪儿来的啊？

沃霍尔：就是从身边找吧，我想。他们都是想要演电影的人，所以我们就以这种方式使用了他们。

吉米斯：自从你开始拍电影以来，你身边是否多了更多的、有意参演电影的人呢？

沃霍尔：没有。非常困难。这种人只能等，碰巧有就有，这种人你没地儿找去。

吉米斯：你的片子有多少是虚构的，又有多少是真实的？如果不是你拿着摄影机对着他们，他们还会是那个样子、做那些事情吗？比如要不是在镜头前，昂迪恩的言行还会像他在《切尔西女孩》中的那样吗？

沃霍尔：会的。实际上他现在做得更好了。我希望我是现在才拍他。

吉米斯：你如何看待在让他做他所做的事情上，你所发挥的作用？

沃霍尔：我什么也不做。因为我不懂要如何做。

---

[1] 化名，字面意思既可以理解为极度紫罗兰，也可以理解为紫外线。

吉米斯：在导演一部沃霍尔的影片上，你的角色是什么？你发挥的作用是什么？

沃霍尔：我不知道。我也在试着把这个问题弄清。

吉米斯：有人说你的那些明星都有爱出风头的强迫症，而你的电影则是对他们的治疗。对此你怎么看？

沃霍尔：你看过自慰片吗？就是那种女孩儿脱得精光，而且总是一个人在床上的片子。每个女孩儿都总是在床上，然后她们就开始像在操摄影机一样动起来。

吉米斯：她们扭动身体、展示自己？

沃霍尔：对。你可以在纽约的戏院里看到这种片子。女孩儿一丝不挂，你什么都看得到，实在是很棒。

吉米斯：如果这种片子不受国家反淫秽法的限制，那其他电影制作人又为什么没拍这类片子呢？

沃霍尔：不为什么。

吉米斯：那你们为什么没拍呢，还是说你们已经拍过了？

沃霍尔：我们就快了。《寂寞牛仔》（*Lonesome*

Cowboys）有两幕干炮的戏。在《操》（*Fuck*）[1] 里面，有勃起，然后演员就往下半身去了。这部片子是在我遭遇枪击、出院以后拍的，在现代艺术博物馆放过。

吉米斯：你已经拍过自慰片了吗？

沃霍尔：还没真拍过。我们做的是看起来更艺术的电影，为了给大众观赏，但我们正朝着那个方向前进。比如说吧，有时人们会说我们影响了好一批电影制作人，但其实我们真正影响的就只有拍自慰片的那批人。

自慰片真的很棒。他们甚至都不必非得制作拷贝。有太多女孩儿找他们要求出演了。就只拍原片而不制作拷贝要更便宜。片子总是在床上拍。实在很不错。

吉米斯：你是怎么学的电影制作？

沃霍尔：四五年前，我买了一部 16 毫米的摄影机，然后来了一趟加州之旅。我们当时是要去好莱坞，而这让我想到要买一部摄影机。

吉米斯：你当时带了录音机吗，还是一开始拍的是默片？

沃霍尔：默片。我当时只是在学习如何使用摄影机。

---

[1] 《操》（又名《蓝色电影》[*Blue Movie*]）是 1968 年的影片。在《波普主义》一书中，沃霍尔说："我一直想要拍一部完全是操的电影，没别的，就像《吃》就只是吃而《睡》就是睡。所以 1968 年 10 月，我拍了一部维瓦和路易斯·沃尔登性交的电影。我管它就叫《操》。"——原注。

我现在也还在学。我们还没有拍过一部**电影**呢。

吉米斯：那到目前为止你都是在做些什么？

沃霍尔：就只是拍下来发生的事情。

吉米斯：这是在为你脑海中构想的某事做准备吗？

沃霍尔：不是。事情总是在发生，所以你永远也不知道接下来会发生什么。你没法为任何事情做真正的准备。

吉米斯：你是什么时候拍的你第一部电影——或者说，非电影？顺便问一下，你怎么指称它们？如果你不把它们叫作电影的话。

沃霍尔：这就要看时长了，我们拍过短的，也拍过长的。

吉米斯：但你们管它们叫电影吗，还是叫什么？你刚才说你到目前为止都还没拍过任何电影。

沃霍尔：我认为电影是指好莱坞拍的那种东西。我们尚未能够拍那种东西。因为拍那个你需要很多钱。所以我们就用自己的方式来做了。

吉米斯：为什么《切尔西女孩》一半是彩色的，一半是黑白的？

沃霍尔：我不知道。可能是因为我们有了多一些的钱吧。

吉米斯：现在钱仍然是你们首先要考虑的事情吗？我的意思是说，在决定电影怎么拍这件事情上。

沃霍尔：是啊。我们必须让我们的电影看上去是现在的这个样子。因为如果你可以让它们看上去是一种好的坏，那么至少它们还能看。但要是你没有钱，却试着要拍一部更好的电影，就是那种看上去好的电影，你是无法做到的。

吉米斯：是说那样的话，片子看上去会显得粗制滥造吗？

沃霍尔：是啊。

吉米斯：很多去看看了《脸》（*Faces*）[1]的人都很失望，因为他们本以为这会是一部娴熟的好莱坞电影，但实际上它是一部粗糙的16毫米影片被放大到35毫米，而且光打得也不好。

沃霍尔：我看的时候，这片子倒是很不错。我是在《生活》杂志上看的，画面经过了裁切。如果是以正方形的画面比例来展示的，那就不妙了。但《生活》在展

---

[1] 《脸》是1968年的一部影片，由约翰·卡萨维蒂（John Cassavetes）执导。——原注

示它的时候用了非常好的超级长方形。

吉米斯：在以不同的形状投映影片这件事上，你自己是否做过很多的实验？

沃霍尔：这个么，你会习惯把一些东西切出去。这会使片子看起来更加神秘而有光彩。

吉米斯：为什么你会拍一部像《睡觉》那样的片子？八个小时就拍一个人睡觉。

沃霍尔：我认识的这个人觉很多。

吉米斯：白天吗？

沃霍尔：不，晚上。

吉米斯：那不是每个人都这样吗？难道你不是吗？

沃霍尔：如果有人开着摄影机、开着灯，而且每个人都时不时地弄出点儿响动来的话，我就睡不着啊。

吉米斯：所以你就是把摄影机架在三脚架上，然后让人交替轮岗拍了八个小时？

沃霍尔：是啊。不过其实片子没有完全按照我们设想的方式拍，因为那会儿我用的胶片三分钟一卷，现在我们用三十五分钟的。

吉米斯：那会儿你用的摄影机更为简易？

沃霍尔：嗯，我们现在用的是一台阿莱弗莱克斯（Arriflex），录音用纳格拉（Nagra）。

吉米斯：你拍过35毫米的片子了吗？

沃霍尔：没有。我想有一天我们会拍的。拍35毫米开支很大。

吉米斯：《睡觉》放的时候是无声的，是吗？

沃霍尔：对。第一次放映的时候，我们在戏院里开着一台收音机。我们没有录制声轨，我们就在那儿放了一台收音机，每天都选一个不同的电台来听。如果有人对片子感到厌倦了，他可以听收音机。反正人们是听收音机的。

吉米斯：你曾说过自己很喜欢看电视。有什么特别钟爱的节目吗？

沃霍尔：我喜欢电视的一切。

吉米斯：为什么这么说呢？

沃霍尔：有太多可看的了，你可以不停地换台。要是电视的尺寸能够再大些，看起来还能更带劲。每个人都应该有两台电视机，这样你可以在同一时间看两档节目。你看总统，他有三台。

吉米斯：一个人真的可以同时关注两台电视吗？还是说反正你就只是看看影像，从中得到一些感觉？

沃霍尔：《切尔西女孩》这部电影，我同时在银幕上呈现两组内容，这样如果你看厌了一边，可以看另一边。

吉米斯：你对电视节目会被广告打断这件事怎么看？

沃霍尔：我喜欢每隔几分钟就插播广告，因为这让一切都变得更具娱乐性了。因为其实反正我也搞不懂那些电视节目在演什么——它们太过抽象了。我不明白一般人是怎么看的。它们没有太多的情节，它们什么都不是，就光是有很多的图像彼此交错、一刻不停：牛仔啊，警察啊，香烟啊，孩子们啊，还有战争。和我们拍的片子很像。

吉米斯：迄今为止你们拍过多少部片子了？

沃霍尔：我不知道。这取决于你怎么计数。我们拍的片子有短有长，而且有时我们会从一部旧片里剪出两部新片，或者从两部里剪出一部。我们现在已经不拍那么多了。我们决定等等看，看会发生什么。

吉米斯：你最近给施拉夫特[1]拍了条一分钟的电视广告。

沃霍尔：嗯，是的，就花了一分钟。

吉米斯：但是为了拍成最后用的那一分钟要花的时间可不止一分钟，不是吗？

沃霍尔：不啊，就只花了一分钟。

吉米斯：使用录影带是怎么一回事？你说过你对于使用录影带很上心，为什么呢？

沃霍尔：哦，录影带就好比拍立得。你可以立马看到你拍的东西。你可以把东西整合到一起，这在胶片是做不到的。用胶片的话必须要送出去冲印。

吉米斯：你能想象自己有朝一日拍一部有完整剧本的电影吗？剧本是事先写好的。

沃霍尔：可以啊，如果有人请我们做，我们会做的。

吉米斯：你确曾拍过西部片，或者至少可以说你在西部、在亚利桑那州的某处拍过一部名叫《寂寞牛仔》的片子。

---

[1]　施拉夫特（Schrafft's）是沃霍尔个人很喜欢的一家连锁餐厅。

沃霍尔：对，和维瓦一起拍的。我们让他们编点儿东西出来，但结果他们都还是他们自己。不过他们确实戴了牛仔帽。

吉米斯：去年你本该要在高校做巡回演讲的，但你派了某人戴着假发扮作是你，登台介绍你们的电影。

沃霍尔：我们去年去了大概五十所高校。

吉米斯：你派了替身去高校做演讲，是不是？

沃霍尔：我这样做完全是因为我认为这是他们想要的。这样更有娱乐性。

吉米斯：你十分想要娱乐他人吗？

沃霍尔：哦，当然。这是我们现在试图做的。那部牛仔电影就比我们早先的电影要更具娱乐性。

吉米斯：你的电影在高校有市场吗？

沃霍尔：有啊，我们大部分电影都是在高校里放的。我认为电影正在变为小说，而且特别棒的一件事是，像诺曼·梅勒和苏珊·桑塔格这类人物现在也开始拍电影了。电影是新小说。以后就没人再读书了。拍电影要更容易。我们拍的那类电影就像是平装本，它们比大部头要便宜。高校里的那些孩子不必再读书了。他们可以看电影，又或者干脆自己拍电影。

277

吉米斯：去年你们在高校做放映，从观众那里收到了怎样的反馈？

沃霍尔：我们给他们放了太多的片子，他们都不知道自己是喜欢还是不喜欢了。

吉米斯：这是大多数人的反馈吗？

沃霍尔：今天的人在看展的时候不再投入了。而像《睡觉》这种片子让他们变得再次投入起来。他们投入到自身之中，他们创造属于自己的娱乐。

吉米斯：你的观众被迫自己去探索？

沃霍尔：这样更有趣。

吉米斯：你的意思是那些不喜欢你的电影或者觉得你的电影很无聊的观众是自己不够努力？

沃霍尔：这很难讲。不过自己探索是很有趣的。

吉米斯：你的大多数影片都不怎么剪辑乃至于完全不剪辑。你把摄影机放在一个固定的位置一直拍，直到那卷胶片用完。你的角色在画面里进进出出。但是没有剪辑，只是把一卷又一卷的胶片接起来。你为什么要这样做呢？

沃霍尔：我们这样做的原因在于不管谁做了什么都是很好的。所以你没法说这个比那个更好。而且你在一个场景里待得越久，就会越投入，时间也会过得更快。

吉米斯：对于有没有必要剪辑，你现在是不是改变了看法？

沃霍尔：哦，因为我们现在特别确信娱乐是有其价值的，所以这就是另一回事儿了。

吉米斯：你曾经说过"我喜欢无聊的事情"。娱乐怎么会是无聊的呢？

沃霍尔：当你就那么坐在那儿看向窗外时，是可以很享受的。

吉米斯：享受什么？因为你无法预料将会发生什么，将有什么在你眼前经过吗？

沃霍尔：可以打发时间。

吉米斯：你是认真的吗？

沃霍尔：是啊。真的，你总是能看到向窗外张望的人；反正我总是能看到。

吉米斯：大多数时候，他们是被困在那里的人，比如一个老人，或者一位等待孩子放学归来或者等着丈夫下班的家庭主妇，而他们通常是会感到无聊的。

沃霍尔：不，我不这么想。如果你不是从自家的窗户向外望，就是坐在一家店里朝着街面张望。

吉米斯：你的电影就只是打发时间的一种方式？

沃霍尔：是啊。

我们还都只是在实验

罗杰·内策尔（Roger Netzer）和柯蒂斯·罗伯茨（Curtis Roberts）

1969 年秋

《甘纳里新闻报》（*The Gunnery News*），1969 年 12 月 6 日

　　1969 年秋，甘纳里男子学校的两位学生罗杰·内策尔和柯蒂斯·罗伯茨决定采访安迪·沃霍尔，作为在校报上登载的一系列名人专访的一部分。这一名人专访系列包括哈里森·索尔兹伯里、保罗·古德曼、阿瑟·米勒、威廉·斯泰伦和威廉·巴克利（William Buckley）等人。

　　柯蒂斯·罗伯茨就约采沃霍尔回忆道："我记得我们在纽约市电话簿里查找到了位于联合广场的安迪·沃霍尔电影公司的电话号码。我们凭着青少年特有的自信，就那么打了过去。不管怎么说，我们得到了很客气的对待，之后我们在对方指定的日期和时间又打了电话过去，采访进行得很顺利。"

他们发现沃霍尔是一个不同寻常的受访对象。"其他受访者和沃霍尔很不一样，因为他们讲起话来通常相当冗长而自负，他们不会像安迪那样给出一个字的答案。"罗杰·内策尔回忆道，"实际上，我有一点儿被惹恼了，因为我对此并不习惯。跟安迪做访问，你一刻都不能放松，因为有大段大段的空白需要你来填充。"在其中的一个空白时刻，焦灼的内策尔问了安迪这样一个问题："你喜欢小葱吗？"因为此前安迪没有像内策尔所预期的那样给他以严肃的、自以为是的回答。"我当时人刚好在厨房里，我看到一捆小葱，所以就冒出了这么一个问题。"内策尔在这样做的时候也就处在了沃霍尔式的魔咒之下，而忽然间，安迪的回应似乎变得不那么古怪了。

最后写成的稿子相较于访谈本身几乎没有什么编辑或改动，但是在完稿以后，内策尔和罗伯茨惊讶于文稿之短。他们的解决办法是把问题和答语之间的间距拉大，以便能填满一页。访谈的简洁让内策尔觉得访谈实际上可以有所增益。他在一年后给"工厂"打电话，要求重做一次访谈，但被告知安迪对于访谈现在的样子感到满意。"那时的我在回看这篇访谈时，觉得不是很满意，因为我那会儿尚且不能领会他在原初的稿子中表现得是多么地好，"内策尔说,"在访谈后的那一年里,我逐渐变得能够真正欣赏他,所以想要回去再做一个恰当的访谈,但实际上,我们原初做的那个就是恰当的访谈。"

——本书编者

"对其中的任何一部，我都谈不上喜欢。"安迪·沃霍尔，这位地下电影制作人和波普艺术家，在本周和《新闻报》的独家电话专访中，这样谈起他的电影。

沃霍尔先生最新的一部影片《蓝色电影》（Blue Movie）最近被纽约警方作为"淫秽物品"查封。在和本报进行的将近半小时的访谈中，沃霍尔谈及从审查（"我们相信那是有其价值的"）到评论家对其小说《a》的痛斥（"我们认为他们是对的"）等许多话题。

此外，沃霍尔先生还向我们透露了他迄今为止尚未公开过的计划：迎娶一位名叫简·福特（Jane Ford）的女孩儿，以及他眼下的一个写作项目——一部名为《B》的二十六幕戏剧。

《嗨错了药的金发女郎》（Blond on a Bummer）和《村中新女》（New Girl in the Village）[1]将是沃霍尔先生接下来要执导的两部影片，他也顺带询问我们："你们认识愿意参演的人吗？"

沃霍尔先生称"飞行"将是他所希望从事的下一个艺术媒介。"不得不如此。"他解释道。

他还透露了他对"所有那些好莱坞人士"以及"那种我并不真的能拍的电影"的美慕和欣赏。

当被问及他的一部书的售价时，沃霍尔先生说他并不知道，但随即补充道："有两个定价。他们总是给每样东西都弄两个价格。"

---

[1] 这里的"村"（the Village），以及下面谈到的"村子"，均指纽约格林威治村。

甘纳里新闻报：这个访谈会全程录音，可以吗？

沃霍尔：哦，没问题。

新闻报：哦，太好了。你现在在拍什么片子吗？

沃霍尔：我们手底下有几件事在忙。其中一部叫作《嗨错了药的金发女郎》，还有一部，呃，是《村中新女》。

新闻报：片子在哪儿拍摄？

沃霍尔：什么？

新闻报：片子在哪儿拍摄？

沃霍尔：哦，我们……我们会在，呃，加州拍摄，还有村子里。

新闻报：你的新片会有之前出演过你电影的人参演吗？

沃霍尔：会有，但我们会尝试启用新人。你们认识愿意参演的人吗？

新闻报：认识啊，我们这儿有很多人都想演你的电影。

沃霍尔：我们需要一位名叫约翰·摩登（John Modern）的人。

新闻报：约翰·摩登？

沃霍尔：是啊，摩登。

新闻报：我们可以改名字。我们可以改名吗？

沃霍尔：哦，可以啊。

新闻报：那好。眼下有没有哪部电影或者哪位电影制作人是你欣赏的？

沃霍尔：这个么，我喜欢所有好莱坞人士。

新闻报：什么？

沃霍尔：我喜欢所有好莱坞人士，那种我并不真的能拍的电影。比如，呃……比如说……好莱坞都有什么电影来着？

新闻报：哦，什么都有。《猜猜谁来吃晚餐》（*Guess Who's Coming to Dinner*）……什么狗屁都有。有没有某位具体的好莱坞导演是你喜欢的？

沃霍尔：嗯……

新闻报：沃霍尔先生，你可以稍微大点儿声吗？你得大点儿声才行。

沃霍尔：嗯……嗯……

新闻报：抱歉，沃霍尔先生，可以请你大点儿声吗？

沃霍尔：哦，我们自己有一份报纸。你们有兴趣等等
看吗？

新闻报：有。我们很有兴趣。

沃霍尔：真的吗？名叫《访谈》。你们可不可以给我，
呃，你们的地址？哦，你们给过我地址了。

新闻报：是的。

沃霍尔：哦，我们会给你们寄一份。也许你们可以给
它供稿。

新闻报：好啊。

沃霍尔：呃，嗯，你们还想问点儿什么？

新闻报：关于电影，你有什么特别的理论吗？

沃霍尔：来路？

新闻报：理论。

沃霍尔：什么？

新闻报：理论。

沃霍尔：你们？

新闻报：勒以——理，勒问——论。

沃霍尔：哦，理论？！

新闻报：是的。

沃霍尔：没有。

新闻报：没有吗？那么在你看来，谁是美国最重要的地下电影制作人？

沃霍尔：呃，哦，希区柯克。

新闻报：好的。下面是关于批评家。谁的批评意见——如果有的话——是你所看重的？

沃霍尔：什么？

新闻报：是否有谁的批评意见是你所重视的？

沃霍尔：呃，我看影评。

新闻报：有没有特定的某个人是你看重的？

沃霍尔：没有。

新闻报：不好意思，沃霍尔先生，你可以稍微大一点儿声吗？……关于审查的事情，你觉得——

沃霍尔：我们相信那是有其价值的。

新闻报：你是这样认为的吗？当《蓝色电影》被查封的时候，你是什么感觉？

沃霍尔：什么？

新闻报：当《蓝色电影》被查封的时候，你是什么感觉？

沃霍尔：哦，我们根本就没去想它。

新闻报：你们是否打算对查封它的人采取法律行动？

沃霍尔：不打算。

新闻报：好吧。你现在有在写什么东西吗？

沃霍尔：哦，有的，有写。

新闻报：你在写什么？

沃霍尔：哦，我们在写，呃，一部二十六幕的戏剧。

新闻报：哦，真的吗？

沃霍尔：我们希望可以在纽约演出。

新闻报：你愿意跟我们谈谈这部戏吗？

沃霍尔：哦，它不过是，呃，它的名字是，呃，《B》。

新闻报：哦，这样啊。对于批评家对于你小说的批评你是否有什么要回应的？因为有些人在评论里把它说得很不堪。你对此有什么感想吗？

沃霍尔：没有。我们认为他们是对的。

新闻报：好吧。很抱歉再次提这个要求，不过沃霍尔先生，可以请你讲话稍微大一点儿声吗？

沃霍尔：我们认为他们是对的。

新闻报：好的，谢谢。请问你对于预科是否有什么看法？因为我们学校是一个预备学校。

沃霍尔：哦，是么，我认为它们很……呃……棒。所有的孩子都总是很好看。

新闻报：好的。有没有哪一种艺术形式是你尚未从事过而打算做些尝试的？

沃霍尔：飞行。

新闻报：噢，你为什么想要飞呢？

沃霍尔：哦，这个么，不得不如此。

新闻报：你以前没飞过？

沃霍尔：啊？

新闻报：你以前没飞过？

沃霍尔：哦，没有。

新闻报：呃，你觉得莱斯·莱文 [1] 怎么样？！

沃霍尔：谁？

新闻报：莱斯·莱文。

沃霍尔：哦，我，我从没听说过他。

新闻报：哦，你从没听说过？

---

[1]　莱斯·莱文（Les Levine，1935—），艺术家。——原注

沃霍尔：没有。

新闻报：我忘了是在哪儿看到的了，有一篇文章将你和莱斯·莱文做比较。

沃霍尔：哦，真的吗？

新闻报：是啊，是在《纽约时报》还是哪儿。

沃霍尔：哦。

新闻报：文章名字类似于《安迪·沃霍尔和做作的男人之战》。

沃霍尔：哦，是么，我没有——我从未见过这么一篇文章。

新闻报：好吧。沃霍尔（Warhol）是哈洛（Harlow）的易位构词（anagram）[1]吗？有人跟我们这么说。

沃霍尔：什么？

新闻报：有人说沃霍尔是哈洛的易位构词。是吧。

沃霍尔：不，我不——什么？啊？

---

[1] Warhol 和 Harlow 字母一样，只是字母的次序不同。

新闻报：是吧。

沃霍尔：依偎狗子（underground）[1]……

新闻报：易位构词（anagram）。

沃霍尔：易位构词。

新闻报：嗯。

沃霍尔：哈洛的。

新闻报：嗯。

沃霍尔：哦，是的。

新闻报：好的。嗯，让我们看一下。你觉得"奇想乐团"（The Kinks）怎么样？

沃霍尔："奇想乐团"？

新闻报：嗯。

沃霍尔：哦，他们很棒。

---

[1] 在原文中，沃霍尔说的 underground 读音和 anagram（易位构词）相近，字面意思是"地下"，译文仿"易位构词"的读音来译。

新闻报：哦，真好。谢谢你。波普这一流派里，有没有哪位画家是你欣赏的？

沃霍尔：没有，我全都喜欢。

新闻报：你最近在读什么？

沃霍尔：啊，就只是看报纸。

新闻报：你有最为钟意的作家吗？

沃霍尔：没有，不在标题下署名的我都喜欢。

新闻报：哦，我们《甘纳里新闻报》上的文章就不在标题下署名。

沃霍尔：哦，真的吗？

新闻报：也不是，实际上有时我们会署名。不过这个不重要了。你近期有结婚的打算吗？

沃霍尔：哦，有的。

新闻报：啊，你打算娶谁？

沃霍尔：呃，一位名叫简·福特的女孩儿。

新闻报：哦，真的吗？嗯，真好。我们可以就此事做一篇独家报道吗？

沃霍尔：哦，当然。

新闻报：那么请问，婚礼会在什么时候举行？

沃霍尔：啊，就快了。喂？

新闻报：你对于安非他明怎么看？

沃霍尔：这个么，我不知道。我的意思是，你知道的，我们认识的大部分人都不用那些玩意儿。

新闻报：有人在什么地方读到过，说你让你所有的超级明星都嗑上了药，这样你好支配他们。

沃霍尔：这不是实情。通常是嗑了药的人支配你。

新闻报：你可以给他们药，这样他们就会依赖你。是吧？你是信什么教的，沃霍尔先生？

沃霍尔：这个嘛，所有的教我都信。我是这种人。

新闻报：你过去曾是一位商业艺术家，对吧？我是说，你懂的。

沃霍尔：哦，是的。啊哈。而且我仍然是。

新闻报：哦，不过是不是有什么事，你懂吧——？

沃霍尔：啊？

新闻报：是不是有什么突发的事情让你改变了风格？

沃霍尔：没有。

新闻报：你的电影，你最喜欢哪部？

沃霍尔：呃——

新闻报：有你喜欢的吗？

沃霍尔：呃，还没有。

新闻报：你觉得什么时候会有？

沃霍尔：这个么，我也不知道。

新闻报：哦。

沃霍尔：我们还都只是在实验。

新闻报：哦。你喜欢小葱吗？

沃霍尔：什么？

新闻报：你喜欢小葱吗？

沃霍尔：哈？

新闻报：你喜欢小葱吗？

沃霍尔：小葱？

新闻报：对。

沃霍尔：小葱？

新闻报：对。

沃霍尔：什么小葱？你是说那些你会放在——

新闻报：奶油芝士里的。

沃霍尔：哈？

新闻报：放在奶油芝士里的。

沃霍尔：哦，啊，明白了。

新闻报：那就好。"家"是你搞起来的吗？

沃霍尔：是的。

新闻报：那地方现在怎么样了？

沃霍尔：那里啊，他们很久以前就把它拿回去了。

新闻报：哦，是吗？不过它还在营业，对吧？

沃霍尔：嗯，是啊，还在。

新闻报：你的小说怎么样了？

沃霍尔：哦，出了平装本。

新闻报：哦，是吗？

沃霍尔：是啊。

新闻报：卖得是不是还挺好的？

沃霍尔：是啊。

新闻报：你的那本书呢，就是有很多折页的那本？

沃霍尔：啊，嗯，我猜那本卖得也还不错。

新闻报：嗯。那本书多少钱？

沃霍尔：哦，这个我不清楚。有两个定价。他们总是给每样东西都弄两个价格。

新闻报：你是不是还挺喜欢的？

沃霍尔：哦，是的，那本书做得很漂亮。

新闻报：你做巡回演讲吗，先生？

沃霍尔：什么？

新闻报：你做演讲吗？

沃霍尔：不做了，我们把这个给停了。几天前我们才在休斯顿做了一场，不过我们现在不做太多演讲了。

新闻报：因为我们学校有一门电影课嘛，他们正打算请你。但是我猜，呃，你是不是要价很高啊？

沃霍尔：哎呀，其实我也不清楚我们要价多少。保罗（保罗·莫里西）管这些事儿。

新闻报：你会有兴趣给预备学校的学生做演讲吗？

沃霍尔：哦，有啊。

新闻报：你会有兴趣？

沃霍尔：什么？

新闻报： 在预备学校做演讲。

沃霍尔： 哦，是啊，也许吧，为什么不把你们的需求写下来，寄给我们呢？

新闻报： 好，我们会的。

沃霍尔： 哦，我得挂了。

新闻报： 这期报纸很快会出，到时我们会给你寄一份。

沃霍尔： 好啊。

新闻报： 谢谢你，先生。

沃霍尔： 别客气，拜。

新闻报： 拜。

波普艺术让大家理解寻常事物的意义。

波普艺术是属于每一个人的。

一頁 folio

始于一页，抵达世界
Humanities · History · Literature · Arts

出品人　范　新

品牌总监　恰　恰

特约编辑　王子豪

营销总监　张　延

营销编辑　闵　婕　许芸如　狄洋意

新媒体　赵雪雨

版权总监　吴攀君

印制总监　刘玲玲

Folio (Beijing) Culture & Media Co., Ltd.

Bldg. 16-C, Jingyuan Art Center,
Chaoyang, Beijing, China 100124

一頁 folio
微信公众号

官方微博：@一页 folio ｜官方豆瓣：一页 ｜媒体联络：zy@foliobook.com.cn

一頁 folio

始于一页，抵达世界

我将是你的镜子：
安迪沃霍尔访谈录 下

I'LL BE YOUR MIRROR:
THE SELECTED
ANDY WARHOL INTERVIEWS

[美] 安迪·沃霍尔 Andy Warhol 著

[美] 肯尼思·戈德史密斯 Kenneth Goldsmith 编

寇淮禹 译

广西师范大学出版社

· 桂林 ·

乔丹·克兰德尔：

你说过希望自己的墓碑上一片空白。难道你不会想要一座陵墓或者一个地下墓穴吗？一个多少称得上宏伟的东西。

安迪·沃霍尔：

不。我认为最好的方式是被一架射线枪分解。连一丝烟也没有，就光有一些星星点点，闪烁几下后就没了。

目录

七〇年代

七〇年代

☞ THE SEVENTIES

电影人安迪·沃霍尔："做你自己的剧本是很难的"

利蒂希亚·肯特（Letitia Kent）
《时尚》, 1970 年 3 月 1 日

"沃霍尔的《厨房》(Kitchen) 可能真的是关于20世纪的电影中最好的一部，而且几乎没法看。镜头固定在一个让人看了起急的不近不远的位置上，伊迪·塞奇威克和另一些人围坐在桌子旁，伊迪鼻涕流个不停，要不时地擤，另有一个人总在开关冰箱门。他们聊天，而你一个字也听不懂。这片子让你简直无法忍受，但是……要是将来人们想了解我们城市中的狂欢与放荡，这部片子也许可以展示给他们。"

——诺曼·梅勒，与文森特·坎比的一次访谈
《纽约时报》, 1968 年 10 月 27 日

近日，我于一个下午在沃霍尔的纽约"工厂"拜会了他。"工厂"里，他无精打采地坐在一张巴黎公园长椅上。四十一或四十二岁的他（"我从不喜欢讲自己的年纪"），幽灵一般的存在，尸体一般的苍白。坐在那儿，封存在一件拉了拉锁的皮夹克里，几乎一动不动，沃霍尔仿佛是一件活着的乔治·西格尔雕塑。只有他的公文包发出咔哒咔哒的响声。它是活的。而事实上，沃霍尔也是。

　　他在1950年代初从宾夕法尼亚来到纽约。来纽约前，他做过水果商贩，布置过橱窗，学过艺术。后来他成了一位商业艺术家、一位波普画家、一名地下电影制作人和一位小说家。除了最后这一项，他在其他所有领域里都取得了令人瞩目的成功。沃霍尔巨大的鞋子广告为他赢得了一块奖章。他的波普画作卖给了最出色的藏家和博物馆。他的地下电影被广泛模仿，而且其中的一些，比如《切尔西女孩》还赚了大钱。他的小说则被打折处理。

　　不多时，他请我也坐到那张公园长椅上去。我们聊起了他的电影。

沃霍尔：我可不能忍受让美好的谈话就这么消逝。（他打开他的公文包，拿出了一个硕大的麦克风。）每个人说的……都特别棒。人们总是对此提出批评，说是侵害了隐私，但是我认为每个人每时每刻都应该被窃听……被窃听和被拍照。

肯特（录下正给她录音的他）：你是怎么成为电影制作人的？

沃霍尔（上气不接下气地）：我就是忽然间觉得做电影会是一件有意思的事儿，于是我就出门去买了一台16毫米的宝莱克斯摄影机，然后去了好莱坞。我是和泰勒·米德———一位地下电影明星———一起去的好莱坞。我们拍的电影叫作《泰山和重获的简……算是吧》。

　　《泰山》，我的第一部电影，和我后来的电影更像，因为它分几幕讲了一个故事。而在我其他早期电影中，就只有一位明星在一个场景里做一件非常简单的事情，比如帝国大厦站在那儿站了一整天。

肯特：你的早期电影是你那些静止的、带有细微变化的肖像组画的延展吗？比如由很多幅画构成的玛丽莲·梦露。

沃霍尔（迟疑地）：是的 [1]。不过我现在不画画了。我两年前就放弃了。我认为绘画过时了。在我的早期电影里，我希望以新的媒介来"画"。

　　《帝国》这部片子是想要用移动影像来给帝国大厦拍一幅静物画。它八小时长。光线在变化，但拍摄对象保持静止。画面是正方形的，而且投映在墙面上……就像是一幅画。《帝国》是一部，呃……色情片。当帝国大厦亮起灯，那象征着……（他笑了。）

　　《吃》和《亨利·戈尔德扎勒》（*Henry Geld-*

---

[1]　此处原文 Yes 写成 Y-e-s 的形式，以表示讲出这个词时的迟疑。

zahler）则是移动影像肖像画。在《吃》这部片子里，罗伯特·印第安纳将一个蘑菇大嚼特嚼了半个小时，而在《亨利·戈尔德扎勒》里，亨利花了四十五分钟抽一支雪茄。一个更新颖的拍摄肖像的方法是制作一个一分钟长的可以首尾相接的录像带，你可以一遍又一遍地播放……想放多久放多久……

等到录像设备得到进一步的改善——计划报废[1]实在是不像话，不是吗？——我会想要做电视节目。（他以略带敬畏的口吻说道。）我一直都认为电视是有其**特别的价值**的。一天的电视就像是一部二十四小时的电影。广告并不会真的打破它的连续性。电视节目一个接一个变来变去，然而不知怎的，又可以说是丝毫未变……批评家抱怨说，我们的电影节奏太慢了。其实呢，《小城风雨》（*Peyton Place*）每集三十分钟，也没什么事情发生嘛。

肯特：你的电影里，有基于剧本拍的或者带剧情的吗？

沃霍尔（微笑）：有时有。半页纸，一段话。但是主要是由明星们自己即兴讲出他们的对白。不知怎的，我们总是可以吸引来那些在摄影机前能够自己动起来的人。在这个意义上，他们**真的**是超级明星。你知道，**做你自己的剧本**比背下来别人写的剧本要难得多。总之，剧本让我感到无聊。比较起来，不知道将要发生什么更为让人兴奋。

---

[1] 指厂商在设计、生产商品的时候，通过种种手段，预先为商品的使用加上了一个期限，到期后商品就会无法继续使用，从而使得消费者不得不再次购买新品。

我不认为情节是重要的。如果你是看一部，比如说，拍两个人聊天的片子，你可以一遍又一遍地看而不会感到无聊。你投入其间——你错过一些东西——你重新再看——你看到一些新的东西。但是如果一部电影是有剧情的，那么你就没法重新再看了，因为你已经知道结局了。

肯特：但是以即兴的方式拍电影岂不是要靠运气吗？等于你要仰赖那些即兴发挥的人发挥得好坏。

沃霍尔（充满感情地，好像他透露了玄机一般）：**每个人都很丰富。每个人和每件事都很有意思。**多年以前，人们会坐在自家窗边，望着外面的街道；又或者去公园里，坐在长椅上。他们会一待几个小时而并不感到无聊，尽管并没有太多事情发生。这就是我在电影制作时最为钟爱的主题：就那么看着，看着随便什么事情发生，看上那么两个小时。

肯特：摄影机就好像是影像版的录音机？

沃霍尔：对。

肯特：但你们确实有明星制度。当我们看着《寂寞牛仔》里的古怪角色时，我们很清楚他们是泰勒·米德和维瓦。

沃霍尔：我还是觉得对人给予关心是件好事。好莱坞电影对人漠不关心。但是我对明星制度并无信仰。如果我们的某位明星没有到场，我们就用其他人替代。

（他耸了耸肩。）电视界就是这样做的。琼·克劳馥在一部肥皂剧里就替过她女儿。我之前看过一个节目，讲的是好莱坞寻找合适的人选来演《飘》中郝思嘉一角。他们找了有四十个演员，每一位都给出了不同的表演。她们都有自己的一套。这很激动人心。

肯特：理查德·席克尔[1]说你在技术上和审美上都深深植根于电影史的 1904 至 1905 年。他说："就像那些原始电影一样，沃霍尔所做的一切就是借用一个真实的场景，再将业余演员放置其间，既而指导他们在一个粗略的大纲的基础上，以即兴的方式言谈和行动。"你的工作方式真的是这样吗？

沃霍尔（并无敌意地盯着肯特瞧）：我想是的。就比如说我们决定拍《蓝色电影》的时候，我们首先选定了维瓦和路易斯·沃尔登（Louis Waldon）。之后我们找到一间公寓。我们有一个三人班底。等所有的事情都准备好了，我就把摄影机打开，然后我们四下里移动它。维瓦和路易斯做了……呃……他们做的事儿，而对于我们或者摄影机则没有投以任何的关注。过了……呃……三个小时就全都结束了，我们收拾好东西打道回府。

肯特：拍一部三个小时的影片意义何在？它算是一种一次性的东西吗？

---

[1] 理查德·席克尔（Richard Schickel, 1933—），美国影评人、作者。——原注

沃霍尔：哦，如果我们想的话，我们可以把同样的片子再拍一遍。以《蓝色电影》来说，我们可以再拍一遍，略去……呃……那些惹起争议的部分。

肯特（假装冷静）：哦，是啊，《蓝色电影》最近被宣布为"硬核色情片"。

沃霍尔（微笑，笑容有点儿假）：那部片子是软色情。我们进行了模糊处理。不过到底什么是色情？健身杂志被说色情，但它们真的不色情。他们教你怎样拥有好身材。它们是四十二街的时尚杂志，而且读的人更多。我认为电影应该诉诸于人们的情欲。我的意思是，想想现在的情况吧——人们彼此疏离。电影应该……呃……唤起你的性欲。好莱坞电影不过是精致编排的广告，《蓝色电影》则是真实的。但是它不是作为色情片而摄制的，它是一场演练、一项实验。但我确实认为电影应该唤起你的性欲，应该让你对人燃起兴趣，应该是充满情欲的。

肯特：在节目单上说《蓝色电影》是"一部关于越战以及我们可以怎样应对的影片"是不是有些夸张、做作了？

沃霍尔（仍然微笑着）：哦，不。它确实如此。这是一部关于，呃……爱的电影，要爱而不要毁灭。

肯特：所以这部片子的教诲是"待在家里，做爱别作战"？

沃霍尔：也不能这么说。是要对人投以关心，要在意他人。《蓝色电影》对维瓦和路易斯投以了关心和在意。但是看了阿涅丝·瓦尔达的电影《狮子，爱，谎言》（Lions Love）之后，我意识到我关心和在意得还不够。瓦尔达让维瓦看起来和听起来都那么美——比我们所能做到的要更好。

肯特：你是在暗示瓦尔达在电影中使用的技术超出了你们所拥有的手段吗？

沃霍尔：是的。人们容易忘记我们拍一部电影只用一天。《蓝色电影》只拍了三个小时，花了两千块。批评家因为你的电影在技术上的缺陷——音质不好或者胶片不对头——而对你的电影提出批评，但我认为我们的电影比起很多花费了数百万美元来制作的好莱坞电影要更具娱乐性。我认为娱乐是**有价值的**，你不这样认为吗？

肯特：你曾说过自己想要拍烂片。

沃霍尔（换了另一种伪装）：随便谁都能拍一部好的电影，但如果你有意识地拍一部烂片，那你就是在拍一部**好的**烂片。

肯特：在你的电影里总是有关于性的模棱两可的成分。

沃霍尔（以安迪·哈迪 [Andy Hardy] 的口吻）：我只不过是喜欢每一个人而且认为每一件事都有价值而已。

肯特：你还曾说过希望自己是一台机器。

沃霍尔（看向别处）：生活太伤人了。如果我们可以变得更为机械一点儿，我们就不会那么受伤——如果我们可以被预先编好程序就开始快乐而有效率地工作的话。

肯特：但是刚才你还在说，我们应该被情欲所撩拨，从而可以从疏离状态中摆脱出来。

沃霍尔（看着她的双眼）：情欲是机器的一部分。它让你保持快乐。它让你保持运转。

肯特：你怎么评价作为电影制作人的自己？你是一位革新者，还是如席克尔所说，是一位回到过去的人？

沃霍尔（克制地）：呃，是回到过去的人吧，我想。我们只是保持忙碌而已。我们拍的每部片子都不过是一项实验——我们的片子就像是毛片 [1]。我们还没有真的完成过一部完整的电影——现在拍的都只是"部分"。

---

[1] 原文 rushes 指洗印后尚未剪辑的片子，因为现在"毛片"有了色情片的语义，所以只就"rushes"这个单词本身而言，也可以译为"素材"。但依沃霍尔的理解，他恐怕并不会将这些拍出来的东西视作"素材"——即为成片所作的准备——而是会将这些视作已然成片。

肯特（逼问）：把这些商业放映的片子说成是"实验"，难道不是借口吗，难道不是对责任的逃避吗？

沃霍尔（没有看肯特，带着一丝几乎察觉不到的微笑）：你要这么说的话，那些花了钱的顾客是实验。

似乎心绪并未受到搅扰，他合上了公文包。

与安迪·沃霍尔的谈话

杰勒德·马兰加

《印刷品收藏家通讯》(*The Print Collector's Newsletter*)，
1971 年 1、2 月号

　　我是 1963 年 6 月的第一周，在一场派对上被介绍给安迪·沃霍尔的。那场派对是由电影制作人威拉德·马斯（Willard Maas）和玛丽·门肯（Marie Menken）举办的。我还记得安迪那银灰色的头发、苍白的肤色、墨镜和显而易见的紧张。我那时刚刚提早结束了我在瓦格纳学院的学业，迫切地需要一份工作。安迪则需要一个助手来帮他制作他的丝网印刷。

　　我开始为安迪工作，在他当时的工作室——位于列克星顿大道和第三大道之间的八十七街上的一间废弃的消防站。纽约市政在一次拍卖中把这栋楼卖给了一家不动产公司，而安迪则从那家公司那儿以每个月一百五十美金的价格将整栋楼租了下来，一直租到他被要求腾退为止。

我们几乎马上就开始着手以丝网印刷制作一幅伊丽莎白·泰勒的肖像，用一块银色的画布作背景，画布是用银色喷漆喷涂的。这项工作本身并不太难，但稍后等你不得不用万诺林（varnolene）将丝网清洗干净的时候，做起来也绝不轻松。

我们在四、五张40×40英寸的画布上做了丝网印刷，之后我们回到安迪两个街区外的家。在他家，唱机播放着《萨莉绕着玫瑰转》（"Sally Goes Round the Roses"），我仔细看了他收藏的照片。那些照片有着古怪的分类：车祸现场、被严刑拷打的人、偷拍的和摆拍的电影明星，还有热爱大自然的人。我意识到照片才是安迪以他的丝网印刷所重现的真正的主题。从这些照片中，安迪选取他从媒体和商业艺术中想要的特定风格；而在这样做的时候，他也就以间接的方式对一种技术和眼光进行了品评和阐释。他是一个反向的社会现实主义者，他嘲讽着商业艺术的手法以及美国社会的面貌。但他不是直接嘲讽那些产物，而是嘲讽展现那些产物时所采用的"巧妙的"方式。

我不断从安迪那里获得教益。他在艺术上有很多需要攻克的难题，很多时候，我们一起解决了那些麻烦。制作一张他的画的精准复本一直是一件无法做到的事。总会有意外发生，或者是手上的不小心，或者是心绪的变化，一点儿新元素或者一处新重点总会不经意出现在作品中。安迪想要把人的成分排除在作品之外，为此，他必须借助丝网印刷、模版和其他机械复制的方法。但是艺术总是有办法悄悄混进来。这里蹭脏了一点儿，那里丝网印坏了一点儿，再不然就是一处无心的裁剪。安迪总是在和脏污作斗争。是人就会不小心弄脏东西。他想要的是抹除一切不小心的涂抹。当我们拿起丝网印刷的时候，我们不是为了摆脱现成的图像，而是希望可以借助这种在商业上使用的复制技术更加充分地利用它。不同于劳申伯格，安迪从来都不会在丝网用完之后把它们销毁，所以他总是担心可能会有人造假。如果有人伪造了他的艺术，他可没办法识别出来。

安迪一直都觉得他的作品是空洞的，但与此同时，他觉得某个人对于他的一幅画会作何反应他是无法判断的，要那个人亲自去看才行。他认为人们必须亲自去看他的画才能意识到它是多么地空洞。有太多说它空洞的人根本就没有体验过它的空洞。他们对它的判断，或者是基于印刷品上的插图或者就仅仅是基于观念。他们说，谁会对一个汤罐头感兴趣呢？我们知道它的样子，因为我们喝它。又或者，他们会说，我们在杂志上看过它的照片了。所以安迪只是依照广告复制了汤罐头的形象，而他们却会觉得他做了改动。人们就是无法知晓某样事物是多么地空洞，直到他们看到一个它的复制品。也许要等到某人模仿了他的作品，它看起来才会像它实际所是的那样空洞。

在七年的学徒生涯之后，我开始独自上路了。我发现现在的我可以把从安迪那里学到的运用到我自己的日常生活之中，运用到我看待事物的方式之上。下面这篇和安迪的访谈根本就不是访谈，它是对我们在过去七年间对艺术的看法的一次回顾。

——杰勒德·马兰加

马兰加：安迪，你最早的印制作品（print）是什么时候做的？

沃霍尔：你不记得了吗，杰勒德！？是以三色印制的伊丽莎白·泰勒肖像[1]。实际上，不是我自己用丝网印刷的。那是利奥［·卡斯泰利］安排印制的限量版，我签的名。那件作品采用了海报的形式，不像现在的《金宝浓汤罐头》或者《花朵》系列。如果我记得不错的话，那时的我觉得，如果不是所有人都能买得起一幅画，那么印制的海报是个不错的选项。

马兰加：在一幅画上，将同样的图像重复不止一遍，这样做的动机是什么？

沃霍尔：这我就不真的清楚或者记得了。我想，在那时候，我开始重复同样的图像是因为我喜欢重复带给图像的变化。此外，那时的我觉得——现在的我也依

---

[1] 将安迪·沃霍尔的平面作品（graphic work）记录下来是一件困难的工作，因为他一直都在用平面媒介来做印制作品之外的其他东西。关于沃霍尔早年的平面作品没有文献记录，因为很多此类作品仅仅是在事后回顾时，才被看成是他的印制作品。比如说，最早的《花朵》印制作品是为1964年在纽约的卡斯泰利画廊的一个展览制作的照片胶印海报，沃霍尔签了名，但没有编号。沃霍尔在这里谈到的伊丽莎白·泰勒印制作品不是他最早的印制作品。沃霍尔最早的签名且有编号的印制作品大概是1962年的《煮锅》（Cooking Pot）。这一印制作品是以报纸上的一个广告为基础，雕版印刷的，在背面以起鼓的方式印出艺术家的姓名，以铅笔标注编号，共有六十件。这件作品收录于米兰的施瓦茨画廊（Galleria Schwarz）出版的《国际先锋》（International Avant Garde）第五卷。——《印刷品收藏家通讯》（Print Collector's Newsletter）编者注

然这样认为——人们可以在同一时间观看和吸收不止一幅图像。

马兰加：从你所说的来推想，我觉得重复图像的想法与你在电影《切尔西女孩》中采取的分屏实验是密切相关的。

沃霍尔：是的，但那也是出自上天安排的意外。之所以会有将《切尔西女孩》用并置影像来放映的想法，是因为我们有太多的素材要剪，而我那会儿对剪辑不怎么感兴趣。但要是就按照原初的形式来放的话，整部片子的放映时间又会太长了。将两卷胶片同时投映，我们就可以将放映时间减半，而且还能免去剪辑这样一部长片的麻烦。在看过以分屏形式放映的片子后，我意识到人们可以在同一时间接受并理解不止一个故事或情况。

马兰加：在你为你的画作随机选择图像的时候，到底有多随机呢？

沃霍尔：呃——你什么意思？我不是随机选择图像啊，我是非常仔细地通过排除法来选择图像。同样的方法我们也用在《切尔西女孩》上，我们排除了两到四卷三十五分钟的胶片。至于说画作，我用的图像全都在其他媒介中出现过。我想它们是媒介图像。它们或是来自新闻报道，或是出自旧书，或者是照相亭里的四连拍。

马兰加：你觉得你改变了媒介吗？

沃霍尔：不觉得。我不改变媒介，我也不在我的艺术和媒介之间做区分。我只是重复媒介，利用媒介来为我的作品服务。我相信媒介即艺术。

马兰加：你是在什么时候停止了绘画（painting）而开始使用丝网来印制（print）你的画作（paintings）？

沃霍尔：大约是在 1962 年左右，不过我画作的背景都是用手画的，画好背景后才用丝网来印。图像的剪影是用美纹纸遮住了画布的其余部分后画上去的。之后等颜料都干了，把美纹纸撕下来，再在画上去的剪影上用丝网来印，有时候印的位置不那么准。我对于是不是印得特别准倒也不是那么在意。我原来对此有过顾虑的，不过不管你有多在意，印出来总也不会是十全十美的。因为一张丝网只要用了一次，拿到下一张画布上去印的时候，就很难透过它看清下面的位置了。所以我会大概比一下它应该放在哪儿，而这样也就几乎可以每次都做出一个近乎完美的图像了。

马兰加：你的印制作品和你的画作有什么区别？

沃霍尔：我想你可以把那些画作称为印制作品，不过画作用的都是画布；而印制作品呢，如果是我们自己做的丝网印刷，那就全都是印在纸上的。这些谁都可以做。哪怕到了今天，科隆都还有个男孩儿在以较小的尺寸印制我的玛丽莲·梦露画作和大牛墙纸。不过他都是印在纸上，而且做了更多的色彩组合。

马兰加：你的印制作品和你参与的电影，二者之间是否有什么关系？

沃霍尔：当时我并没有意识到二者有任何关系。无论是在当时还是在当下，它们对我来说都是两种截然不同的表达。不过你确实向我指出了二者的相似之处——它们都有着对于图像的重复。我在此是指那些早期影片，比如《睡觉》和《帝国》。

马兰加：是的，我还记得当时我拿着《睡觉》的一个片段在灯下看，注意到每一格都是完全相同的图像；每一格都是静止的，因为整部电影在实际放映的时候是静止的。和你一起工作的人对你的作品有多少影响？

沃霍尔：我不知道。我总是从其他人那里得到点子。有时，我会将那些点子加以改动，以便匹配我手头正在做的某个项目。有时我不改变听来的主意。还有时我不会马上使用那个点子，而是可能记下它来并在之后的某事上用到。我喜欢点子。

马兰加：你会在之后的印制和版次中使用以前的丝网吗？

沃霍尔：我用来制作《花朵》和《金宝浓汤罐头》画作的丝网没有用在之后的《花朵》和《金宝浓汤罐头》

系列里。首先，它们尺寸不同。其次，那些系列作品都不是由我手工印制的。它们都是拿出去生产的，而我只负责选定颜色。

马兰加：为什么你要用橡皮图章？

沃霍尔：我并不总是使用橡皮图章来盖签名；但是我转而使用橡皮图章来代替手签是因为我想要摆脱风格。我觉得一个艺术家的签名也是风格的一部分，而我不认为风格有什么价值。我不希望我的艺术有风格。

马兰加：你会认为自己是媒介吗？

沃霍尔：没人能逃脱媒介。媒介影响着每个人。它是一个有力的武器。当乔治·奥威尔在他富有远见的小说《一九八四》中谈到"老大哥在看着你"时，他实际上预言了媒介的巨大潜能。

马兰加：你接下来有什么打算？

沃霍尔：什么也不做。

关于巴尼特·纽曼

珍妮·西格尔（Jeanne Siegel）

《艺术新闻》，1971年10月

1971年，艺术评论家珍妮·西格尔请十一位艺术家谈了谈他们和抽象表现主义画家巴尼特·纽曼的关系。与此同时，纽约现代艺术博物馆举办了纽曼作品回顾展。瑞娃·沃尔夫在为本书撰写的导言[1]中谈到这篇访谈时说："每位艺术家都尽职尽责地谈论了他们所理解的纽曼作品的意义。沃霍尔也谈了纽曼的艺术，他对于纽曼简化的、以垂直线组成的抽象构图并不看好。真正吸引他的，似乎是纽曼的社交生活。"

当沃霍尔踏入艺术圈的时候，抽象表现主义画家牢牢掌控着纽约艺术界。在《波普主义》中，沃霍尔清楚地表达了他对于以雪松酒吧（Cedar Bar）

---

[1] 瑞娃·沃尔夫（Reva Wolf）现为纽约州立大学艺术史教授。中译本没有保留她撰写的这篇导言。

为中心的充满了大男子气概的场面的厌恶："……即使像巴尼特·纽曼这样一位总是穿着西服套装、戴单片眼镜的优雅之士，也强悍到在 1930 年代卷入政治，以多少是象征性的姿态参选纽约市长。坚韧强悍是他们的传统的一部分，与他们痛楚、苦闷的艺术相伴随。"（*POPism*, 13）[1]

和沃霍尔一样，纽曼较晚才进入艺术圈。在画出他自己所认可的第一幅画时，纽曼已经四十三岁了。整个 1950 年代，他的所有展览都是失败的，要一直等到 1963 年，他才开始受到关注——然而此时的他，不用说，相较于正处在聚光灯下的波普艺术家而言，要远为黯淡。

沃尔夫继续写道："在这篇访谈中，尽管有谈到艺术，但那些言谈却是被包裹在关于派对的乏味闲聊之中的。然而，在这乏味的外衣之下，沃霍尔虚掩着一种凄楚之情，我们只要想到纽曼是在 1970 年——亦即在这次访谈前不久——过世的，就可以明了了。于是我们也就清楚了，当沃霍尔说到'另一场派对'时，他在谈论他所想象的纽曼在死后的世

---

[1] 1933 年，纽曼在最后一刻参选纽约市长，以抗击菲奥雷洛·拉瓜迪亚（Fiorello LaGuardia）。他提出的主张包括为纽约提供更好的艺术教育和更多的文化资源。——原注

界里的情况，在他的言语中有着让人感伤的力量。"

—本书编者

安迪·沃霍尔：我想我对巴尼（Barney）[1] 唯一的了解就是巴尼去的派对比我还多。我不知道他怎么应付得过来——我是说，他总会在离场以后去下一场派对。这实在让人难以置信。说起来，我觉得他此刻是去了另一场派对呢，你不这样觉得吗？也许因为他就画一条线，所以并没有太多工作要做，因此也就有时间参加很多派对。

此外我还听说过他的那些工作室，恐怕得有十五间之多，一间放一幅画。每次我路过一栋大楼，他们就会说，嘿，巴尼在这儿有一间工作室。他在卡内基音乐厅有一间，在下城有三四间。他在工作室里画完一幅画，然后就永远地离开它。是这样吧，弗雷德？巴尼一直是一个工作室一张画，对吧？这是关于他的最有神秘色彩的一件事——这件事在我看来非常棒。

珍妮·西格尔：你第一次注意到巴尼特·纽曼时，他已经是个成功的艺术家了吗？

安迪·沃霍尔：我觉得我第一次认识他的时候，他就已经很出名了。不过有人说他是直到最近才变得知名的。我喜欢他在休斯敦做的那个东西，就是紧邻着罗斯科小教堂（Rothko Chapel）的那个 [2]。我觉得它太美了。我们去过休斯敦，所以我见过它。整个构思都

---

[1]　巴尼（Barney）是巴尼特（Barnett）的略称。

[2]　指巴尼特·纽曼的雕塑作品《破碎的方尖碑》（*Broken Obelisk*）。

非常棒。在教堂旁，很简洁。我喜欢处于那一情境中的它。

珍妮·西格尔：你喜欢他其他的、更为简洁的雕塑吗，比如《这里 III》（*Here III*）？

安迪·沃霍尔：坦率地说，我一直都没明白他是怎么拿那样的作品糊弄过去的。

珍妮·西格尔：纽曼来过你的工作室看你的作品吗？

安迪·沃霍尔：没有，我不认为他来过。我最后一次见巴尼是在尤金·施瓦茨[1]那儿。你认识他们吗？他们有一件巴尼·纽曼的作品，之后他们又有了一件巴尼·纽曼的作品，我觉得那是件仿品，由那个专门画仿画的女孩儿画的。我本打算问下纽曼的，但我没有问，不过既然他就站在那幅作品旁边，那它肯定是真的了。知道巴尼要来，他们不会挂一张仿画在那儿。

珍妮·西格尔：你跟他说过话吗？

安迪·沃霍尔：哦，说过。他总是很友善，总是跟我问好。他人真的很好。

---

[1] 尤金·M. 施瓦茨（Eugene M. Schwartz，1927—1995），艺术收藏家。——原注

这个叫安迪·沃霍尔的人是谁?

乔治·格鲁斯金（George Gruskin）

《视野》（*SCOPE*），1973年3月16日

大多数前去采访沃霍尔的人至少是对他抱有好奇；实际上，大多数人都对他着迷，而几乎所有人都是他的拥趸。但是乔治·格鲁斯金和《视野》这本南非出版物的编辑成员前去采访，却是为了证明安迪·沃霍尔像他们所认定的那样，是个欺世盗名之徒。然而，沃霍尔却在很大程度上化解了格鲁斯金的敌意，以至于在这篇访谈接近结尾的地方，格鲁斯金评说道："你的谦逊给我留下了很深的印象。有太多取得了名望或财富的人都会表现得有些自以为是。"沃霍尔赢得了他的好感。

1970年代早期对于安迪·沃霍尔来说是一个转折阶段，他从1960年代的波普艺术家变为了1970年代的富有的企业家。维克多·博克里斯写道："安

迪从艺术界跨入时尚界。这一改变反映在他的新造型上。他的黑色皮夹克不见了，取而代之的是丝绒夹克、欧洲设计的时尚的西服套装、领带和贵价高跟皮靴，尽管皮靴总是和牛仔裤一起穿。'每个人都重新开始穿漂亮衣服，'他对杜鲁门·卡波特说，'嬉皮造型真的已经不复存在了。'"（Bockris, 347）

其他事件也对这一时期有所塑造：他的母亲1972年过世了，此前她曾在纽约长期和沃霍尔同住；他1960年代的画作价格在拍卖中飙涨；他的肖像订件生意大获成功（一幅肖像要价两万五千美元，同一肖像每追加一幅不同颜色的版本则多加五千美元）；他以《毛泽东》（Mao）系列重返画坛，受到了广泛的关注；他的电影制作事业继续高歌猛进：《垃圾》（Trash）、《反叛的女人》（Women in Revolt）、《热》（Heat）和《爱》（L'Amour）——这还只是在1970至1972年间制作的电影中的一部分而已。

本篇访谈是在联合广场西33号的"工厂"做的。

——本书编者

他，毋庸置疑，是世间存在过的最为古怪的人之一。他也是最为成功的人之一。

他的名字是安迪·沃霍尔——波普艺术家，疯狂的电影制作人，纯正的、三重蒸馏A级的20世纪怪咖；在我们这个以颂扬放肆的暴发户而闻名的时代里，他是所有神童中最为古怪的一个。

沃霍尔最初大获成功，是靠了他那新"艺术"形式——以饱满的色彩给金宝浓汤罐头画肖像。这一完美的复制，连最细微处都分毫不差。在这之后，他转而开始处理更为伟大的事物：以原始大小复制的布里洛肥皂百洁布包装箱。每一件他要价两百兰特[1]，而且还真有人掏钱。

要不是在美国，沃霍尔一定会被当成无足轻重的暴发户而不被给予关注。但在美国那样一个致力于让转瞬即逝的事物不朽的国家里，他注定了要大获成功。而实际上，他也确实大获成功。

那些"漂亮的人儿"将他拥入怀中，他成了一位受着顶礼膜拜的要人。他看起来像是嗑药嗑得精神恍惚的怪咖也不打紧：他是与众不同的，他是"入时"的。之后，在1960年代中期，安迪·沃霍尔凭借他那叮铃咣当的才华转向了电影制作，而追逐时髦的无聊人士连跑带颠地匆忙赶来，要看看他们的安迪宝贝儿给现代电影带来了什么东西。

没带来太多东西。他的大部分电影作品都业余而

---

[1] 南非货币单位。——原注

粗俗。基本上,一部沃霍尔电影意味着一件让人头脑发昏的无聊之事。

他重要的"史诗"之一——《帝国大厦》——片长八小时。为了拍摄这部杰作,沃霍尔训练了他的摄影机,使其可以对准那座摩天大楼,之后他让机器自己运转。拍摄角度始终没有改变。他的另一部电影,《睡觉》,片长也是八小时。它展示了一个睡觉的男人。再就没有别的什么了。

在《婊子》一片中,沃霍尔在一张沙发上安排了两个男人和两个女人。其中一个女人一根又一根地吃香蕉,而其他三位演员则坐在那儿看着她一根又一根地吃香蕉。影片时长七十分钟,没有对白。

《十三位美丽的女人》(13 Beautiful Women)这部电影,沃霍尔用了十三个女人来拍。每一个女人都被要求不要说话。每一位都只被要求看着摄影机镜头。影片时长一小时。

这就是安迪·沃霍尔的绝顶天才。这位贫血的小[此处原文缺失],在纽约一栋废弃的仓库顶楼经营着,他管那里叫做"超级明星工厂"。

关于他的私生活,人们所知甚少。他住在第九十街上的一栋有六个房间的公寓里。他的母亲,一位捷克人,和他住在一起。同住在那里的还有他当下的玩伴,一位性别模糊难定的人物,顶着个奇异的名号——林稀(Silva Thins)。

沃霍尔一直以来都喜欢避开公众的目光。然而最近,他同意大卫·贝利(David Bailey),这位国际知名的伦敦摄影师,来拍一部有关他的作品的纪录片。贝利的纪录片拍到了一些相当不得了的场面,片子本应于今年 1 月下旬在英国 ITV 电视网播出。但罗斯·麦克沃特先生,这位《吉尼斯世界纪录》(*Guinness Book of Records*)的作者,预先采取了行动,反对这部在宣传语中自我标榜为"将是在英国电视荧屏上播出的最目中无人、最震撼的节目"。他从法庭获得了一纸禁令,禁止了此片的播出。这一禁令后来被取消了。

这档片长四个小时的节目展示了很多东西,下面的仅为其中的一部分:

一个胖女人脱光了上衣,在她两乳之上涂满墨水,然后将它们在一张画布上甩打来、甩打去。

一个光着身子的男人坐在浴缸里,一个女人试图说服他陪她(和她的摇滚乐队)上床。

一个姑娘和一个地狱天使在一辆摩托车上谈论着性爱,车子以时速 90 公里飞驰着。

这一切当然不可避免地激起了热议,随之而来的是公众对于安迪·沃霍尔和他的作品的兴趣激增。节目播出不到一个礼拜,沃霍尔就已经为他可能会拍的三部新片筹集到两万兰特的资金;而他最新的一部作品《垃圾》,正在西区的影院放映,场场爆满。

南非人不太可能会在这个国家看到哪怕一部沃霍尔电影。考虑到在文化资源上的这种差距,我们在此提供了这篇乔治·格鲁斯金对这位了不起的男人的访谈。这篇访谈肯定会是所有曾经写就的访谈中最为古怪的一篇⋯⋯

格鲁斯金：你是当今时代最为知名的美国人之一，我希望可以了解一些关于你的事情。我不想写一篇像克利福德·[此处原文缺失]写另一个知名美国人那样的文章，所以我必须要问你一些问题。

沃霍尔：好的。

格鲁斯金：在你的艺术活动和电影制作之外，我对于你的私生活、你的爱好和嗜好感兴趣。换句话说就是，你的生活和生活方式。

沃霍尔：哦，我们正在给两部片子收尾。一部叫《别担心》（*Don't Worry*），另一部叫《热》。我想有一部会送去达拉斯电影节，另一部会去戛纳。我们还在为女装设计师伊夫·圣罗兰写一部名为《恶毒》（*Vicious*）的音乐剧。

格鲁斯金：由你来写音乐吗？

沃霍尔：不，我写故事。我们正在争取请勒纳和洛伊（Lerner and Loewe）来写音乐，不过如果他们不愿意的话，我们觉得"地下丝绒"也还行。

格鲁斯金：你们还在做什么？

沃霍尔：我们还在尝试做些和电视上的情景喜剧相关的事儿。

格鲁斯金：你负责写剧本，执导，还是制作？

沃霍尔：都不是。我们只是把人凑起来。我们正试着和林稀一起做点儿事。过来，林稀。

　　林稀走过来。他/她坐在沃霍尔旁边。

沃霍尔：林稀将会出演《恶毒》，这部电影讲的是一个女孩儿爱上了一个正在变为女孩儿的男孩儿的故事。所以她现在正在为角色做准备。

格鲁斯金（对林稀）：所以实际上你是个女孩儿。

林稀：不是。

沃霍尔：她是一块马赛克。

格鲁斯金：马赛克？

沃霍尔：性别的拼贴。他尚不确定他是什么。

格鲁斯金：换句话说，是直流电－交流电（双性的）[1]。

沃霍尔：不，不是直流电－交流电。他不会穿女孩儿

---

[1] 此处的原文是 AC-DC (bisexual)，AC-DC（直流电－交流电）在俚语中有 bisexual（双性的、双性恋的、雌雄同体的）的意思。原文作者在这篇访谈中，有多处都是这样先写出他在访谈中讲的话，又为了方便读者理解，以括注的形式加以解释。

的衣服，不过他涂口红。

格鲁斯金：如果我们可以暂时放下娱乐业的话题，我想问你一些私人问题。你的私生活是怎样的？

沃霍尔：我和一个异装皇后住在一起。我觉得告诉你这个也就够了。你知道异装皇后是什么意思吗？

格鲁斯金：当然。（一个看起来像是漂亮女人的异装癖男人。）但你过去是和你母亲同住，不是吗？

沃霍尔：哦，是啊，她住附近。

格鲁斯金：你住联排别墅（town-house）？

沃霍尔：不，我住在城里的一栋楼里（a house in town）。

格鲁斯金：如果我可以探问一些非常私人的话题的话：你过什么样的生活？你的每一天是如何开始的？你几点起床？你是夜猫子吗？还是说你的日常起居并没有固定的模式？

沃霍尔：你最后这点算是说对了。

格鲁斯金：换句话说，你在过着不规律的生活。毕竟，如果你不是想要这种生活方式的话，你肯定就去做一份朝九晚五的工作了。

沃霍尔：我觉得朝九晚五的工作是有价值的。

格鲁斯金：但你才说过你没有一个固定的日程安排。

沃霍尔：我力图有。

格鲁斯金：好的，我明白了。那么你每天早上几点起床？

沃霍尔：八点。

格鲁斯金：起床后做什么呢？锻炼？慢跑？

沃霍尔：不。

格鲁斯金：也就是说你发现要想动起来有点儿困难，对吗？

沃霍尔：对。

格鲁斯金：你早饭吃什么？

沃霍尔：就一杯茶。

格鲁斯金：就茶，没别的了？

沃霍尔：还吃几片维他命。

格鲁斯金：你怎么喝茶，放柠檬还是牛奶？

沃霍尔：我喜欢放牛奶。

格鲁斯金：你只喝一杯？

沃霍尔：一杯。

格鲁斯金：之后做什么？

沃霍尔：我讲电话。

格鲁斯金：商务电话？

沃霍尔：不是。我把电话录下来。

格鲁斯金：为什么？

沃霍尔：就……呃……（他耸了耸肩）。

林稀：我们叫点儿冰激凌吧！……（他/她走掉了）。

格鲁斯金：你喜欢冰激凌吗？

沃霍尔：本来是喜欢的，后来我看了它们是怎么制作的，里面会放很多糖。

格鲁斯金：你不赞成吃太多糖？

沃霍尔：哦，我大多数冰激凌都是在一家固定的餐厅吃的。昨天报上说，巡视员在四百家餐厅里都发现了老鼠屎。你能想象在这样的地方吃冰激凌吗？

林稀：为什么不跟他说说我关于戏剧的点子？

沃霍尔：嗯，对。林稀有一个好点子。我们会在百老汇的舞台上举办派对。它看上去会像是一场戏，不过实际上它只是一场派对，我们每天会请不同的人来参加。

格鲁斯金：你真的考虑这么做吗？

沃霍尔：哦，当然!

格鲁斯金：说回打电话，你每天早上大概会打多久电话？

沃霍尔：一直打到没人打过来为止。之后我会尽量动身前往工作室。在大概下午两点的时候。

格鲁斯金：你怎么去工作室？你开车吗？

沃霍尔：我打车。

格鲁斯金：你没有车？

沃霍尔：我们有一辆大众面包车。那就是我们的加长型豪华轿车。

格鲁斯金：说回打电话，你这些电话是谈生意、私人聊天还是两者都有？

沃霍尔：全都是跟同一帮人每天聊同样的事儿。

格鲁斯金：我们可否这样理解，在你的生意和你的私人生活之间没有一条清晰的分隔线？

沃霍尔：对！不过难道不是每个人都这样吗？我无法真正理解怎么会有人说他有私人生活！毕竟，人总是在工作。

格鲁斯金：我的意思是，人们会有一起打高尔夫或者打网球的朋友。

沃霍尔：不过那也是工作的一部分，不是吗？

格鲁斯金：可以跟我讲讲你的朋友吗？

沃霍尔：我一直都觉得每个人都是我的朋友。

格鲁斯金：嗯，不过还是想问一下，你平时都和谁交往：艺术家、作家、演员……你都是在和什么样的群体交往？

沃霍尔：就随便哪个有我电话号码的人。

格鲁斯金：在你来"工厂"之前，恐怕你已经在电话上和很多人讲过很多话了。

沃霍尔：是的，然后我还得飞快赶回家给我妈妈一片药。

格鲁斯金：什么药？为什么你必须要亲自做这件事？

沃霍尔：某种老年人吃的药……防治中风的药。如果不是由我来递给她，她恐怕会把药扔到床底下去。

格鲁斯金：她不认为医学有用？

沃霍尔：不认为。而且我认为她是对的！

格鲁斯金：你母亲多大年纪了？

沃霍尔：她已经过了六十五了。

格鲁斯金：换句话说，她是"老年人"了。

沃霍尔：是的。她可以去那种对老年人有特别优待的影院免费看电影。

格鲁斯金：沃霍尔的电影呢，她会去看沃霍尔的电影吗？

沃霍尔：她甚至都不知道我拍电影。

格鲁斯金：好吧，假设她知道而且看过你的电影，你觉得她会大为震惊或者感到尴尬吗？

沃霍尔：她偶尔也会喜欢豪饮一番。

格鲁斯金：我听说她是个虔诚的天主教徒，而……

沃霍尔：你可以是个虔诚的天主教徒，同时豪饮一番。

格鲁斯金：哦，当然，不过我刚才想说的是，如果她去看了你那些骇人的电影，她会感到震惊吗？

沃霍尔：她不出门的。

格鲁斯金：明白了。她可以阅读英文吗？

沃霍尔：她看电视。

格鲁斯金：你的母亲出生在捷克斯洛伐克。你们之间讲什么语？

沃霍尔：我不怎么和她讲话。我只是确保她按时吃药。

格鲁斯金：她说英语吗？我在某处读到过说她不会英

语。

沃霍尔：她会。

格鲁斯金：而你和她是讲英语？

沃霍尔：对。

格鲁斯金：你多少会一些捷克语吗？

沃：不会。

格鲁斯金：谁负责做家务？

沃霍尔：有一个阿姨会来。

格鲁斯金：她负责做饭和打扫卫生？

沃霍尔：不。那些都是我做。

格鲁斯金：你？我从没听过 [此处原文缺失] 关于你的这个情况。

沃霍尔：从来没有人问过。

格鲁斯金：所以说你会煮菜？

沃霍尔：不，我不会。

格鲁斯金：那你做什么？

沃霍尔：糙米饭。你只要把它和水混合在一起就行了，很简单。

格鲁斯金：你有喜欢的菜吗？

沃霍尔：鸡汤。

格鲁斯金：但你不懂怎么做。

沃霍尔：有时我会做的。

格鲁斯金：要我猜的话，你大多数时候会下馆子。

沃霍尔：有时会。我会在去餐厅之前吃好。

格鲁斯金：是说纽约的餐厅给不了你什么吃的吗？

沃霍尔：不是。这只不过是我的饮食习惯。

格鲁斯金：你太害羞，没法当众吃饭？

沃霍尔：你吃东西的时候就没法儿聊天了。而且餐厅很脏。

格鲁斯金：你在家打扫卫生吗？

沃霍尔：做一些。我用吸尘器吸尘。我最新的艺术形式是用吸尘器打扫卫生，或者刷碗。

格鲁斯金：你所从事的活动的结果是"艺术"还是说你做的过程才是？

沃霍尔：做的过程。不过我最终会展示结果。

格鲁斯金：我碰巧在你工作室看到一张葛丽泰·嘉宝的签名照。是她送给你的吗？你认识嘉宝吗？

沃霍尔：不是，那是我在一家古董店买到的。生活中我并不认识她，不过我在街上撞见过她几次。

格鲁斯金：你跟她讲话了吗？

沃霍尔：没有，我只是在雨中跟在她后面。这要有趣得多。下雨的时候，她就会上街。

格鲁斯金：你试着跟她讲话了吗？

沃霍尔：没有。按我的方式来更为激动人心。

格鲁斯金：你常看电影吗？

沃霍尔：是的。

格鲁斯金： 一周好几次？

沃霍尔： 我同一时间看两台电视。

格鲁斯金： 彩色电视还是黑白的？

沃霍尔： 都有。

格鲁斯金： 你也在同一时间听两台电视吗？

沃霍尔： 有时会的。我还同时讲电话。

格鲁斯金： 你会去影院吗？

沃霍尔： 不会。

格鲁斯金： 你经常读书吗？

沃霍尔： 不。

格鲁斯金： 你读报吗？

沃霍尔： 我在电视上看新闻。

格鲁斯金： 当你确实要看报的时候，你会看哪家报纸、关注哪些话题？

沃霍尔： 我看八卦专栏……像是《女装日报》(*Woman's*

Wear Daily）（这是美国时尚"圣经"）。

格鲁斯金：你对女装感兴趣？

沃霍尔：是的。

格鲁斯金：是怎样的一种兴趣？

沃霍尔：我打算进入时尚界。

格鲁斯金：具体来说你会进入哪个环节——设计、制造、分销，还是什么？

沃霍尔：反思。

格鲁斯金：一位采访者曾经问你最喜欢什么，然后据他说你的回答是"钱"。是这样吗？

沃霍尔：我当时说的是"人人都有钱"。

格鲁斯金：从我能见到的来看，你不是太在意挣钱。

沃霍尔：够付账单就行。

格鲁斯金：你的谦逊给我留下了很深的印象。有太多取得了名望或财富的人都会表现得有些自以为是。我想知道你的谦逊是否是建立在某种特定的哲学或者见解之上。

沃霍尔：是的！我缺根筋。

格鲁斯金：你说这话是什么意思呢？

沃霍尔：我脑子里少根筋。这就是我的哲学。

格鲁斯金：你可以稍微展开来谈谈吗？

沃霍尔：所有人都知道缺根筋是怎么回事儿。

格鲁斯金：是的，但是具体到你的情况，"缺根筋"是什么意思呢？

沃霍尔：嗯，我的意思就是有什么东西少了……少了根筋。

格鲁斯金：明白了。你的意思是说，不管那个让其他人表现得自以为是或者让他们自负、自大的东西是什么，它都并不存在于你的心理结构之中。

沃霍尔：对。

格鲁斯金：尽管你生在这个国家，你给我的印象却并非典型的美国人。你的个性在我看来更像是欧洲大陆的人。

沃霍尔：这里有很多人都这样。这是一个伟大的国家，因为所有的一切都混合了起来。当你离开美国然后再回到纽约时，你会乐于再次见到它，尽管城市里很脏——不过就连这一点也可以在某种意义上视作它的性格。

格鲁斯金：你经常旅行吗？

沃霍尔：不经常。不过回到肮脏的纽约总是让人感觉很好。

格鲁斯金：这里的人对待彼此很粗暴。甚至连搭乘出租车都可以是一段难忘的经历。

沃霍尔：哦，确实。我过去就很怕出租车司机，怕他们大叫大嚷，但我猜他们的预期是你会大叫大嚷回去。他们大叫大嚷，然后你大叫大嚷，然后他们再大叫大嚷。我觉得这就是他们说话的方式，他们并非有什么恶意。麻烦的是，现今你会在报上读到，当你喊话回去的时候，有的人真的会宰了你！他们就那么拿出把刀来，扎穿你。

格鲁斯金：这让我想要问一个有趣的问题。人们会在大街上认出你来吗？

沃霍尔：不会。如果我去布鲁明黛尔百货公司或者哪儿的话，有人会说"哦，那不是安迪·沃霍尔吗"，然后就又有人会说"哦，这不算什么，我们整天看见他；他不算什么"。你明白吧，只有看不到的人，你才会觉得他们有魅力。就像多年以前的那些电影明星。银幕有一种魔力，会让人显得特别；等你见到他们本人，会发现全不是那么回事儿，你的那些幻想也就随之而去了。

格鲁斯金：你最喜欢的消遣是做什么？

沃霍尔：我喜欢看《哑剧问答》（"Pantomime Quiz"），你看过吗？

格鲁斯金：没有。是一档电视节目？

沃霍尔：对。

格鲁斯金：它是你最喜欢的节目？

沃霍尔：不，不是。《热爱生活》（*Love of Life*），一部肥皂剧，是我最喜欢的节目。

格鲁斯金：你看了有几年？

沃霍尔：哦，过去十五年一直在看。

格鲁斯金：定时收看吗，每天都看？

沃霍尔：嗯。

格鲁斯金：还有什么其他事情是你喜欢做的吗，比如你有喜欢的诗人或者你会听什么特定类型的音乐吗?

沃霍尔:没有。

格鲁斯金:你曾说过你不会再作画了,这一说法现在还成立吗?

沃霍尔:不了,我现在画肖像。

格鲁斯金:是商业性质的吗?

沃霍尔:不是,实际上是帮我们拍电影筹钱。

格鲁斯金:你画过名人吗?

沃霍尔:画过罗斯柴尔德家族的人。

格鲁斯金:家族的哪一支?

沃霍尔:法国那支。

格鲁斯金:可以透露一下他的名字吗?

沃霍尔:现在不行。

格鲁斯金:还画过什么其他名人吗?

沃霍尔:丹尼斯·霍珀。他拍过电影《逍遥骑士》(*Easy*

Rider）。

格鲁斯金：谈谈你的摄影吧。

沃霍尔：我就是用柯达傻瓜相机或者宝丽来拍照片。

格鲁斯金：你摄影是专业的，还是作为爱好？

沃霍尔：《时尚》希望我做他们名流版的编辑 [1]。

格鲁斯金：对于这一提议，你是什么反应？

沃霍尔：我很想做啊！

格鲁斯金：但真要做的话，你会不会需要出席比你本身乐于出席的派对要多得多的派对？

沃霍尔：不会。我将只会通过电话跟人聊天。

格鲁斯金：你享受和名流聊天吗？

沃霍尔：任何人都可以是 [此处原文缺失]。

---

[1] 这里的"名流版的编辑"原文是 society editor。society 这个词的基本含义是"社会"，但也可以特指上流社会、名流圈。《时尚》的 society editor 一般采写名流圈的新闻和八卦，所以采访者才继而问道"会不会需要出席比你本身乐于出席的派对要多得多的派对？"不过在下面的问答中，沃霍尔明确表示他如果做 society editor，要报道的是社会各阶层。

格鲁斯金：换句话说，[此处原文缺失]将不会严格局限在"名流"这一范围，也会包括"漂亮的人儿"？

沃霍尔：上流社会和底层社会。

格鲁斯金：你曾说破破烂烂的牛仔裤和新的牛仔裤一样时尚。你还曾提到，在中国，人们都穿一样的衣服——你说你喜欢。所以似乎你对时尚的兴趣比一般人想的要大。

沃霍尔：在美国，旧的牛仔裤比新的要更贵。

格鲁斯金：是真的旧的还是人工做旧的？

沃霍尔：真的穿旧了的。

格鲁斯金：这可是个有意思的现象。这种情况是怎么形成的呢？毕竟，就在几年前，还是新衣服更为优雅，而旧衣服绝对没人要呢。

沃霍尔：这个么，这就好像你去了一家很多明星都会去的高档餐厅，当有明星去上洗手间的时候，你总是会想象一下跟在某位巨星之后去上厕所是怎样的情景。我觉得穿过的牛仔裤也是一样的。

格鲁斯金：你去高档餐厅吗？

沃霍尔：不。人家请我去哪儿我就去哪儿。

格鲁斯金：你不自己下馆子？

沃霍尔：不。

格鲁斯金：为什么呢？

沃霍尔：我害怕出门。

格鲁斯金：你是对在大街上走路抱有担心吗？

沃霍尔：对。

格鲁斯金：是什么让你感到不安呢？你是害怕人群吗，还是害怕阔大的地方？还是说你怕拦路抢劫的，还是什么？

沃霍尔：我想我是怕所有这一切。

格鲁斯金：如果我们可以换一个话题，谈谈出演你的电影的那些迷人的、通常也是美丽的年轻女士。她们通常被称作超级明星。是你发明的这一叫法吗？

沃霍尔：不是。

格鲁斯金：但它确实是从你的电影传出来的说法。

沃霍尔：也许吧。

格鲁斯金：这些女人对你来说意味着什么？除了出演你的电影，她们还会对你的生活产生什么样的影响吗？

沃霍尔：说起来，她们也不是那么美！

格鲁斯金：有些还是挺美的。而且她们有一些特质，是大多数女人所没有的。

沃霍尔：也不是，她们只不过是在镜头前可以"打开"而已。当摄影机关上的时候，她们也不是那个样子的。她们就像是电视机一样，可以开和关……我也说不好……不管怎么说，她们根本就不听我的！摄影机一开，她们就不听我的了。

格鲁斯金：那你是怎么执导电影的？

沃霍尔：我不执导，她们导！

格鲁斯金：说回到你的私人生活：你平时运动吗？打网球、高尔夫或者游泳吗？

沃霍尔：不。但是我用吸尘器！

格鲁斯金：你是说用吸尘器打扫卫生？

沃霍尔：对，而且我还刷碗！这些是我的运动！

格鲁斯金：但如果可以不做的话，难道你不会想要不碰这些吗？

沃霍尔：哦，不会的，我真的很喜欢做这些！我会很想把梵蒂冈用吸尘器吸一遍！你觉得你可以帮我搞到一个给梵蒂冈吸尘的机会吗？

格鲁斯金：这个么，事实上，我对梵蒂冈的影响力是非常有限的……

沃霍尔：或者也许可以去慕尼黑附近的那个特别棒的地方，那里过去是巴伐利亚王室的城堡！他们那儿铺地毯吗？不过不管怎么说，欧洲大概也不会特别脏！

格鲁斯金：你现在通常多久用吸尘器打扫一次卫生？

沃霍尔：哦，我在芬奇学院（Finch College）时每天都用吸尘器搞卫生，不过我现在不做了。

格鲁斯金：但你每天都还会刷碗？

沃霍尔：对，还刷碗。

格鲁斯金：你住在第九十街。你的公寓有多大？

沃霍尔：大概有六间房。

格鲁斯金：装潢陈设得怎么样，布置得有意思吗？

沃霍尔：没有，那儿就是个垃圾场！

格鲁斯金：也许你觉得是垃圾场，但其他人不这么想。

沃霍尔：不是，管道出了问题，所有的热水管都得重新铺。

格鲁斯金：你是说屋里没有热水？

沃霍尔：现在有了，不过有四个月的时间都没有。墙都被刨开了，他们还在维修呢。

格鲁斯金：你住的是一栋大楼吗？

沃霍尔：一栋小楼，有三层。

格鲁斯金：怎么会呢，安迪·沃霍尔，一个名人，住在这样的一栋楼里？

沃霍尔：我正试图搬走。

格鲁斯金：搬到哪儿去？

沃霍尔：我原来想在长岛买一栋房子，但是他们不希望我住到那个社区里去。他们把我付的订金退回来了。

格鲁斯金：为什么他们不想你住到那里去？

沃霍尔：我不知道。

格鲁斯金：你对于政治怎么看？你有什么坚定的信仰或主张吗？

沃霍尔：就和其他人一样。

格鲁斯金：可以说得具体点儿吗？还是说对政治你宁愿避而远之？

沃霍尔：避而远之。

格鲁斯金：你试图将你有关哲学和政治的观念，还有人生观，都放到你的艺术里去吗？

沃霍尔：我想是的。

格鲁斯金：可以告诉我这一哲学和人生观是什么样的吗？

沃霍尔：不。

格鲁斯金：但我想作为一位艺术家——这里我的意思是，你既是一位平面艺术家又是一位电影制作人——你在利用你的技艺为世界的改进服务、为人类的福祉尽责。我说得对吗？

沃霍尔：我在努力这样做。

格鲁斯金：那么你可不可以跟我谈谈你的艺术和你的哲学的内在联系？你的理想是如何转化进艺术里的？

沃霍尔：给人们点儿乐子。

格鲁斯金：你这样说是什么意思？

沃霍尔：没什么。就只是娱乐。

格鲁斯金：另有一个领域是我想和你讨论的，亦即你的家庭生活，爱情生活，浪漫关系。或者直白地说，你的性生活。

沃霍尔：我没有。

格鲁斯金：这可奇怪了。你是在你的艺术和电影制作上花了太多时间，以至于没有富余的时间了吗？

沃霍尔：是这样的。

格鲁斯金：你希望有一天可以有时间空出来给它吗？

沃霍尔：不。

格鲁斯金：你不希望有而且你也不觉得你会有？

沃霍尔：不。

格鲁斯金：1968 年，有人试图取你的性命，你一度离死亡非常近。（沃霍尔的一个女演员走进了他的工作室，开枪打了他。他有几周的时间伤势都很严重。）这样的经历通常都会给人留下很深的影响，不知对你造成的影响是怎样的？

沃霍尔：这件事就好像我看了另一场电影。

格鲁斯金：你伤得很重。你不得不住了三个月的院。你的身体完全恢复了吗？还是说你仍然有一些病痛？

沃霍尔：仍有。

格鲁斯金：如果我向你询问什么仍在困扰着你，是不是太没有分寸感了？

沃霍尔：会有一些疼痛。

格鲁斯金：哪里疼呢？

沃霍尔：全身疼。

格鲁斯金：这影响你的工作吗？

沃霍尔：不。

格鲁斯金：除了电影和音乐剧，近期还有什么其他计划吗？

沃霍尔：没。

格鲁斯金：想就人生发表一些一般性的看法吗？

沃霍尔：不。

格鲁斯金：对于年轻艺术家，有什么建议吗？

沃霍尔：没。

格鲁斯金：最后一个问题：刚才你跟我说，你和一位"异装皇后"住在一起，指的是林稀吗？

沃霍尔：是，林稀。

格鲁斯金：他刚才没有异装（穿女性服装），他穿了一套阻特装（zoot-suit）。他异装的时候好看吗？

沃霍尔：哦，好看，你应该看看。

格鲁斯金：希望我能有机会看到。谢谢你花时间接受访问。

安迪·沃霍尔的生活、爱、艺术以及掀起浪潮

贝丝·维纳科 (Bess Winakor)

1975 年

《芝加哥太阳报》(*Chicago Sun-Times*)，1975 年 9 月 28 日，
星期日

1975 年 9 月，安迪·沃霍尔踏上了一场途径八座城市的全国巡回之旅，推销他的新书《安迪·沃霍尔的哲学：从 A 到 B 再回到 A》(*The Philosophy of Andy Warhol: From A to B and Back Again*)。鲍勃·科拉切洛 (Bob Colacello)，沃霍尔的随行人员之一，描述了他在签售时被众人簇拥的典型场面：

他们大多是衣着整齐的私立学校高中生，也有不少时髦的城郊家庭主妇，他们带着沃霍尔的海报和展览图录，显然很清楚这些东西一旦签上沃霍尔的名字会更值钱……他们想让他签在他们的手上、胳膊上、额头上、衣服上和钞票上。他们买来整箱

的金宝浓汤罐头请他签名，还有"地下丝绒"过去出的唱片、平装本的《a》、早期的《访谈》，以及利兹和玛丽莲六十年代的海报。（Colacello, 310）

在每一座城市，安迪都会至少接受六家本地媒体的采访。下面是非常典型的一篇访谈，由《芝加哥太阳报》的记者做的。按照鲍勃·科拉切洛的说法，"安迪觉得这些访谈完全是折磨，特别是当他被问到他最痛恨的问题'你很有钱吗'的时候，而因为'生意艺术'是他的《哲学》的一个主要信条，所以这一问题的不同版本几乎出现在每一座城市。安迪总是回答'不'或者指一指他鞋面上溅的颜料，然后做一个鬼脸。"（Colacello, 310）

——本书编者

[……] 几天前，沃霍尔——他今年四十七岁，已经画了二十五年——在城里推广他的新书《安迪·沃霍尔的哲学：从A到B再回到A》。他给书店橱窗里的书签名，给真正的金宝浓汤罐头和布里洛盒子签名，他称赞这座城市的美学和它的市长戴利（Daley）。

他穿着牛仔，虽然瘦，但看上去并不虚弱。他的头发前面是白金色的，靠近后脖子的地方则几乎是黑色的。他似乎对什么都有兴趣，特别是对工作。和安迪·沃霍尔的谈天听起来像是出自他的《访谈》杂志，只不过多了一些含混之处。

问：你真的是安迪·沃霍尔吗，还是我的想象力臆想出来的？

答：我想是的。

问：在你的书里，你将自己描述为一种虚空。这是一个坦诚的评价还是一个为了卖书搞出来的噱头或花招？

答：不是。我想我一直都是那样的。当我遭遇了枪击，我就更觉得是那样了。

问：生命对你来说意味着什么？

答：我不知道。我希望我知道。

问：遭遇枪击让你有所改变吗？

答：是的，我不再见有想象力的人了。

问：那岂不是要排除很多人？

答：对，很多怪咖。

问：对于女性解放运动，你怎么看？

答：我觉得它很棒。

问：为什么？

答：我认为男人和女人是一样的。

问：在什么意义上一样？

答：他们做同样的事情。

问：如果你可以做任何事，你会做什么？

答：也不特别要做什么。（他笑了，发出轻微的鼻音，那是一个轻得几乎听不见的笑。）没什么是我真的想做的。就保持我们机构的运转，把我们的杂志变成亮光纸印刷的就好。

问：你认为自己是美国的风向标吗？最近有一个评论家这样称呼你。

答：不认为。这是我第一次听到这个词。它是什么意思？

问：按我的理解，它是能够表明事情正在往何处去的一个指示物。

答：哦，那我不是。我觉得我总是落后十年。

问：在你画第一个汤罐头的时候，你曾设想过它会成为艺术吗？

答：没有。这就和任何事情一样。你只管工作。如果发生了，就发生了。如果没有，就没有。

问：你的成功让你感到意外吗，还是说你预见到了你会成功？

答：哦，没有，它让我感到意外。

问：掀起浪潮将安迪·沃霍尔也变成权势人物是什么感觉？你的《毛泽东》现在在在芝加哥艺术博物馆。

答：你是说，"地下"这一概念和所有那些东西吗？有人才刚说过。我总是在工作。你知道，这是一门生意。哎呀，我们错过了看毕加索雕塑。你去看了吗？芝加哥真富有。芝加哥是怎么变得这么富有的？它比我去过的其他任何城市都富。简直让人难以置信，大楼都如此漂亮。它们看起来太棒了，我想可能是因为附近只有一些高楼的缘故。

问：你以前来过芝加哥吗？

答：没有，只到过机场大概十次。

问：你为任何请你的人画肖像，还是说你更喜欢给名流画？

答：通常给任何请我的人画。

问：需要多长时间？

答：一个月左右。

问：你一定是个百万富翁了。你都怎么花钱呢？

答：就维持我们办公室的运转。杂志不赚钱。

问：你有奢侈品吗？

答：两只腊肠犬。阿奇·邦克（Archie Bunker）和阿莫斯（Amos）。

问：你怎么住？你的家有多大？

答：大概八间房，六间房。非常小。六或七间房。

问：它们都是怎么布置的？

答：就用垃圾布置。纸，箱子，还有我带回家、随手放下就再也不捡起来的东西，过去的访谈、杂志。

问：你一个人住还是和谁一起住？

答：我一个人住。

问：你的家具是现代的还是古旧的？

答：我喜欢古旧的美国家具。那些1830年代的、某种意义上又大又丑的家具。

问：你手上有多少你自己的艺术？

答：一件都没有。只有一些被拒收的肖像。

问：谁拒绝的？

答：哦，我也不清楚。有些人还没有把它们取走，或者有些人不喜欢他们画上的样子，诸如此类的。

问：谁不喜欢他们在画上的样子？

答：没有特别知名的人。其实人们不拒收我才感到意外呢，因为我从来就不会把他们的眼睛啊或者哪里画成本来的颜色。全都是由着我自己来。也许这就是为什么有些画会被拒收吧。

问：名人里你最喜欢哪位？

答：杰克·福特（Jack Ford）。

问：为什么？

答：他对我们特别好。他邀请我们去白宫。

问：你欣赏谁？

答：几乎所有人。

问：你怎么开始制作电影的？

答：听起来有点儿傻，不过1964年时我有一次横穿全国的旅行，当时我在加州有展览。所以我就带了一台16毫米摄影机，我们还带了一个地下电影明星，泰勒·米德。我们一路走一路拍。在加州，我们住在约翰·豪斯曼（John Houseman）的地方。他们觉得这很搞笑。我们也觉得这很搞笑。

问：在你画了那些与性无关的或者描摹商品的画作后，

为什么你开始拍在一些人看来是色情的电影呢？

答：它们实际上并非色情电影。它们是喜剧片。性在其间并不是最为重要的东西。人们自己编的对白。我想我最喜欢的是《切尔西女孩》，因为有两件事情在同一时间发生，两个故事在旅馆里的不同房间同时展开。

问：你拍的那些早期电影，比如《帝国》，是在试图让无聊变成风尚吗？

答：不是。我那会儿试图做的是在观众间制造喜剧。比起观看银幕上正在放映的东西，人们聚在一起的时候总是可以更愉快、有更多乐趣。

问：你下一部电影是什么？

答：它叫《坏》。卡罗尔·贝克有意出演。这部片子我们已经筹备一年了。我们应该在 8 月开拍的，和佩姬·卡斯（Peggy Cass）一起。我们还是喜欢她。这部片子有两个角色给佩姬和卡罗尔。

问：片子是讲什么的？

答：就是讲布鲁克林的一个寻常人家。（发出带有轻微鼻音的笑。）

问：哦，什么是"寻常"？

答：要讲的就是这个。

问：用谁的定义来讲呢？

答：帕特·哈克特（Pat Hackett），一个在我们办公室工作了六七年的姑娘，她写的剧本。

问：你认为你片子里的人和剧情寻常吗？

答：哦，不！上两部片子，《吸血鬼》（Dracula）和《弗兰肯斯坦》（Frankenstein）都是恐怖片。这部也是恐怖片，我想。

问：你拍那些有着性和毒品等内容的电影是为了让人感到震惊吗？

答：不是，那些就是纽约的孩子在做的事儿，我想。

问：你说的"孩子"是什么意思？

答：哦，你知道，就是我们用的那些演员。

问：你觉得性无聊吗，为什么？

答：我觉得这件事做起来太麻烦了。

问：你现在的性倾向是什么？你更喜欢男人还是女

人？

答：我不考虑这种问题。

问：什么是爱？

答：我不真的相信有爱这回事儿。我某种程度上相信有喜欢。

问：那什么是喜欢呢？

答：就是老想着。

问：你曾经爱过某人或某物吗？

答：没有。

问：你喜欢你自己吗？

答：我没时间想这些。

问：这就有矛盾了。你刚才说喜欢就是老想着。

答：对，我喜欢我自己。我只是太忙碌了，总是在工作。我喜欢工作，我总是在忙工作。

问：你刚才说性是件麻烦事儿？

答：对我来说是。我想忙于性事的人是喜欢性这件事的。他们能做得很好。

问：你做什么做得最好？

答：我想我画画最好。比起其他事来——比如拍电影——这件事我做得更久。

问：为什么你要做这场巡回？

答：因为可以借机去一趟加州。我认为加州很棒。那儿的人的生活方式实在是很棒。

问：那你为什么不搬过去呢？为什么你要待在纽约呢？

答：我本来要搬的，结果他们那儿不是地震了吗，我就改主意了。（发出带有轻微鼻音的笑）

问：你喜欢观念艺术吗？

答：哦，我喜欢。你知道，他们在地表上挖洞，还有诸如此类的事情。你必须得从飞机上看这些。

问：你喜欢接受访问吗？

答：不喜欢。

问：为什么呢？

答：我认为人们应该在同一时间做两件事情，你知道，比如说人们应该边看电视边接受访问，或者边吃饭边受访。又如那些谈话节目，我觉得人们应该在报新闻的同时吃早饭，或者剪指甲，或者做点儿其他什么事。

问：为什么呢？

答：就是你同时做两件事的话，就可以同时完成两件事。

工厂日记：给曼·雷的信

1976 年

0.5 英寸彩色有声盘对盘录像带

收藏于匹兹堡的安迪·沃霍尔档案

传奇艺术家曼·雷在沃霍尔的整个职业生涯中都居于显要位置。沃霍尔位于上东区的联排别墅，其起居室是优雅的装饰艺术风格，而曼·雷的《女性绘画》（*Peinture Feminine*）在其间占据了一个显要的地方，它两旁是赛·托姆布雷的抽象作品和一幅罗伊·利希滕斯坦的早期画作。1981 年，摄影师克里斯托弗·马科斯（Christopher Makos）拍摄了异装的安迪·沃霍尔，这直接参照了曼·雷在 1920 年代早期为马塞尔·杜尚拍摄的肖像，在那幅肖像上，杜尚做异装打扮，扮作爱若斯·塞拉维（Rrose Sélavy）[1]。而沃霍尔 1978

---

[1] 杜尚为自己的异装形象所起的名字 Rrose Sélavy 在法语中的谐音是 "Eros, c'est la vie"，意为 "生命即是爱欲"。这个名字最初的使用可追溯至曼·雷于 1921 年为杜尚拍摄的系列异装摄影。

年规模庞大的系列画作《阴影》(*Shadows*)则是比照着雷 1919 年的作品《对阴影的审问》(*Interrogation of Shadows*)做的。

1973 年 11 月 30 日，安迪·沃霍尔在曼·雷位于巴黎的公寓里给他拍了一组宝丽来照片，作为之后要画的肖像画的准备工作。在下面的文稿里，沃霍尔事无巨细地讲述了当天的情况。在场的有曼·雷和他的夫人，沃霍尔和他工作上的伙伴弗雷德·休斯（Fred Hughes），以及意大利的艺术品商人卢恰诺·安塞尔米诺（Luciano Anselmino）及其助手迪诺（Dino）。

在记录下现场情况的一盘录音带里，我们听到沃霍尔请曼·雷不要把手放在脸上，让他把雪茄叼在嘴里，把眼镜摘掉。背景里轻声播放着歌剧，曼·雷问了一些关于相机的技术性问题，宝丽来咔嚓作响。拍摄结束后，弗雷德·休斯请曼·雷在一张纸上签上他的名字，以便万一沃霍尔想要在完成的肖像上以丝网印刷他的姓名的话，好有得可用（在最后完成的肖像上没有印签名）。

沃霍尔是由安塞尔米诺介绍给曼·雷的。安塞尔米诺是一位在都灵工作的艺术品商人，同时也是雷的代理人。他委托沃霍尔创作一版一百件的曼·雷肖像的印制作品。当沃霍尔去意大利为这批印制作品签名时，安塞尔米诺再次发出邀约，委托他创作数量更多的作品，由此诞生了沃霍尔1975年的那个声名狼藉的系列《女士们，先生们》（*Ladies and Gentlemen*），画的是异装打扮的黑人男性和西班牙裔男性。

下面的文稿是由本书编者和安迪·沃霍尔博物馆的格雷格·皮尔斯（Greg Pierce）和杰洛林·赫胥黎（Geralyn Huxley）一起誊录的。这是它首次以完整面貌刊行。

——本书编者

沃霍尔："我要说点儿什么？说什么？没人跟我说要说什么啊。"

[暂停]

"哦，嗯……你是说给曼·雷写一封信？

"哦。

"呃……曼·雷是个很好的人，呃……是卢恰诺……卢恰诺·安塞尔米诺介绍给我的。他……呃……很可爱。我真正记得的唯一一件事是……是马桶。因为在他的马桶上，他有，呃……长筒袜……这实在是太棒了，因为它……因为那是我所仅知的在上面套了东西的马桶。还有就是……他那里非常冷，但是他很有钱，呃……尽管看起来就只是个小公寓，但它隔壁就是巴黎最贵的房子。

"他很可爱。他拍了一张我的照片，我拍了一张他的照片，然后他又拍了一张我的照片，而我也又拍了一张他的照片，之后他又拍了一张我的照片而我也又拍了一张他的照片，他又拍了一张我的照片而我也又拍了一张他的照片，他又拍了一张我的照片，然后我又拍了一张他的照片，之后我拍了一张迪诺，而迪诺拍了一张我，之后我又拍了一张迪诺，之后迪诺又拍了一张我和曼·雷。之后曼·雷拍了一张我和迪诺。之后迪诺拍了一张曼·雷和我。之后我拍了一张卢恰……卢恰诺。之后卢恰诺拍了一张我和曼·雷。这之后曼·雷拍了一张，呃……我和迪诺和卢恰诺。我想就在这时，他的夫人进来了。之后……之后他拍了一张弗雷德·休斯。之后他又拍了一张我。而我又

用宝丽来拍了一张他。之后我们拿过超级 X……那台
70 号相机……超级 70-X，呃……之后我拍了一张，
嗯……呃……之后我又拍了一张曼·雷，之后我又拍
了一张曼·雷，之后我又拍了一张曼·雷。之后我又
拍了一张，用的是我的呃……呃……我那台古怪的相
机。它叫什么来着？那台古怪的相机？它叫作……
呃……肖像相机。于是我又拍了一张曼·雷，然后我
又拍了一张曼·雷，然后我又拍了一张曼·雷。然后
我记得他在其中一张上……在其中一张上签了名字。
然后我又拍了一张曼·雷。我又拍了一张曼·雷，又
用宝丽来拍了一张曼·雷的肖像照，又一张宝丽来的
曼·雷肖像照和又一张宝丽来的曼·雷肖像照，又一
张宝丽来的曼·雷肖像照，之后又一张宝丽来的曼·雷
肖像照，之后我又用宝丽来拍了一张曼·雷的肖像
照，之后我又用宝丽来拍了一张曼·雷的肖像照。之
后我又拍了一张肖像照。这之后我记得他拍了一张我
的肖像照，然后他在那上面为我签了名，我把它放在
我的……女童军（Brownie）购物袋里。之后我又跑
去看那个马桶座圈，因为它是整个公寓里最棒的东西。
如果卢恰诺真的爱我，他应该给我那个马桶座圈。

"我们现在暂停一下，看看录得怎么样。"

［暂停］

"好，我们继续。之后……我记得我……我放下
了我的相机，之后我不得不再次拿起它，之后我想到，
哎呀，说真的，曼·雷，我是说我完全是因为他的名
字才喜欢他的[1]。那是仅有的……我认为他的名字是他

---

[1] 曼·雷（Man Ray）这个名字，按字面理解的话，可以理解为 Man 人、人类，
Ray 射线、放射。

最棒的部分。直到我见到他。呃……他有着最棒的名字。嗯,我……我……我就是想,我在之前见过他一次,呃……我记得我那时写了本书。他……他……呃……他说他是费城人,他自己给自己编的名字,我听了真的特别失望,因为我这才知道他的真名是,呃……施瓦茨(Schwartz),呃……呃……现在又有人跟我说他的真名是拉比诺维茨(Rabinovitz)。呃……然后我就又拍了一张他。然后我又拍了一张。然后我想我又拍了一张他。我又拍了一张,然后又一张,然后又一张。之后我不得不换胶卷,因为八张是……八张是一卷。所以我就放了一卷新胶卷进去,拉出那个黑色的部分,然后我就又拍了一张他,之后又拍了一张,又拍了一张,然后我开了一盏灯,又拍了一张、又一张、又一张、又一张、又一张、又一张,然后我放……这就又是八张。之后我不得不再次更换相机,我拿起 SX-70[1],放了整卷胶卷进去,我得到……我从中得到了十张照片。之后他将一支雪茄叼在嘴里,因为卢恰诺递给了他一支雪茄而他喜欢抽雪茄。我觉得他们是朋友,因为卢恰诺给他的是最好的雪茄……当地最好的。而且实际上那支雪茄比他大,因为他……他被雪茄……压弯了腰。呃……也可能……他看起来好像总是很古怪,但是,呃……我觉得那是因为他弓着腰。之后我给了他,呃……我放了另外……我用 SX-70 又拍了十张,之后我拿,呃……换用那台肖像相机,呃……我让他抽雪茄,之后我又拍了四张照片,装了一些闪光灯,然后我拍……我又拍了四张照片,呃……又装了一些闪

---

[1] 即前文的超级 X-70。

光灯，之后我又装了一些闪光灯。之后迪诺也又拍了一些照片，呃……大家都很高兴。曼·雷有最漂亮的，呃……夫人。天呐。呃……他太可爱了。呃……

"呃……我们，呃……"

访谈：安迪·沃霍尔

格伦·奥布赖恩（Glenn O'Brien）

1977 年 6 月

《嗨时》（*High Times*），1977 年 8 月 24 日

这场访谈大概是在 1977 年 6 月上旬，在位于百老汇 860 号的第三个"工厂"做的。我曾在安迪·沃霍尔的《访谈》担任主编，从 1970 年一直做到 1973 年底，然后我去了《滚石》（*Rolling Stone*）工作。《滚石》的工作古怪而短暂，之后我在芝加哥待了一年，为《花花公子》（*Playboy*）做事。1976 年，我回到纽约，重拾了跟'工厂'的旧谊。当时我作为文章编辑在《嗨时》工作，我提出做一期安迪的封面报道。他愉快地接受了这个提议。

访谈大概持续了九十分钟——一盘录音带的时间。我有一些想要问的事情，比如他是否是最有钱的艺术家，但是访谈的大部分内容都是即兴的。安迪那天的状态相当在线，所以不需要我怎么费事。

我不喜欢《花花公子》做访谈的办法，他们会花上几天时间来做一场访谈，然后从数小时的录音带里拼合出一篇文字。我们这篇访谈就是一场普通的、实时的对话。我想这是一篇亚里士多德式的、实时的、自然主义的访谈稿。

我们的对话是在挡板围合而成的"会议室"里进行的，工作人员进进出出，有弗雷德·休斯、凯瑟琳·吉尼斯（Catherine Guinness）、鲍勃·科拉切洛和龙尼·卡特龙（Ronnie Cutrone）。我们时不时被"工厂"的日常事项打断，需要暂停录音，不过安迪在访谈过程中没有接任何电话。他还会在他们自己的人伸头进来提问时，回答他们的问题[1]。对他而言，这样做访谈是更为平常的方式；而安安静静地专注于一对一的谈话，则会令他紧张。当他想不出某个问题的答案时，他可能会把问题抛给某个职员，不过这是他幽默感的一部分。

因为长度的原因，我将一些内容裁剪掉了，不过整篇访谈都是以我们在《访谈》中发展并确立下来的准确、不加掩饰的方式写就的。我们并不试图把访谈的内容变为"好的写作"，而是想要保留一场

---

[1] 访谈稿中以"嗨时"作为提问者的问题，应该就是这些伸头进来的人提的。

真实的对话的滋味，以及对话参与者的真实的声音。

　　安迪对于这篇访谈很满意。我想他喜欢那些问题，但最为重要的是，他觉得他表现得机智而风趣。这次访谈后不久，他请我回《访谈》工作，并在其上开一个音乐专栏。我回去了，并且开设了专栏《格伦·奥布赖恩的节拍》(Glenn O'Brien's Beat)，一写就是十二年。

　　　　　　　　　　　　　　——格伦·奥布赖恩

奥布赖恩：你第一件艺术作品是什么？

沃霍尔：我过去会剪纸娃娃。

奥布赖恩：那时你多大？

沃霍尔：七岁。

奥布赖恩：你在学校的时候，艺术课的成绩好吗？

沃霍尔：好啊。老师都喜欢我。小学里不都让学生照着书里的图片画画么。我想我最早画的是罗伯特·路易斯·史蒂文森（Robert Louis Stevenson）。

奥布赖恩：那是你画的第一张肖像？

沃霍尔：也许吧。

奥布赖恩：你参加了艺术俱乐部吗？

沃霍尔：没有。不过如果你在小学里显露出天赋的话，他们会给我们那种"看看你能不能画出来这个"，然后你就照着上面的图片画，画好了寄出去……

奥布赖恩：知名艺术家学校（Famous Artists School）[1]？

沃霍尔：呃，对。

奥布赖恩：你自己寄吗？

沃霍尔：不，老师们帮我们寄。

奥布赖恩：他们说你有天赋（natural talent）？

沃霍尔：差不多吧。逆天的禀赋（unnatural talent）。

嗨时：你在中学时也对艺术特感兴趣吗？

沃霍尔：我总是生病，所以我总是上暑期学校，力争跟上大家的进度。我那时有一门艺术课。

奥布赖恩：你十几岁的时候都有哪些玩乐？

沃霍尔：我没有任何玩乐，哦，我想也许有一次我去看弗兰克·西纳特拉（Frank Sinatra）和汤米·多尔西（Tommy Dorsey）的演出来着。到那里必须要搭有轨电车。

奥布赖恩：你放学后打工吗？

---

[1] 知名艺术家学校是一家提供函授课程的机构。此处原文为 Famous Artist's School，恐误。

沃霍尔：打，我卖水果。

奥布赖恩：在水果摊上？

沃霍尔：不，在一辆水果卡车上。

奥布赖恩：所以你是怎么决定要成为一个艺术家并搬到纽约的？

沃霍尔：我上的是卡内基技术学院（Carnegie Tech）。菲利普·佩尔斯坦有一年假期要去纽约，所以我也拿上了个购物袋，我们一起坐巴士去了纽约。我们在纽约带着自己的作品集四处展示，看能不能找到一份工作。《魅力》（Glamour）的蒂娜·弗雷德里克斯（Tina Fredericks）说等我毕业了，她会给我一份工作。所以我就走了，之后又回来了。那是我的第一份工作。

奥布赖恩：一份自由职业的工作？

沃霍尔：对。她给了我一只鞋让我做。

奥布赖恩：那时候你的志向是什么？是要做一个插画家还是想成为一位艺术家？

沃霍尔：我没有任何志向。

奥布赖恩：你作为艺术家感到满意的第一件作品是什

么?

沃霍尔:我不记得了。我在学校的时候确实得过一些奖。不过不是我最好的作品。有一年暑假之后,我画了几张水果卡车的画,得了五美元奖金。

奥布赖恩:谁是第一个影响了你的艺术家?

沃霍尔:那一定是沃尔特·迪士尼。我那时会把沃尔特·迪士尼的娃娃剪下来。实际上是白雪公主影响了我。

奥布赖恩:你那时常去看电影吗?

沃霍尔:常去,看周六的上午场。如果我带上邻家的小宝宝,我就可以免费去看电影。

奥布赖恩:当你在卡内基技术学院的艺术学院读书时,哪些艺术家影响了你?

沃霍尔:卡萝尔·布兰查德(Carol Blanchard),她过去会画从床上跌落的姑娘。她给洛德和泰勒(Lord and Taylor)[1]画广告,她还入选过卡内基国际展。

奥布赖恩:你会去上艺术史课吗?

---

[1] 美国历史最悠久的百货公司。

沃霍尔：哦，会去。我们艺术史课的老师特别好，他叫巴尔科姆·格林（Balcolm Green）。他会一边放幻灯片一边讲课。

奥布赖恩：你那时最喜欢的电影明星是谁？

沃霍尔：雷·麦克唐纳[1]和他的副手。她叫什么来着？

奥布赖恩：谁是雷·麦克唐纳？

沃霍尔：一个舞者，他有一个特别棒的女搭档。此外，我还喜欢阿博特和科斯特洛（Abbott and Costello）、安德鲁斯姐妹（the Andrews Sisters）、露西尔·鲍尔、爱德华·G.鲁滨逊（Edward G. Robinson）、宝莲·高黛、亚历克西斯·史密斯、琳达·达内尔、安·萨森、扎卡里·斯科特（Zachary Scott）、维达·安·博格（Vida Ann Borg）和罗伊·罗杰斯，我喜欢他们中的每一个。

奥布赖恩：有没有谁是你长大以后想要成为的人？

沃霍尔：呃，查理·麦卡锡之父是谁来着？埃德加·伯根[2]。

---

[1] 雷·麦克唐纳（Ray McDonald，1921—1959）和他的妻子佩姬·瑞安（Peggy Ryan，1924—）共同出演了1949年的《三叶草山》（*Shamrock Hill*）和《我心中有个姑娘》（*There's a Girl in My Heart*）以及1953年的《风流水手》（*All Ashore*）。他们还在不同的舞台和夜总会巡演；此外，雷还参加过一些电视综艺节目。——原注

[2] 埃德加·伯根（Edgar Bergen）是一位偶戏表演者，查理·麦卡锡（Charlie McCarthy）是他的玩偶搭档。

奥布赖恩：你对政治有兴趣吗？

沃霍尔：我听电台里的那些演说——杜鲁门的那些。

奥布赖恩：他让你感到钦佩吗？

沃霍尔：没有。

奥布赖恩：你那会儿最喜欢的电台节目是什么？

沃霍尔：《让我们假装》（"Let's Pretend"）和《杰克·阿姆斯特朗，一个典型的美国男孩儿》（"Jack Armstrong, All American Boy"），所有那些好节目我都喜欢。《小孤儿安妮》（"Little Orphan Annie"）。

奥布赖恩：你喜欢看漫画吗？

沃霍尔：喜欢，《喧闹的孩子》（*The Katzenjammer Kids*）。

奥布赖恩：你画过卡通吗？

沃霍尔：没有。我总也想不出一个可以画的人物来。

奥布赖恩：你认为有尚未被发现的伟大的艺术家吗？

沃霍尔：呃，有啊，有的。不过现在赚钱更要紧。

奥布赖恩：你会给今天想要成为艺术家的年轻人什么建议吗？

沃霍尔：我会告诉他们不要做艺术家。他们应该去做摄影或者电视或者其他类似的东西。

奥布赖恩：你认为艺术界已经完蛋了？

沃霍尔：哦，是的。做一个刷墙的或者油漆工要更好。当油漆工挣得更多。时薪 10 美元。

奥布赖恩：在世的艺术家里，你认为谁最伟大？

沃霍尔：我仍然认为是沃尔特·迪士尼。

奥布赖恩：他已经死了。

沃霍尔：我知道，不过他们把他保存在了塑料之中，不是吗？

奥布赖恩：他被冷冻了起来。

沃霍尔：不过我其实喜欢他们所有人。劳申伯格、托姆布雷、保罗·克利——如果连死去的也算上的话。另外我喜欢美国那些自学成才的画家。我实际上喜欢每个人、每个群体。格兰特·伍德（Grant Wood）、雷·约翰逊（Ray Johnson）。

奥布赖恩：谁是世界上最富有的艺术家？

沃霍尔：我敢说有许多没人听说过的艺术家比随便谁都挣得多。那些为大型建筑工程做雕塑和绘画的人。我们从未听说过他们是谁，但他们赚得比谁都多。

奥布赖恩：达利呢？

沃霍尔：我不认为名声大就意味着挣得多。

奥布赖恩：你觉得你和达利谁更有名？

沃霍尔：别忘了还有考尔德，米罗也还活着呢。

奥布赖恩：你在艺术上赚了有一百万吗？

沃霍尔：这还要看花销。

奥布赖恩：和原来的售价相比，你作品的价格涨了很多吗？

沃霍尔：没有，我力图保持低价。我产量太大了。不过我停了一阵子。

奥布赖恩：为了抬高价格吗？

沃霍尔：不是，是我想不出画什么了。我对绘画是真的倦了。我一直都试图放弃绘画，要是我们可以靠拍电影或者做出版就能维持生计就好了。一遍又一遍地画同样的画实在太无聊了。

奥布赖恩： 你现在都是从哪儿找画画的点子？

沃霍尔： 我现在主要画肖像。所以就是画人们的脸，这并不真的需要什么点子。

奥布赖恩： 不过最近你画了花朵和骷髅头。

沃霍尔： 我们最近常去意大利，在那儿的时候，每个人都总是在问我是不是个共产主义者，因为我画了毛泽东。

奥布赖恩： 毛泽东看过你画的他的肖像吗？

沃霍尔： 我不知道。有一幅大尺寸的在华盛顿的科科伦画廊（Corcoran Gallery）展过。那儿的总监告诉我，有一个中国代表团到他们那儿参观，他们得知有一幅巨大的《毛泽东》挂在那儿，于是他们就从后门进来，这样他们就不会看到那幅《毛泽东》了。我想他们是担心，不知道要是看了的话，该喜欢呢还是不该喜欢。对他们来说，一切都太不一样了。

奥布赖恩： 你觉得谁是世界上最好的生意艺术家？

沃霍尔： 克里斯托（Cristo）。他刚刚为一个基金会完成了一个两百万美元的项目。不过我敢肯定政府会发现那个基金会有点儿问题。事情似乎相当简单。这就更像生意了。一个两百万美元的大项目做起来就像是在生产点儿什么似的。我想事情会这样发展下去，有一天会有人花四百万美金制作一部艺术电影，而且不需要让任何人喜欢。

奥布赖恩：但克里斯托以此赚钱。

沃霍尔：不，他背靠基金会做事。没有酬劳，但是开销什么的都由基金会来出。

奥布赖恩：你觉得这将会是艺术的未来吗？就是有各种基金会和津贴？

沃霍尔：是的，这似乎是个不错的新方式。这样做是最简单的。有很多人在做这方面的尝试，这种方式才刚刚兴起不久。

奥布赖恩：你觉得毕加索是生意艺术家吗？

沃霍尔：是啊，我觉得是。他知道他在做什么。

奥布赖恩：那你觉得谁最早想出了这个点子？

沃霍尔：我认为是战后的美国人，那些开画廊的。某人在某个时点上和毕加索一起搞起来的，艺术开始变得更像是产品。

奥布赖恩：你觉得毕加索对他作品的价格和营销都是知道的吗？

沃霍尔：哦，当然。

奥布赖恩：你觉得今后艺术家会成立公司或者上市、发行股票吗？

沃霍尔：不会，但我会开一间餐厅，叫安迪快餐厅（Andymat）[1]。我们会在餐厅里卖火鸡。不过我不能再用这个名字了。

奥布赖恩：为什么？

沃霍尔：唉，我自己是喜欢的。但只要我管什么叫那个，人们就觉得我在贬低它。

奥布赖恩：你觉得当下有什么艺术运动吗？

沃霍尔：没有。

奥布赖恩：你觉得以后还会有艺术运动吗？

沃霍尔：哦，当然。我总是觉得会有艺术运动从加州

---

[1] 这里化用了英文 automat，automat 是一种由食客自己从自动贩卖机购买饮食、拿去座位用餐的快餐厅。

兴起。不过我才刚从佐治亚州的梅肯（Macon）回来，梅肯让我感到意外。那儿有特别多的表演者。梅肯实在是座很棒的城市。你去一趟就知道为什么他们那儿会有那么多的知名表演者了。

奥布赖恩：你觉得社会现实主义是生意艺术吗？

沃霍尔：那是哪种艺术？

奥布赖恩：你知道，像是迭戈·里韦拉、邮局壁画，还有公共事业振兴署搞的那些艺术。

沃霍尔：哦，他们真的应该多做点儿事。他们做得不够多，这真是让人吃惊。你从来都不见有谁把办公室也画上画。你知道谁家的餐厅特别棒吗？比尔·科普利（Bill Copley）。他雇了四个在地铁里涂鸦的孩子，去他家给他画餐厅。效果特别棒。

奥布赖恩：你认为那些孩子应该得到政府资助去装饰地铁？

沃霍尔：是啊。不过你如果去过德黑兰，会看到特别漂亮的涂鸦。咱们这儿的没有那么漂亮。他们的文字比我们的要漂亮得多。所有的文字都很棒，甚至连符号都是。

奥布赖恩：你曾说过自己的作品是装饰性的。你仍然这样认为吗？

沃霍尔：是啊，还这样想。不过埃米尔·德·安东尼奥（Emile de Antonio）认为我的作品是马克思主义的。实在很好笑。

奥布赖恩：你日常考虑政治问题吗？

沃霍尔：不。

奥布赖恩：你投过票吗？

沃霍尔：我去过一次投票站，不过我太害怕了，无法决定该投给谁。

奥布赖恩：你是共和党人还是民主党人？

沃霍尔：都不是。

奥布赖恩：你只为民主党人做事。你为麦戈文的选战制作了一版尼克松的丝网印刷[1]。《纽约时报》杂志的卡特封面也是你做的。

沃霍尔：我还画过洛克菲勒的肖像。

奥布赖恩：你还给贝拉·阿布朱格（Bella Abzug）做

---

[1] 这里指沃霍尔的作品《投给麦戈文》，作品上印着尼克松的头像外加一句口号"投给麦戈文"。麦戈文是 1972 年美国总统大选的民主党参选人，而尼克松则为共和党参选人。

过印制作品？

沃霍尔：我只不过是做随便谁让我做的随便什么事。

奥布赖恩：你所有的作品里，最喜欢哪幅画？

沃霍尔：我想是汤罐头。

奥布赖恩：你最喜欢的颜色是什么？

沃霍尔：黑色。

奥布赖恩：对于那些倾向于将自己置于危险之中的观念艺术家，像是维托·阿孔奇（Vito Acconci）和克里斯·伯登（Chris Burden），你怎么看？

沃霍尔：我认为克里斯·伯登非常棒。真的。我去了画廊，而他在天花板上，所以我没有跟他会面，不过我看见他了。

奥布赖恩：你怎么想到用照片来做丝网印刷的主意？

沃霍尔：这是从我印钱的时候开始的。起先我是自己画，但是画出来看着太像画的了，于是我就想说用印的会不会是个好主意。有人说可以直接把钱放到丝网上。所以我就去了做丝网的人那儿，在那里我了解到其实可以复制照片。给我做丝网的戈尔登先生是个非常好的人。我想我做的第一张照片是个棒球选手。当时是要展现动作还是什么来着。

奥布赖恩：在发现了可以这样做之后，对于该印些什么，你的主意是从哪儿来呢？

沃霍尔：哦，就是看杂志，从那里面选些可以印的东西。

奥布赖恩：你画金宝浓汤罐头，真的是因为你每天午饭都喝它吗？

沃霍尔：是啊，有二十年吧，我每天的午饭都是金宝汤，外加一个三明治。

奥布赖恩：你怎么想到要做布里洛盒子的？

沃霍尔：我先是在一张画布上画了成排的罐头，之后我找人做了些木箱，打算在木箱上画罐头。不过画出来看着很古怪，因为看着不真实。我这儿还有一个那时的箱子呢。我在木箱上画了罐头，但看着很古怪。不过那些箱子都已经做出来了。它们是棕色的，看起来就像是包装箱一样，所以我想拿它们来做普通的包装箱会是个好主意 [1]。

奥布赖恩：你从金宝、布里洛或者任何你画过他们产

---

[1]　安迪·沃霍尔的作品 Brillo Box 在中文中的通行译法是"布里洛盒子"，本书也按通行译法译。不过这件作品其实是沃霍尔照着布里洛牌百洁布的外包装箱（纸箱）的样子，在木箱上印制而成的。沃霍尔在此处的答语里，包装箱、木箱都用的是 box 这个词，在译文中则按文意来分别对译。

品的厂商那儿得到过回音吗？

沃霍尔：布里洛喜欢我的作品，不过金宝浓汤，他们很气愤，而且他们打算采取行动的，不过事情发展得太快，我想真的没什么他们能做的。不过实际上当我住在匹兹堡的时候，亨氏的工厂就在那儿，而且我过去经常去亨氏的工厂参观。他们过去会发酸黄瓜胸针。我真应该画亨氏浓汤的。不过我做了亨氏番茄酱的包装箱。

奥布赖恩：你的第一个重大突破（break）是什么？

沃霍尔：我第一次重大骨折（break）是被约翰·焦尔诺从楼梯上推下去的时候摔的。不是，实际上我的第一个重大突破是遇到了埃米尔·德·安东尼奥，他现在住在街对面。他经常大笑，而那鼓舞了我。

奥布赖恩：你在书里说"有些人有着根深蒂固的对艺术的幻想，而且绝不动摇"，你觉得这话适用于你吗？

沃霍尔：我真的一点儿幻想都没有。不过说到"艺术幻想"，这听起来真挺棒的。你拼写的时候用 ph 吗？[1]

奥布赖恩：你自己用的是 f。"工厂"是怎么得名的？

沃霍尔：比利·内姆起的名。当时是在一栋办公大楼里。

---

[1]　"幻想"在英文里既可以拼作 fantasy，也可以拼作 phantasy。

我想那里过去真的是个工厂。那儿有很多机械设备，地板也很坚固。过去肯定是个生产鞋子或者什么的工厂。

奥布赖恩：最早为你工作的都是些什么人？

沃霍尔：杰勒德·马兰加是第一个。他在帮我做事的间隙里写诗。实际上是比利·奈姆把人们带到"工厂"来的。他那会儿开始把各处都弄成银色，他需要人帮他忙。

奥布赖恩：他当时是为你工作吗？

沃霍尔：不是，他实际上并不是在为我工作。他那会儿想要一个待的地方，所以他就待在那儿了。事情起初就是这样。

奥布赖恩：你是怎么开始拍电影的？

沃霍尔：我们有一台录像机，而我有一台带收音功能的摄影机，我们就那么通过实验影院来制作电影。实际上，我买第一台摄影机是因为温·张伯伦带泰勒·米德和我去加州，而泰勒·米德是如此出色的电影明星，我们觉得在旅途之中边走边拍是个好主意。所以我就买了那台16毫米摄影机，我们在加州拍下了泰勒。那是我们的第一部电影，片子叫作《算是泰山和重获的简》（*Tarzan and Jane Regained Sort of*）[1]。那会

---

[1] 此处这部电影名称的原文拼写和前面几篇访谈里提到时有所不同，此处的电影名在 sort of 前没有省略号，所以中译名也做了调整。

儿在实验影院，他们会放类似新闻片的东西，每次你拍一个三分钟的新闻片，他们就会在实验影院做放映。每个人都开始展示他们的三分钟电影。我们开始拍些"本周人物"之类的东西。这之后我想到拍约翰·焦尔诺睡觉的点子，因为他会睡过去而不会知道有人在身边。所以我就打开摄影机把他拍了下来，有人很喜欢那部片子。这就是《睡觉》。他们把它拿给实验影院的总监乔纳斯·梅卡斯看，他很喜欢。那之后，我们又拍了罗伯特·印第安纳的《吃》和其他东西。《帝国大厦》。

奥布赖恩：你是怎么引入的演员和故事情节？

沃霍尔：通过杰勒德，我们认识了龙尼·塔韦尔（Ronnie Tavel），他写剧本。那些剧本写得都很好，不过没人照着演。但是我们会把握其中的要点。之后我们开始用每卷时长为三十分钟的胶片来拍。

奥布赖恩：都是你执导吗？

沃霍尔：那个时候，谁摄影谁导。

奥布赖恩：谁发明了"超级明星"这个词？

沃霍尔：我想是杰克·史密斯。

奥布赖恩：谁是最早的超级明星？

沃霍尔：他们都是演杰克·史密斯片子的明星，他们中的每一个人都很棒。我们用的最早一批超级明星是泰勒·米德、伊迪·塞奇威克、布里吉德·伯林、艾伦·米杰特（Allen Midgette）。

奥布赖恩：你是通过杰勒德认识的他们吗？

沃霍尔：不是，是通过莱斯特·珀斯基（Lester Persky），他现在是大制作人了。莱斯特眼光独到。他那时在拍八小时长的广告片。真的，他过去为查尔斯·安特尔(Charles Antell)拍的广告片都是一小时长。他拍过迈尔迈克（Melmac）和其他产品。我想我就是从他那儿得到的想法，要把东西拍得长。

奥布赖恩：你怎么认识的卢·里德？

沃霍尔：他那会儿在奇异咖啡馆（Cafe Bizarre）演出，芭芭拉·鲁宾（Barbara Rubin）——乔纳斯·梅卡斯的一个朋友，说她认识这支乐队的人。克拉斯·奥尔登堡、帕蒂·奥尔登堡（Patty Oldenburg）、卢卡斯·萨马拉斯、贾斯珀·约翰斯和我那会儿正要搞一支摇滚乐队，参与的人还有拉蒙特·扬（La Monte Young）和那个现在在沙漠里挖洞的艺术家沃尔特·德·马里亚（Walter De Maria）。

奥布赖恩：你们搞了个摇滚乐队？

沃霍尔：是啊。我们碰了十次面，卢卡斯和帕蒂总是就音乐还有什么其他事吵个不停。

奥布赖恩：你在乐队里做什么？

沃霍尔：我负责拙劣地演唱。之后芭芭拉说了些关于这一组合的话，说混合媒体会在实验影院做起来的。于是我们就放电影，杰勒德跳些舞，"丝绒"一伙演奏。再之后妮可过来了，保罗就开始做"爆炸模式化不可避免"。

奥布赖恩：那是在旧金山灯光展之前的灯光展吗？

沃霍尔：对，是，算是。实际上，实验影院那时真的把各种类型的艺术都整合到一起了。然后奥利维尔·考奎林（Olivier Cocquelin）要为伊迪和我开一间名为"上"（Up）的迪斯科舞厅，不过不知怎么回事，他把我们忘了；与此同时，K字头默里（Murray the K）正在长岛忙着做他的什么事，就这样，没有人雇我们。于是保罗就决定赶在他们开业前一周我们先找个地方开业。我们租下了"家"，在其他场所之前开了业。我们是按周签的租约，结果等我们做得特别棒了的时候，别人从我们手里把地方拿走了。

奥布赖恩：你什么时候想到的你们也许可以制作真正的商业电影？

沃霍尔：我们就没有想到过。我们那时一周拍一部片子，是保罗在四十几街那儿找到的那家戏院。我们拍一部片子，他们拿去放上三四个礼拜。等他们厌了，我们就再拍一部出来。我们拍了大概有六部，成绩都很好，全都回本了。那之后它们就在纽约之外的艺术影院开始放映了。

奥布赖恩：在你让艾伦·米杰特扮作你去高校巡回演讲之前，你是自己亲自去的吗？

沃霍尔：哦，是啊，我去过一些。我什么都干不了，而且每次我自己去的时候，那些孩子们在报刊上读到的我会做的事我一件都没做。于是我们就想不如派个更符合他们期待的人去。这个人要更具娱乐性，更好看，而且可以撑得住，在演讲之后连去十八场派对。当时人们对他是满意的。

奥布赖恩：保罗·莫里西是怎么开始执导你的电影的？

沃霍尔：这个嘛，在我们那儿，总是谁掌镜谁负责执导。所以我想是在我住院的时候，他掌镜来着，于是事情就这样发生了。

奥布赖恩：在取得商业上的成功之前，你是否得到过好莱坞的邀约？

沃霍尔：我们去过很多次好莱坞，每次事情都没能成。很多制片厂都请过我们去，但是一点儿进展都没有。现在也还是这样。

奥布赖恩：你觉得是好莱坞怕你吗？

沃霍尔：不是，是因为我没有个准主意。如果你有一项计划而且你确切地知道自己想要怎么做，你是可以说服他们参与进来的。都是教训。

奥布赖恩：你愿意拍大投资、大制作的电影吗，还是你想要保持简省？

沃霍尔：不，我认为如果可以拍一部两三百万美元的艺术电影而且不非得有人看的话，是个特别好的事儿。我认为那会是一个非常值得做的项目……做些真正艺术的事情。我觉得影像是最好的市场。等录像带市场成熟了，如果你能拍别人拍不了的电影的话，那会是新的方式。

奥布赖恩：你会把你那些老片制成录像带吗？

沃霍尔：不会。我宁愿做些新东西出来。那些老片谈起来要比看起来好。它们都是些听起来比实际上要好的片子。而且新事物总是比旧事物要好。

奥布赖恩：你怎么想到的要开办《访谈》这本杂志？

沃霍尔：就是给杰勒德找些事情做。本来是应该他来做的。另外，布里吉德·伯林的父亲是经营赫斯特集团的嘛，所以我们以为布里吉德可以负责杂志的经营。但是她对它不感兴趣。

奥布赖恩：你想到过它会成功吗？

沃霍尔：它现在也还没有成功呢。如果它能够做到收支平衡就好了。我一直都觉得这是一本给新人类准备的杂志，但现在看来没有足够多想要买杂志的新人类。去看摇滚演出的话，三万人的场子可以座无虚席。实在古怪。他们和看杂志的不是同一拨人。

奥布赖恩：到目前为止，你已经做过艺术、电影、唱片、书、电视、戏剧和杂志了，还有什么是你想要做的吗？

沃霍尔：呃，生个孩子？哦，我才刚喝了十年来的第一次可乐。

奥布赖恩：真的吗？

沃霍尔：我是说，可口可乐。

嗨时：你为什么要十年都不喝可乐呢？

沃霍尔：唉，它太甜了。不过我们才去了一间公寓，里面有每一种品牌食品。可以把所有的夹心面包（Twinkies）都尝一遍实在是太好了。那是个垃圾食品派对，实在是太好了。我过去老喝可乐。可乐特别好，让你整个人都很有精神。你可乐喝得多吗？

奥布赖恩：我觉得现在的我更喜欢百事。

沃霍尔：真的吗？你能尝出两者的不同？我真的要做一下测试。可乐喝起来什么味儿？

奥布赖恩：可乐气更足，喝起来更强烈。百事更甜，对胃的刺激性更小。

沃霍尔：但是如果做测试的话，必须从瓶子或者罐子里把它们倒出来才行。如果从一大瓶里倒出一种，从一听里倒出另一种；或者一个从大瓶里倒，一个从小瓶里倒，它们的味道很不一样。小瓶的可乐和小瓶的百事——百事的小瓶比可乐的稍大一些——是味道最好的。

奥布赖恩：瓦莱丽·索拉纳斯袭击你这件事是怎么发生的？

沃霍尔：我和她一起搭电梯上来的，我转身去打电话，接着就听到了响声，就是这样。

嗨时：你想到了死吗？

沃霍尔：没有，我的一生没有在我眼前闪过。实在是太疼了。过了好几个礼拜，我才把究竟发生了什么拼凑到一起。我打了太多的麻药了。不过我就是没有想到过死。

奥布赖恩：你是怎么开始走到哪儿都带着磁带录音机

的?

沃霍尔:我有一台大型的巫盒(Uher)可以一次录四个小时,这大概是六四年的事儿。之后我有了录昂迪恩连着录二十四小时的想法。这就是为什么我买了台磁带录音机。

奥布赖恩:这就是为你的小说《a》——内容其实是昂迪恩说的话——做的准备吗?

沃霍尔:对。昂迪恩原来一天二十四小时都不睡觉,这让我有了让某人说上二十四小时话的主意。

嗨时:你是怎么写《安迪·沃霍尔的哲学》的?

沃霍尔:那书的大部分都是我跟我的秘书帕特·哈克特讲话的时候录下来的。我过去每天早上都打电话给她,告诉她我头一天做了什么。

奥布赖恩:自从你有了磁带录音机,你是把每天都录下来了吗?

沃霍尔:是啊,我力图这样做。现在这事儿变得很无聊了。我唯一真的还在录的人就只有布里吉德·伯林了。

嗨时:你所有的磁带都留着吗?

沃霍尔：是啊，我把它们都丢到箱子里。

嗨时：布里吉德是你书里的一位 B，你的书里一共有多少位 B[1]？

沃霍尔：布里吉德是我知道的唯一一个 B。

奥布赖恩：书里有其他的 B。

沃霍尔：那倒是，不过布里吉德是女皇。

奥布赖恩：你在和伊丽莎白·泰勒合作的电影《驾驶座》（The Driver's Seat）中有令人印象深刻的银幕首秀。伊丽莎白·泰勒现实生活中是个什么样的人？

沃霍尔：我们最近常和她碰面，她实在是很棒的人。我喜欢她妈妈。她妈妈非常可爱。我才刚又得到了一个电影角色，在《火爆浪子》（Grease）里演一个艺术教师。伊芙·阿登演校长，约翰·林赛（John Lindsay）也有份出演，约翰·特拉沃尔塔演主角。

奥布赖恩：演电影是一种怎样的体验？

沃霍尔：哦，我实在太烂了。我连一句台词都记不住。一开拍我就特别紧张。我不该紧张，而且我也想不出我为什么会那么紧张。实在是很傻。我连一句台词都

---

[1] 沃霍尔在《安迪·沃霍尔的哲学》里将和他通电话的人一律称作 B。

记不住。我上过几次默文·格里芬（Merv Griffin）的节目，每次都紧张到说不出一句话。

奥布赖恩：现在你拍的电影投资更大了，你拍得也不像以前那样多了。你怀念像以前那样拍电影吗？

沃霍尔：怀念啊，我们过去每晚都拍上一个场景，那时实在是很有趣。不过最难的部分是把拍出来的整理好、连起来。我们刚拍的这部《坏》是一部工会电影（union movie），开支特别大，我们现在就盼着能够回本，可以重新再拍那些真正小成本的制作。

奥布赖恩：你发掘的演员中，你觉得谁最好？

沃霍尔：噢，要说我最喜欢的，我想是维瓦——苏珊·霍夫曼（Susan Hoffman）[1]。

奥布赖恩：你觉得为什么维瓦还没有大红大紫？

沃霍尔：哦，她仍然有可能的。我想她现在人在好莱坞。我们之后可能会在一档电视节目上用她。西尔维娅·迈尔斯刚和我们合作过，她很不错。乔·达里桑德罗现在已经有很多戏拍了。

奥布赖恩：你最喜欢的炒作手法是什么？

---

[1] 维瓦的本名是珍妮特·苏珊·玛丽·霍夫曼（Janet Susan Mary Hoffmann）。

沃霍尔：嗯？我不做任何炒作。

奥布赖恩：你搞的那个"租个超级明星开派对吧"不算吗？

沃霍尔：哦，那个相当棒——我想是最好的，不过没人真来租我们。等等……也许有人租过谁。我想有人租过一次埃里克·埃默森（Eric Emerson）。

奥布赖恩：你有什么样的玩具？

沃霍尔：我算是才开始买那种玩具——那个叫什么来着，就是在塑料之前？哦，赛璐珞。我才开始买一些那种东西。

奥布赖恩：你收藏很多刚出的时候不是太有价值的东西。是说你认为很多今天生产的破烂儿某一天会变得有价值吗？

沃霍尔：是啊。我认为你应该每天都去 F. A. O. 施瓦茨（F. A. O. Schwarz）买一件新玩具，然后把它收起来放好。

奥布赖恩：你每天都画画吗？

沃霍尔：是啊，我每天都画。现在我都是用墩布画画。

奥布赖恩：你换衣服吗？

沃霍尔：我有画画穿的衣服。它们和我每天穿的衣服是一样的，不过上面带着颜料。我有画画的鞋、画画的衬衫、画画的夹克、画画的领带、画画的罩衫——龙尼给了我一件特别好的罩衫，是班德尔（Bendel's）的。还有木匠穿的那种围裙。还有画画的手绢。

奥布赖恩：你认为地下文艺会回归吗？

沃霍尔：不。我不认为之前有什么"地下"。这是个弱智的说法。

奥布赖恩：迷幻药呢？你认为它会回归吗？

沃霍尔：我认为会，会回归。而且很快就会。我敢说它确实会回来的。

奥布赖恩：你吃过迷幻药吗？

沃霍尔：没有。有人认为有一次他们给我下了药，不过那次的东西我没有吃。

奥布赖恩：你吸过大麻吗？

沃霍尔：没有，不过我喜欢闻它的味道。

奥布赖恩：你吃过药 [1] 吗？

沃霍尔：没有，没吃过任何会让你变得古怪或者怎么样的药。我被人开枪打了、躺在医院里的时候，他们给我开了很多药，不过不用再吃药实在是太好了。

奥布赖恩：你喝醉过吗？

沃霍尔：醉过。

奥布赖恩：你喝醉以后什么样？

沃霍尔：也没什么。我会告诉所有人他们可以上《访谈》的封面。喝醉的过程挺有趣，但真喝醉了很难受。不值得。

奥布赖恩：你认为嗑药会让人更富有创造力还是更没有创造力？

沃霍尔：我不认为药能起任何用。

奥布赖恩：你认为大麻应该合法化吗？

沃霍尔：应该，我觉得应该。

奥布赖恩：你有希望改掉的习惯吗？

---

[1] 原文 Did you ever take any drugs 也可以理解为在询问 "你磕过药吗？"

沃霍尔：便秘？不是。叫醒别人？讲八卦？拒绝买行李箱。

奥布赖恩：你喜欢旅行吗？

沃霍尔：到了目的地以后，我很喜欢。坐飞机也很棒。在飞机上，有人照顾你。在地铁上就不会有人这样照顾你。在飞机上，什么时候想喝饮料都有人给你倒。飞机上的服务还没有变得很烂。

奥布赖恩：你最喜欢的航空公司是哪家？

沃霍尔：伊朗航空？不是。泛美航空？泛美航空过去是我们的最爱，但它已经不在了。

奥布赖恩：已经没了吗？

沃霍尔：你没法再搭泛美去巴黎了。

奥布赖恩：你旅行最喜欢去哪儿？

沃霍尔：纽约。

奥布赖恩：你觉得到了公元 2000 年，世界会是什么样子？

沃霍尔：我觉得就还是这个样。就和现在一样。

奥布赖恩：你去过俄罗斯吗？

沃霍尔：没有。

奥布赖恩：你想去吗？

沃霍尔：不想。

奥布赖恩：你去过捷克斯洛伐克吗？

沃霍尔：没有。

奥布赖恩：你想去捷克斯洛伐克吗？

沃霍尔：不想。我不喜欢旅行。

奥布赖恩：你觉得到了公元 2000 年，人们还会买艺术吗？

沃霍尔：哦，我不知道。每个人都在说没人会再买任何东西了，但是人们仍在买个不停，所以我也不知道到底会怎样。

奥布赖恩：你认为你的作品在你死后会升值吗？

沃霍尔：不会。它只会维持在同一个水平。

奥布赖恩：你相信死后有来生吗？

沃霍尔：我相信死了就死了。

奥布赖恩：现在你已经在电影里用过卡罗尔·贝克、西尔维娅·迈尔斯、佩里·金等好莱坞明星了，你会更想要用大明星而非超级明星吗？

沃霍尔：我不认为一个大明星可以成就一部电影。我认为有意思的人可以成就电影。任何人，只要他们有意思，就可以成为电影大明星；而大明星现在甚至都没法吸引人去看一部电影了。

嗨时：谁是你现在最喜欢的电影明星？

沃霍尔：我喜欢他们所有人——我的意思是，任何演电影的人。

嗨时：你会给任何有钱的人画肖像吗？

沃霍尔：会啊，而且我还会给任何没钱的人画肖像。

嗨时：你认为随着妇女的解放，会有更多的女性艺术家吗？

沃霍尔：我一直都认为女性占艺术家的大多数——你知道，那些制作了纳瓦霍印第安毛毯、美国拼布被面、还有40年代的服装上的那些超棒的手绘的人。

嗨时：谁是你最喜欢的女性艺术家？

沃霍尔：林达·本利斯（Lynda Benglis）、艾丽斯·尼尔（Alice Neel）、路易丝·内韦尔森（Louise Nevelson）。

嗨时：谁知道最好的八卦？

沃霍尔：实际上，我认为报纸上有最好的八卦。

嗨时：你最喜欢的报纸是什么？

沃霍尔：《每日新闻》（*The Daily News*）。

嗨时：你认为人们应该住到外太空去吗？

沃霍尔：哦，当然，我认为那会非常棒。

嗨时：你愿意去外太空旅行吗？

沃霍尔：不愿意，我真的特别恐高。我一直都喜欢住一楼。

嗨时：你觉得未来会是一派未来的景象吗？

沃霍尔：不会。我一直都希望会，但我不认为未来会是一派未来的景象。我想也许有可能——如果人们不非得做什么，可以就那么闲待着的话。我说不好。也许到那时人们会以为他们还活着，就是说他们可能已经死了但仍然觉得他们还活着，这样他们就不非得做什么了。

嗨时：你喜欢工作吗？

沃霍尔：现如今，我真的喜欢有一堆工作。这可以让时间过得很快。旅行也可以让时间过得很快。所以也许去太空旅行可以给人们时间。我是说，如果你要去哪儿，然后你在去的路上花上五年或者类似的时间，那么五年的时间就被用掉了，而你不用非得做什么事。你就那么坐在太空飞船上。这也许会让时间过得很快。

嗨时：不工作的时候你喜欢做什么？

沃霍尔：不工作的时候我喜欢工作——做些别人也许觉得不算工作，但对我来说是工作的事儿。比如去一趟小超市，以完成每天的运动量。

嗨时：你玩游戏吗？

沃霍尔：我正在学打桥牌。很不错。你可以跟四个而非两个人一起玩。

嗨时：你有过运动的习惯吗？

沃霍尔：没有。我从来就没在任何项目上擅长过。

嗨时：你会游泳吗？

沃霍尔：呃，我觉得我能游。

嗨时：你会开车吗？

沃霍尔：我撞上了一辆出租车，之后就不开了。在公园大道和四十七街交汇处。

嗨时：你有驾照吗？

沃霍尔：我当时有初学者的驾驶许可。

奥布赖恩：有人受伤吗？

沃霍尔：那辆出租被撞出了一个大坑。

奥布赖恩：你早上几点起？

沃霍尔：我起得早，七点半。

奥布赖恩：你上闹钟吗？

沃霍尔：不，我自然醒。

奥布赖恩：你上午都做什么？

沃霍尔：现在布里吉德·伯林每天早上都会打电话给我，因为她在节食减肥。我已经录了她十年的音了，她总是跟我说她吃了什么。她过去会说谎。现在她会告诉我她吃了什么、掉了几磅。今天她跟我讲的故事可谓最佳。她打电话给我，跟我说她没有乖乖地节食，这让她觉得很不好，所以她就吃了一片脱水药，一个小时内，她就掉了10磅。她之前已经减掉了50磅了，所以加上这10磅就是60磅。之后她去洗衣服，在洗衣房晕倒了。她吓得够呛。她躺在地板上，跟洗衣房的女工说给她喝点儿水，她喝了两杯水，终于可以站起身来了。她爬出了洗衣房，去了一家小餐馆，又喝了八杯水。之后她打电话给洗衣房，让那位女工把她的衣服洗了。之后她吃了很多盐，她又恢复了她吃脱水药片之前的体重。她简直是在以减肥为业。她已经节食两个月了。她打算从275磅减到149磅。

奥布赖恩：你早上吃早饭吗？

沃霍尔：就喝一杯茶。

奥布赖恩：你每晚几点上床睡觉？

沃霍尔：我现在睡得早了，大概十二点就上床了。

奥布赖恩：你一个人睡吗？

沃霍尔：不，我和我的两只狗——阿奇和阿莫斯——一起睡。

奥布赖恩：他们在床上乖吗？

沃霍尔：不，他们四处闹。

奥布赖恩：你裸睡吗？

沃霍尔：我穿着内裤睡。还有我的紧身胸衣。

奥布赖恩：你穿平角裤还是三角裤？

沃霍尔：三角裤，小号，三十的腰。

奥布赖恩：你每天花多少时间在电话上？

沃霍尔：没有过去花的时间多了。我喜欢把电话录下来。我喜欢录下布里吉德。不过现在我去上班去得更早了，所以我只在早上和晚上录她。

奥布赖恩：她录你吗？

沃霍尔：不，我想她不再录了。自从她开始节食，她就不再有雄心壮志了。现在她唯一的志向就是减重，所以其他的什么也不做了。

奥布赖恩：你现在还看电视吗？

沃霍尔：哦，还看。我现在最喜欢的节目是《鸣锣秀》

（"Gong Show"）[1]。他们还请我去来着。我真的应该去的。

奥布赖恩： 去表演吗？

沃霍尔： 不，去当评委。去表演也会很好玩儿。不过我想那些表演者都是专业人士。他们只是穿戴打扮好在演出，因为他们总能知道什么时候会被鸣锣淘汰。彼得·马歇尔（Peter Marshall）的《好莱坞方块》（"Hollywood Squares"）也是我最喜欢的节目之一。

奥布赖恩： 你曾被邀请过上《好莱坞方块》这类由名人当嘉宾的节目吗？

沃霍尔： 没有，但我很愿意去。

奥布赖恩： 你现在还去教堂吗？

沃霍尔： 去啊。我会在古怪的时刻潜入教堂。

奥布赖恩： 你是去天主教堂吗？

沃霍尔： 是啊，天主教堂最漂亮。

奥布赖恩： 你相信上帝的存在吗？

---

[1] 一档达人秀类型的节目，按照官方的说法，参赛的都是业余人士。

沃霍尔：我想我是信的。我喜欢教堂。我去的时候，教堂都没人。我在里面游走。纽约有特别多漂亮的天主教堂。我过去也去一些圣公会教堂。

奥布赖恩：你总想着上帝吗？

沃霍尔：不。

奥布赖恩：你相信魔鬼的存在吗？

沃霍尔：不信。

奥布赖恩：你相信有世界末日吗？

沃霍尔：不。我相信《地球照转》（"As the World Turns"）[1]。

奥布赖恩：你觉得去看精神科会对人有帮助吗？

沃霍尔：呃，会的，如果你对什么都什么也不懂的话，那么当然，它可以帮到你。

奥布赖恩：你去看过精神科吗？

沃霍尔：我去找一个医师看过一次，不过他没有再打电话给我约下次治疗。之后我自己缓过来了。那会儿

---

[1]　一部肥皂剧。

我认识的每个人都在看精神科医师，这让你觉得你也应该去看看。所以我就去了一次，不过他没有再打电话给我，我觉得很不对劲。不过之后好像是有谁过来带我去看了场电影，或者我买了顶新帽子还是什么的。

奥布赖恩：你吃维生素吗？

沃霍尔：吃，我吃多元维生素。

奥布赖恩：你喜欢吃什么？

沃霍尔：就是平常的食物。平常的美式食物。

奥布赖恩：你还会吃很多糖果吗？

沃霍尔：我改了。现在我只做果冻吃。我把糖倒进水果里。我觉得这会比直接吃糖果好，但其实是一样的。

奥布赖恩：你认为糖对健康有害？

沃霍尔：每个人都说是。我确定它是。

奥布赖恩：你认为现在是有更多的同性恋了，还是只是人们更多地谈论同性恋了？

沃霍尔：同性恋一定是更多了。但我认为人们现在谈它谈得更少了。所以大概是同样的比例。

奥布赖恩：你认为同性恋比异性恋更有创造力吗？

沃霍尔：不。

嗨时：你相信婚姻是有价值吗？

沃霍尔：只不过是可以有孩子。不过婚姻已经有那么久的历史了，人们也一直认为它是正当的，那么它一定仍然是正当的。

嗨时：你会想要结婚、安定下来吗？

沃霍尔：不。

嗨时：有人跟你说过让你结婚吗？

沃霍尔：没有。

奥布赖恩：你会想要有小孩儿吗？

沃霍尔：不会。

奥布赖恩：你觉得自己是否对某人来说扮演了父亲的角色？

沃霍尔：只有对我的狗来说是。

奥布赖恩：你爱过谁吗？

沃霍尔：这个我们过会儿再谈。

奥布赖恩：你恨过谁吗？

沃霍尔：这个我们过会儿再谈。

奥布赖恩：你对于电视中的暴力怎么看？

沃霍尔：不久前的一天晚上，我和马歇尔·麦克卢汉的女儿斯蒂芬妮约在外面见，她跟我说她才看了《马拉松人》（*Marathon Man*）过来的，她说其中的一些暴力镜头让她无法直视银幕。她在电视业工作，她见过被狗啃咬的婴儿，而那并不会让她觉得怎么样。她让团队做好准备，把它以恰当的方式拍了下来。她说那是工作，而她真的没有时间去多想，但是看电影的时候，情况就不同了。

奥布赖恩：你认为电视和电影中的暴力会让人们变得暴力吗？

沃霍尔：不会。如果你本身不是暴力的人，电视电影就不会对你有什么影响。

奥布赖恩：你试过留小胡子吗？

沃霍尔：你说什么？没有，我从没试过。

奥布赖恩：你戴假发吗？

沃霍尔：我在书里说我戴。

奥布赖恩：你有几顶假发？

沃霍尔：呃，三顶。上一个女佣偷走了一顶。

奥布赖恩：你本来是什么颜色？

沃霍尔：粉色。

奥布赖恩：你相信有飞碟吗？

沃霍尔：我母亲以前喜欢飞碟。

奥布赖恩：你相信有魔法吗？

沃霍尔：黑魔法。

奥布赖恩：你认为李·哈维·奥斯瓦尔德[1]是一个人行动的吗？

沃霍尔：也许吧。

奥布赖恩：你觉得尼克松受到了不公平的对待吗？

---

[1] 奥斯瓦尔德 1963 年 11 月 22 日刺杀了美国总统肯尼迪。

沃霍尔：肯定啊。

奥布赖恩：你认为教皇是绝不会犯错的吗？

沃霍尔：你怎么敢问我这种问题。

奥布赖恩：你持有股票（stock）吗？

沃霍尔：我如今在囤积（stocking）玩具。

奥布赖恩：你知道如何跳舞吗？

沃霍尔：我动一下都困难。

奥布赖恩：你最喜欢的香水是什么？

沃霍尔：当然是候司顿。

奥布赖恩：你相信美国梦吗？

沃霍尔：我不，但我认为我们可以靠这个赚些钱。

奥布赖恩：有钱人和穷人不一样吗？

沃霍尔：一样又不一样。

奥布赖恩：他们更幸福吗？

沃霍尔：如果他们养了条狗的话。

奥布赖恩：你能带着它出门吗？

沃霍尔：我走哪儿都带着它。

奥布赖恩：你喜欢阅读吗？

沃霍尔：算不上。我基本都是看图。

奥布赖恩：你认为现在还有好作家吗？

沃霍尔：有啊。杰奎琳·苏珊、弗兰克·里奇（Frank Rich）、维克多·雨果（Victor Hugo）。

奥布赖恩：你最喜欢的杂志是什么？

沃霍尔：《蓝色男孩》（Blueboy）、《小穴》（Pussy）、《阁楼》（Penthouse）。我感兴趣的随便什么。

奥布赖恩：你早上起来照镜子吗？

沃霍尔：哎，卫生间里不都有镜子么。我刷牙。

奥布赖恩：你平时淋浴还是泡澡？

沃霍尔：哦，淋浴更省事儿，不过能泡澡更好。

奥布赖恩：如果其他人都死了，你有什么秘密要讲吗？

沃霍尔：如果我死了，我是不会泄密的。

奥布赖恩：你认为世界可以被拯救吗？

沃霍尔：不。

奥布赖恩：你相信亚特兰蒂斯的存在吗？

沃霍尔：相信这个是很性感的。

奥布赖恩：如果你有一档每周播出、时长一小时的电视节目，你会放什么？

沃霍尔：凯特·史密斯（Kate Smith）。《由凯特·史密斯出演的安迪·沃霍尔一小时》。

奥布赖恩：你最喜欢的新闻节目是什么？

沃霍尔：每晚十点，第五频道。我喜欢它是因为它很迅速。新闻是我最喜欢的节目，但广播电视网不是我最喜欢的。我讨厌芭芭拉·沃尔特斯。

奥布赖恩：你觉得看电视对小孩儿有好处吗？

沃霍尔：我昨天碰到了两个小孩儿，他们过去都是八点就上床睡觉了，然后每天早上总是肿眼泡、无精打采而且脾气很坏，他们的母亲完全想不明白这是怎么一回事。几个月之后，那位母亲碰巧凌晨一点的时候去了一趟他们的房间，看到两个孩子正一动不动地坐在电视机前盯着屏幕看呢。我觉得他们一定学到了很多东西，全都来自一块屏幕。太棒了。

奥布赖恩：你觉得应该有审查制度吗？

沃霍尔：当然。

奥布赖恩：他们该怎样划定界线呢？

沃霍尔：应该有更多和性爱相关的内容。

奥布赖恩：你认为应该有死刑吗？

沃霍尔：为了艺术，当然应该。

奥布赖恩：你在达利的左边吗？

沃霍尔：斜对角。

奥布赖恩：你看女人最先看哪儿？

沃霍尔：她的包。

奥布赖恩：男人呢？

沃霍尔：他的包。他戴帽子的方式。

奥布赖恩：你最喜欢的运动是什么？

沃霍尔：有篮子的那个。

奥布赖恩：你看过让你燃起欲火的电影吗？

沃霍尔：《无边春色绿门后》（*Behind the Green Door*）、《将满十六岁》（*Going on Sixteen*）、《我心已许》（*State Fair*）[1]。

奥布赖恩：谁是世界上最性感的女人？

沃霍尔：比安卡·贾格尔、迪万（Divine）、黛安娜·弗里兰（Diana Vreeland）。

奥布赖恩：你觉得谁是世界上最性感的男人？

沃霍尔：亨利·基辛格、杰克·福特、史蒂夫·福特（Steve Ford）、O. J. 辛普森。伍迪·艾伦肯定不是，但不管怎么说，有人对着他的影像自慰。

奥布赖恩：你对自慰怎么看？

---

[1] *State Fair* 有同名影片多部，不知沃霍尔指的是哪一部。这里姑且按照 1962 年的 *State Fair* 一片来译。

沃霍尔：有用。

奥布赖恩：你一直以来都最喜欢的是哪部电影？

沃霍尔：《爱丽丝漫游奇境》（*Alice in Wonderland*）。
比尔·奥斯克的《爱丽丝漫游奇境》。[1]

奥布赖恩：你认为吉米·卡特会让美国再次运转起来
吗？

沃霍尔：哦，希望可以。是的，他会的。

奥布赖恩：如果你是吉米·卡特，你会做什么来重组
美国？

沃霍尔：我不认为现在的方式就那么糟。我不认为他
必须要做很多事。这真的是一个很棒的国家。

---

[1] 指 1976 年的《爱丽丝漫游奇境》。影片由比尔·奥斯克 (Bill Osco) 执导，
克里斯廷·德贝尔（Kristine DeBell）主演，是一部三级片。——原注

与安迪·沃霍尔的访谈：有人说他才是纽约市长

克莱尔·德默斯（Claire Demers）

1977 年夏

《克里斯托弗街》（*Christopher Street*），1977 年 9 月

安迪·沃霍尔每晚都要出门。他曾说过他愿意出席任何开幕式（opening），哪怕是掀开（opening）一个马桶座圈也行。1977 年 9 月的大部分时日里，他都在旅行。尽管如此，他的日记仍然记录下了他前往纽约地标的许多个夜晚。他去了四季、54 号俱乐部、美国民间艺术博物馆、皮埃尔（the Pierre）、华尔道夫、红发男人（The Ginger Man）、P. J. 克拉克（P. J. Clarke's），以及几家同性恋酒吧。在这些个晚上，和他同行的有索菲娅·罗兰、黛安娜·弗里兰、彼得·比尔德、史蒂夫·鲁贝尔（Steve Rubell）、瓦伦蒂诺、埃德加·布朗夫曼、贝利[1]、艾哈迈德·厄

---

[1] 指球王贝利（Pelé）。

特根（Ahmet Ertegun）、霍华德·科塞尔（Howard Cosell）、大卫·惠特尼（David Whitney）、米克·贾格尔、罗恩·伍德（Ron Wood）、基思·理查兹和阿妮塔·帕伦贝格（Anita Pallenberg）。

但情况并非一直如此。当沃霍尔于 1949 年 6 月从他的家乡匹兹堡初来纽约的时候，他和画家菲利普·佩尔斯坦住在一户位于六楼的、狭小、肮脏、不带电梯的公寓里，这栋公寓楼位于东村的圣马可之地。1959 年，在和别人合租公寓多年以后，沃霍尔在商业艺术上取得的成功使他可以买下位于上东区列克星顿大道和第八十九街交汇处的一栋联排别墅。几年之后，沃霍尔又买下了位于东六十六街 57 号的另一栋联排别墅，他在那里一直居住到去世。

到做这次访谈的时候，沃霍尔已经在几个不同的阶梯上都爬到了顶端，由此他也成为了纽约上流社会社交场上的一位常客。当沃霍尔作为画家起步之时，他画名流，希望可以分享一些他们的光环；而现在则是名流们希望自己可以和沃霍尔一起合影拍照。

1977 年 4 月，就在这篇访谈发表前的几个月，54 号俱乐部开业了，它立即成为有钱的、漂亮的、有名的、搞笑的、聪明的和有权势的人的游乐场。

沃霍尔也成了那里的常客。常有论者指出，54号俱乐部在很多方面都可以和沃霍尔在1960年代晚期常去的马克斯的堪萨斯城相比照；它既是一家夜店，同时也是一种生活方式。经常在54号俱乐部现身的沃霍尔在大众媒体上得到了大量的曝光，而这也使得他的名字在1970年代晚期和纽约的夜生活紧密联系在了一起。

这篇访谈原本发表在同性恋文学杂志《克里斯托弗街》上，它聚焦于纽约这座成就了沃霍尔、也在很多方面为沃霍尔所成就的城市。

——本书编者

你认为你对纽约艺术界产生了怎样的影响？

天呐，这我可不知道。我只是每时每刻都在工作而已。你知道，这里有许许多多不同的风格，人们在以不同的方式作画、有不同的类别……太多了，有太多种类了。我不知道我是否影响了艺术界。

对于纽约，你抱有何种感情？

我就是爱纽约。我经常要四处飞，但总是迫不及待地要回到纽约。我觉得它是全世界最好的地方。我宁愿在上城或者中城有一套公寓，这样我度假的地方也就定了——去下城。

和其他城市相比，是什么让纽约独树一帜的？

这个么，当下我们这儿迎接着来自欧洲各国的孩子，他们既有创造力，又聪明，又有钱；我们这儿有各式各样的人，他们全都那么有才华。纽约有那么多的……实际上纽约自己就是一个国家。它和世界上任何其他地方都不一样。

对于往日的纽约，你有怀旧之情吗？

哦，没有。我喜欢每分每秒都有旧事物被拆掉，新事物建立起来。我乐见新建筑的建造。

在过去的二十五年里，谁的变化更大，是你还是
这座城市？

要说这个，我之前还在想——当时我走在第十七
街，穿过街往公园大道去的时候——大约二十年前所
有人都留短发，之后他们渐渐开始留长发，而现在就
好像又回到了二十年前，每个人又开始留短发了，看
起来就好像什么都没有发生过似的。这真的很古怪。
但现在人口可是多多了。人们总是说纽约从不增长，
说人们在离开这里，还有诸如此类的话，但我不这样
认为。我认为实际上人更多了，而且多了很多。当然
情况不像日本那样糟，日本实在是**太拥挤了**。

我还从没去过日本呢。

哦，真的吗？你会讨厌那里的。实在是太挤太挤
了。

如果让你画纽约的话，你会用什么颜色来画它？

我会用红色画它。

你希望在这座城市见到什么改变吗？

哦，不用改变。我喜欢它现在的样子。但是犯罪
率确实太高了。那是唯一需要改的，如果他们可以就
犯罪率做点儿什么的话。

你做过那些游客事项吗，比如爬自由女神像或者搭环线观光游轮？

我没有做过**那些**。不过我很愿意去做。另外我做过一些其他事项，比如去双子塔，我去过那上面，也去过帝国大厦的上面，还去过彩虹厅。

你喜欢在纽约步行穿梭吗？

哦，喜欢，我最喜欢走路了。

你最喜欢的建筑是哪个？

我最喜欢列克星顿大道和第五十四街处的那栋新建筑。我今天早上大概五点的时候才看过它。它边上就是教堂。那儿有一座现代的教堂，然后他们建了一栋高楼大厦来俯瞰它。你见过那栋楼了吗？噢，真的很棒。我忘了设计师是谁了，不过你查一下的话，能查得到。真的很棒。就在列克星顿大道，从小餐馆（The Brasserie）一转弯就是。

你第二喜欢的建筑是哪个？

一座我常去的教堂，在列克星顿大道和第六十六街，我不记得它的名字了。

停电的那天晚上，你都做了什么？[1]

报纸说我在伊莱恩（Elaine's），但我不在。当时我是和艾琳·沃斯一起在林肯中心看戏，契诃夫的《樱桃园》。灯灭了，而他们决定继续演下去。舞台工作人员有蜡烛，他们就点了蜡烛继续演，真的非常棒。我们当天要在看完戏后采访她，而她则要去和一个叫作鲁迪·斯坦迪什（Rudi Standish）的人吃晚餐。我们就走出林肯中心，很快打了一辆车，穿过公园去了他的住处，在一栋大楼的二层。他算是发明了煎蛋卷（omelets）还有一些其他这类东西的人。

所以你度过了个愉快的夜晚？

很轻松、很舒适。

你曾谈到过不要浪费，要对事物进行再利用。在这方面，你有什么要给纽约的建议吗？

我觉得应该给有旧报纸的人钱，我的意思是说，如果有人把旧报纸都整理好、捆扎好，还有易拉罐、饮料瓶什么的……应该有一家百货商店，你可以去店里把东西买回去。我认为这会是一家非常棒的新店，而且还能给很多人提供工作机会。

你觉得纽约最需要什么？

---

[1] 指纽约市 1977 年 7 月 13 日晚的停电。——原注

一位女性市长。贝拉·阿布朱格,她就很不错。

纽约教给了你什么,你又教给了纽约什么?

哦,纽约让我懂得它是一座激动人心的城市。我没有教给纽约任何东西。

你的连锁餐馆"安迪快餐厅"进展得怎么样了?

你说安迪快餐厅吗?哦,预计将于11月份开业。我们仍然希望事情可以顺利地进展。

你觉得你的电影对于同性恋运动有什么影响吗?

这个,我真的不知道,因为我们从来没有……我从来没有真的执导电影。他们攒好剧本,然后我们就……我们做的比较像是在拍纪录片,不过是以搞笑的方式拍。他们都是些在镜头前会很来劲儿的人,所以不管他们想要在电影里展示什么,他们通常都真的会展示出来。

你和霍利·伍德劳恩(Holly Woodlawn)还有联系吗?

我们跟霍利经常见。我觉得这是一件难事……就是如果你是一个男孩儿而你试图做一个女孩儿的话,这基本上是双倍的工作。我是说我认为要像他们那样是很困难的，因为他们得要做两件事。首先他们得做一个男孩儿，然后做一个女孩儿，然后同时做一个男孩儿和女孩儿，而这是特别、特别难的一件事。我一直试图跟他们说，他们应该只在表演的时候做一个女孩儿，因为这样的话，他们在平时就可以只是……你懂的，就只是他们自己——不管他们那个"自己"是什么，然后"做女孩儿"就可以变成工作，这样就不会那么困难了。有太多漂亮女孩儿了，如果你本身不是女孩儿却又必须要和女孩儿竞争的话，那实在太难了。

这让我想要问下一个问题……

但霍利是最好的喜剧演员，我觉得，有史以来最好的。她仍然在做事，我注意到她仍然在城里有演出。

象征主义者和超现实主义者对于作异装打扮都有一种迷恋。你认为从一个性别变为另一个性别的能力是一种艺术形式吗？它可以算是额外增加了一重维度或者甚至是一种智识上的成就吗？

我认为你说的这些都算。我真的这样认为。就像我说的，我认为这件事如果要做而且还要做得很好的话，是很困难的。……有些人很幸运，可以同时得到一个男孩儿和一个女孩儿。我的意思是，这是人们应该结婚的理由，因为他们可以有男孩儿和女孩儿。

最近你画了玛莎[1]，你是怎么认识她的？

我以前会去镀金葡萄（Gilded Grape）酒吧[2]，那儿的异性装扮者真的让人眼前一亮，所以我就决定要画下他们。

在你的《哲学》一书里，你说致力于扮作女人的男人最辛苦。那么致力于扮作男人的女人呢？

哦，也一样，也很困难，不过显不出来……她们通常都是特别聪明的孩子，通常要比其他人更有脑子。

你认为女性原则在主导艺术界吗，或者是在主导商业界、艺术商业界？

哦，主要还是在主导艺术界。我不是有参与电影工作嘛，所以我知道这里面的情况，女孩儿在电影界可以有很多机会、很大发展。即使是在艺术界，现在也有多得多的女孩儿在做事，而且她们做事呢……如果你不看她们的名字，你会以为是个男孩儿在做。我是说，她们做得非常棒——不过随即我就想到，女人本来就是最棒的。你知道，她们做了我最喜欢的那些东西，比如印第安毛毯——那些漂亮的毛毯全都是她

---

[1] 指沃霍尔 1975 年创作的描绘异装皇后的系列画作《女士们，先生们》中的玛莎。——原注

[2] 这间位于第八大道和第四十五街处的酒吧，大多数客人都是非裔和西班牙裔的异性装扮者。《女士们，先生们》系列中的大多数模特都是从这间酒吧找的。——原注

们织的——还有很多工艺品，所有那些被面，那些美国拼布被面。它们太漂亮了。我是说，它们完全是艺术品。我觉得女人做很多观念艺术。现在在画廊，你能看到很多。你知道林达·本利斯[1]吗？你听说过她的作品吗？她的作品，噢，你完全想不到。这样的人还有很多。看作品像是个男人做的，就那种。

你愿意以两倍速快进来度过你的人生吗，还是以两倍速慢进？

以两倍速快进。赶快过完。

你的一生见证了许多巨大的变化。比如，艺术和时尚的融合，艺术和商业的融合。你认为艺术正在往什么方向去？

哦，我认为它会变成时尚艺术，这是它的方向。

在你的谈话节目《没什么特别》（"Nothing Special"）上，你会有什么和一般节目不同的做法？你会利用你所说的"由误解带来的变异"吗？你会在你的电视节目里对于剩余物进行再利用吗？[2]

哦，不会，我认为人们什么都看。所以我觉得如

---

[1] 林达·本利斯（Lynda Benglis, 1941— ），艺术家。——原注

[2] 这两个问题都是基于沃霍尔在他的《安迪·沃霍尔的哲学》一书中谈到的想法而提出的。

果你就拿着摄影机对着随便什么拍，拍到的当然也就是没什么特别的了，而这样的东西人们是会看的——就像他们坐着望向窗外或者坐在门廊里一样。你可以就那么看着人们来来往往。我的意思是，你可以一连几个小时就坐在那儿看着人来人往。

你很懂得在默默无闻的人身上发现他们的才华。你通常都会在他们身上寻找什么？

随便什么人都在做着各式各样的事情、有趣的事情，然后还很有想象力，所以我就觉得要是换一个方向，是不是也行得通？就是说，如果你完全没有想象力，那也非常好；就是找到一个完全的反面。

成功所可能带来的各种问题似乎从未影响过你。你是怎么保持头脑清醒的？你是如何保持毫发无伤的？

我就持续工作……另外就是搭很多飞机。我在飞机上会读很多东西。你有机会搭飞机、在上面读些东西吗？

如果飞机上没有太多人的话。

哦，现在是夏天了，飞机上总是很多人，不是吗？差别真的很明显。

你是一个无穷无尽的矛盾体。在你身上，有着人间的和神秘的，消极的和积极的，有性欲的和反性欲的，男性特质的和女性特质的。尽管如此，最常听闻的是对于你的称赞，说你对人抱有爱和宽容。你觉得你自己对于环绕在你身边的人有任何负面影响吗？

哦，没有。我不真的认为有负面的事情存在。这算是我的一个坚持吧。我认为孩子们都很出色。我喜欢每个人。

你有什么要说的吗，有什么想要表达的特别的观点吗？

我没有什么特别的观点要讲。我希望我有。如果我有的话，那就太好了。不过话说回来，我觉得娱乐是最好的表达。所以我们力图做到搞笑。

你认为讲话比写作更重要吗？

我希望两者我都可以做到，但我不行。我认为写作真的是一件很棒的事，而实际上讲话也非常好。我们刚采访过帕特·韦恩（Pat Wayne）——你知道吧，约翰·韦恩的儿子——哦，天呐，他长得实在太好看了，而且也太能说了。他有特别精彩的故事。

你认为书面表达的命运会是怎样的？

我认为它会继续下去的。人们总是说，文字表达会消失，但就在他们这样说的时候，它越发壮大起来。

杂志越出越多，书也越写越多。我总是惊叹于有如此多的书被出版出来而又只有很少的书能获得成功。但不管怎么说，有成千上万的书正在被书写。

你有最为钟爱的诗人吗？

约翰·阿什贝利，还有杰勒德·马兰加。你知道他吗？

我知道，他是你的朋友。是什么让你不喜欢时间的呢？为什么你想要让它快些走？要知道大多数人都惧怕时间的飞速流逝。

就是赶快弄完。

你认为"现实"或多或少是头脑中的观念而非客观存在的吗？

我想它是在头脑之中的，所以实际上对每个人来说都有一个不一样的"现实"。你知道，每个人都有他自己的想法，而每个人的想法都是对的。当一个人是有罪的，他也可以是无罪的。我才在报上读到，陪审团裁决一个人有罪，但是法官却可以将这一裁决推翻。我此前都不知道还可以这样做。他说他没有罪，于是那个人就被释放了。

你提到过一部叫作《胡须》（*The Beard*）的戏剧。我想了解一下为何那部戏会让你希望你所有的电影都可以像它一样美。

哦，那是一部有两个角色的戏，我认为写那部戏的人写的是诗，所以它结合了艺术和诗歌……把一切融为一体，而且制作也很棒。那部戏是关于珍·哈露和一个著名的牛仔的——相当于他那个年代的詹姆斯·迪恩。我想我看过这部戏的三个版本了。你有看过吗？本来还有人要把它拍成电影，不过我想他们最终没有拍。

为什么你不拍呢？

我想我是应该拍。哦，也许他们拍了电影了，我记不清了。

在与好莱坞的竞争中，你们牺牲了自己的美学风格，不知你对此怎么想？这是否也是你打算重新制作小成本电影的原因？

我们实在没法跟投资五千万美元的那种大制作竞争，所以我们必须在其他方向上进行探索。如果你可以用较低的成本做出点儿不同寻常的东西来，那还算你做出了点儿东西来，做了与众不同的事。我们就是力图做得不一样，因为你没法和那种规模的大制作竞争。

你曾提到如果你有机会拍一部大制作的电影，一部投资两三百万美元的电影，可以不需要有人去看。

哦，这个想法是不是很棒！如果你可以只管拍，而不需要管人们看不看，不需要为人们如果不去看你就赔钱了这种事情操心。而且你也并没有真的赔钱，因为你给很多人付了薪水。人们不是经常谈论那种会花很多钱的活动么，而实际上另有许多人是从中赚钱的。

八〇年代

☞ THE EIGHTY

1980 年 2 月与安迪和比尔 [1] 共进晚餐

维克多·博克里斯

《蓝色男孩》, 1980 年 10 月

沃霍尔的传记作者维克多·博克里斯于 1973 年开始以自由职业的方式为《访谈》杂志工作；到了 1978 年，他成为了杂志的特约编辑。在这一时期，博克里斯还在忙着写一本关于作家威廉·S. 巴勒斯的书。受沃霍尔和鲍勃·科拉切洛的启发，他想要将巴勒斯和其他知名文化人的会面录制下来，让磁带运转，看看能得到什么。这些面谈和他有关巴勒斯的书写被汇成了一本书——《和威廉·巴勒斯一起：来自地堡的报告》(*With William Burroughs: A Report from the Bunker*)。

尽管沃霍尔和巴勒斯都是当时的传奇而且两人

---

[1] 比尔 (Bill) 是威廉 (William) 的省称，这里指作家威廉·S. 巴勒斯 (William S. Burroughs)。

早在 1960 年代就正式认识了，但两人的联系从未超出泛泛之交的程度。1980 年 1 月，博克里斯带巴勒斯去"工厂"和沃霍尔会面。会面进展顺利，沃霍尔建议由他为巴勒斯拍摄一些宝丽来照片，以备制作肖像之需。照片是在一周后拍摄的，沃霍尔又提议他们一起去他最喜爱的餐厅之一欧文之地 65 号共进晚餐。时尚顾问安德烈·利昂·塔利（Andre Leon Tally）也受邀一同前往。

那天晚上每个人先是喝了两杯马天尼，之后的晚餐大家又喝掉了几瓶葡萄酒。"我们落座，点了喝的，然后对话就像山火一样蔓延开了，"博克里斯回忆道，"是很轻松的鸡尾酒会式的谈话，不过谈话一直在延展，偶尔在更具深意的片段上停下来。"晚餐持续了一个半小时，博克里斯充当了司仪。"当时我就觉得这是一个仅此一次的机会，我没法让他们再聚在一起了。我希望把一切都录到磁带上，记录下他们令人震惊的表现。如果话题开始发飘，如果他们开始讲些无聊的事情，我会把他们拉回到轨道上。"

晚餐很成功。第二天，巴勒斯说他对于头天晚上沃霍尔的开放深感意外，又说他很享受这次会面。对于这次会面，沃霍尔也给予了类似的评价。然而，这篇谈话稿的发表起初遭遇了不小的困难。在经历了几次拒绝后，博克里斯想到不如投给《蓝色男孩》这家当时最为成功的硬核男同性恋杂志，毕竟这场谈话的两位参与人在同性恋解放运动中都是大人物。起初，杂志编辑部对于这场谈话的真实性表示了怀疑。在他们的要求下，博克里斯翻录了一盘磁带寄给杂志社，以证谈话的真实性；不过在寄去的带子里，他将所有未出现在文稿中的谈话内容都剪掉了。杂志方面决定把这篇稿子用在他们1980年10月出刊的十五周年纪念号上。

沃霍尔被誊录的文稿逗乐了，不过他坚持让博克里斯"把里面关于屎和尿的一些内容拿掉"。最后刊出的成稿，文字周围是巨大的、勃起的阴茎照片，无论是为沃霍尔还是为巴勒斯操办事务的人对此都很生气，他们怕这会有损二人的公众形象。然而巴勒斯和沃霍尔都曾在私下里和博克里斯说过，他们觉得成稿的效果很不错。

尽管巴勒斯的肖像最后并没有画，博克里斯在那一年又为两人安排了两次晚餐：一次是3月份时在巴勒斯家，来吃饭的除了有沃霍尔还有米克·贾格尔；另一次是在10月，以BBC为切尔西酒店拍摄纪录片为契机。"对我来说，做这件事是很愉快的，"博克里斯回忆道，"而且也很恰当：由我这位年纪较轻的人牵线，将两位年长于我的卓越人士拉到一起，并录下他们对彼此的欣赏。"

——本书编者

威廉·巴勒斯和安迪·沃霍尔有几个共同点。他们全都有改变了人们的观看方式和生活方式的重要作品，同时他们自身就是其艺术所宣扬的激进生活方式的典型代表。他们全都是一场文化革命中的重要人物，而且全都在这一革命变得不宜于他们之前就先从其间脱身而出了；其后，他们又各自创作出了让一众人等感到惊奇的作品。此外，他们还全都保持了他们的幽默感。

　　能够看到他们坐在同一张餐桌旁是一件乐事，因为尽管他们曾在公开的场合数次会面，他们却一直没能有机会不受干扰地深入交谈——而我知道，他们是会享受这样的谈话的。安德烈·利昂·塔利——曾在《女装日报》任职时尚编辑，现今专注于对纽约生活的社会观察——也作为安迪的客人，受邀出席了他在欧文之地65号举办的晚餐派对。

安迪：我还是不明白为什么男孩儿不能怀孕。我是说，如果有个怪人……

维克多：说起这个，艾伦[·金斯伯格]和彼得[·奥尔洛夫斯基]（Peter Orlovsky）正打算一起生个孩子。

安迪：肯定有办法的！你知道我们身边一直都有怪胎的……我的意思是，一定会有一个怪胎怀上孩子的。有那么多不同的怪胎，你知道，就是那些天才。人们管怪胎叫天才，真的，因为他们有半个脑子不知去了哪里，所以他们就能发现原子弹之类的东西。人群之中总有怪胎。

比尔：有个说法是说默罕默德就是从一个男人那里重生的。

安迪：你说的是哪个默罕默德？

比尔：先知默罕默德！

安迪：哦，我们认识很多侍应生都叫默罕默德。

比尔：不过为什么要费这个事，现在不是有克隆了嘛。

安迪：也对。克隆更好。但也许男人可以只用一天就能怀胎生产，谁知道呢。你们是多大的时候有的第一次性爱？十三四岁？

比尔：十六。那会儿我还在洛斯阿拉莫斯（Los Alamos）[1]的一家寄宿制乡村学校上学；也就是在那儿，他们后来搞出了原子弹。

安迪：所以你是十六岁有的初次性爱。是和谁？

比尔：邻铺的男孩儿。

---

[1] 在美国的新墨西哥州。

安迪：他都做了什么？

比尔：也没做太多。就是互相帮对方自慰。不过战争期间，这家位于圣达菲（Santa Fe）以北 37 英里的平顶山 [1] 上的学校被军方接管，也就是在那儿，他们搞出了原子弹。之所以会如此，是因为奥本海默 [2] 为了健康的缘故去过那儿休养，当时他住在附近一家度假农场里，看到了那个地方。他说，"哎呦，这可是个理想之地。"所以那儿真的是一个在某种意义上很严格、很适合我去的地方。

安迪：那次性爱像是一场爆炸吗？

比尔：不，不像。

安迪：那是相当无聊？当时觉得有意思吗？

比尔：这我可不记得了，太久以前的事了。

安迪：别啊。

比尔：真不记得了！

---

[1] mesa，指顶部平坦、四围陡峭的大山；mesa 这个词多用于指称美国西南部有此形态的山。

[2] 指美国理论物理学家罗伯特·奥本海默（Robert Oppenheimer）。

安迪：当时觉得有意思吗？

比尔：要说这个嘛，嗯……

安迪：一般般？我想我是二十五岁才有的第一次性爱体验。

维克多：然后呢？

安迪：我二十六岁以后就没再做了。不过我第一次知道性是在匹兹堡的北区（Northside），在楼梯下面，他们让一个倒霉孩子给另一个男孩儿吹喇叭。我一直都没明白当时是怎么回事儿。我那时就只是坐在那儿看着，那会儿我才五岁。你说他们是怎么让一个小孩儿做这种事的？

比尔：哦，我不知道，恐怕要好说歹说上一阵子吧。

安德烈：你们觉得性应该收钱吗？

比尔：这种事情要看具体情况，没法儿一概而论。收钱的话，该谁付给谁钱呢？

安迪：我认为站街的姑娘应该付钱给找上她来的男人，因为她性感，对吧？那个男的一点儿也不性感，但是她性感，对吧？她是妓女，但是她性感，她应该付钱给想要上她的人。她应该日子过得很不错，所以应该付钱给上她的人，你们说呢？我认为事情应该是这样的。她应该从政府那儿拿一大笔钱，然后给上她的男人。

维克多：妓女应该受政府资助？

安迪：是的。她们应该受政府雇佣。她们是城市的一部分，因此应该由城市财政来负担，而不是被抓去坐牢。

维克多：你们是否曾经体会过，花钱买性这一过程增强了快感？

比尔：没有。

安迪：增强了什么的快感？

比尔：唯一可能增强快感的方式是你做到一半儿的时候给钱，这样……

安迪：你们知道么，我一直都搞不懂的一件事是有些白人怎么会有特别棒的深色鸡巴呢？

维克多：你是说鸡巴比其他地方的肤色深？

安迪：哦，有时真的特别深。

维克多：说到鸡巴，比尔说过，阿拉伯男孩儿有楔形的鸡巴。

安迪：楔形！怎么个"楔形"法？

比尔：哦，是这样的，有些人是宽楔形的，不过也不是说就真有一个统一的模式。而且老弟，这事儿说到底也没有那么大的差别。不过是有些人的那话儿有一点，呃，在形状上宽一些。

安德烈：哪儿宽？前面、头头？

安迪：要是那样的话，进去的时候可就不容易了，对不对？来，画给我们看看。

比尔：老弟，这我可没法儿画，而且这种事儿也没有一个特别明晰的定义。维克多误导了你，让你觉得好像有什么非常特别之处似的。实际上，和民族没有关系。很多人的都是那样。

安迪：比尔有个大鸡巴。

安德烈：你怎么知道？

安迪：反正我知道。说没说对吧？

比尔：一般、一般。

维克多：一般。

安德烈：一般一般。

维克多：你是不是也有一个一般的……

安迪：是啊。

比尔：每个人都是一般大小的鸡巴。

安迪：安德烈有非常大的鸡巴。

安德烈：安迪你这么肯定我有个大鸡巴嘛！实际并非如此。

安迪：别不认啊。

比尔：他刚说了自己的是"一般一般"。

安德烈：有个一般大小的不挺好嘛。

安迪：我只跟一种孩子相爱，就是那什么射精的那种。

安德烈：你是想说过早射精（premature ejaculation）吗 [1]？

安迪：对。那是我最喜欢的招数。你是吗？

---

[1] premature ejaculation 通常译为"早泄"，这里综合考虑了上下文的表述，直译为"过早射精"。

比尔：什么？

安迪：你是会早早地就射了的人吗？

比尔：嗯……要不了多久，要不了多久！

安迪：真的吗？

维克多：我想性应该是立马搞定的事儿。

比尔：我也这么想，不过你也知道，女人有不一样的节律。

安迪：比尔不是早早就会射精的人！

比尔：哦，我是，真的。

安迪：真的是真的吗？你是说，要不了几秒的那种？

比尔：不是不是，二十秒吧，二十秒……

安迪：什么意思，就只抚弄一下就射吗？

比尔：哦，不不不，不能光是抚弄。

维克多：抚弄，然后再……

安迪：哦，不不不，我……

维克多：不是啊，因为一旦进去……

安迪：不不不，**没有**进去这回事儿。我是说，咱们谈的可是"过早"！

维克多：还没进去就……？

安迪：对，就刚那什么就……

维克多：不过说起来，你不觉得想要来一场性爱变得更难了吗？

安迪：是啊，非常非常难。

比尔：比什么时候更难？

维克多：比十年前你还是个年轻又狂热的小子四处蹦跶的时候。你不觉得现在更难了吗？

比尔：哦，我就是想问比什么时候更难了。

维克多：比十年前你还是个年轻又狂热的小子四处蹦跶的时候更难了，你不觉得吗？

比尔：我想大家确实都假定当你年纪更大的时候，想要获取性爱就会变得更困难。大家似乎都这么说。

维克多：难道不是吗？我明白了，对你来说，实际上并非如此……对比尔来说，现在性爱来得更容易了。

安迪：哦，是吗？

维克多：他现在有比任何时候都更多的性爱。

安迪：是啊，因为他长得好而且还可爱。

维克多：是的，他长得好看。

安迪：他长得好看，还可爱。

维克多：而且两者都是"非常"的程度。

安迪：他迷人而且……

维克多：……他四处旅行而且……

安迪：是啊，他很棒。你才是应该为此担忧的人！你喜欢屎和尿，没错吧！

维克多：我喜欢屎和尿？

安迪：喜欢屎和尿的气味。[转头向比尔说]他是英国人。

比尔：哦，我都不记得了。这就好解释了，这就好解释了……

安迪：还有皮革。皮革、屎和尿。我的意思是，这些词也就等同于……

比尔：**绝对的**。

安迪：在G.B.，你懂的，**大不列颠**（*Great Britain*）。屎、尿和皮革。

维克多：很古怪，我必须承认英国人在性事上非常的古怪……

安迪：他们确实非常古怪，但他们还很老道，这就是为什么他们……

比尔：喜欢被人拿尺子和梳子抽打。

维克多：还有让人尿在他们脸上以及射在他们脸上。

安迪：不会吧！真的吗？天呐……

比尔：绝对的，真是这样……

维克多：但我认为英国人……

安迪：最性感的人是不是……美好的性爱。

维克多：你曾在英格兰有过美好的性爱吗？

安迪：哦，有啊，有过最好的。

比尔：有——啊——

维克多：是么，比尔，你在那儿也有过美好的性爱？安迪，你说你在英格兰有过最棒的性爱？

安迪：不是，最棒的是那个家伙咬掉了那个家伙的鼻子。那是最棒的性爱。

比尔：我听说过这事儿。

安迪：那难道不是最棒的性爱吗，比尔？

比尔：啊，是的，我想是的。

安迪：最棒。

安德烈：我认识已经三十七的人还在做潮湿的梦[1]。这意味着他有强烈的性欲吗？

---

[1] 此处英文原文为 wet dreams，字典释义为"梦遗"，但只看字面，意思是潮湿的梦；说一个人做了"潮湿的梦"指他做了和性爱有关的梦并且达到高潮。看沃霍尔和维克多接下来讲的话，两人都并未直接将"做潮湿的梦"等同于"梦遗"，所以此处按字面来翻译。

安迪：我不做任何有关性爱的梦。

维克多：你说的"潮湿的梦"是指你会在梦里射精把内裤弄得全湿、第二天早上会尴尬的那种吗？

安迪：你在开玩笑吗？别傻了。

比尔：这种现象一般被认为和青春期相关，但实际上可以在任何年龄出现。

维克多：安迪，比尔是个出色的演员，是个天造之才，如果你下一部电影不用他的话，那可说不过去了。他可以成为大明星的。看看他的脸，他真是天生的……

比尔：真的，我可以演医生、中情局探员，还有很多角色。

维克多：你懂吧，对于一个作家来说，他写啊写的，他想要表演。

比尔：我演战犯可以演得非常好。

安德烈：战犯？

安迪：我觉得你应该演服装设计师。

比尔：演纳粹战犯的话，我可以演得非常好。

维克多：演什么？

安迪：我觉得你应该演服装设计师。你必须改变你的职业，当一个服装设计师。

比尔：这个嘛……嗯——跟我差得有点儿远。

安迪：这个嘛，实际上，你是我认识的人里最会穿衣服的人。

比尔：真的吗？

安迪：难道他不是吗？自从我认识他起，他就总是打领带。

维克多：不过说真的，我认为比尔的职业前途确实是在演戏上面，因为他已经写了那么多了，现在他需要一个改变。你知道他直到三十五岁才开始写作吗？

安迪：那你之前是在做什么？

比尔：就是四处闲晃，非常边缘。

安迪：就四处晃荡吗？有做那种办公室的工作吗？

安德烈：你那会儿在杀蟑螂！他那时在芝加哥杀蟑螂！他是职业杀虫员！

安迪：不会吧！你自己的公司吗？

比尔：不是、不是。

安德烈：他杀蟑螂。

比尔：那是我做过的最好的工作。做起来很简单，我喜欢那份工作。直到今天，我都还记得有关蟑螂的一切。

安德烈：可以请你给我讲讲蟑螂的性生活吗？

比尔：那我可不知道，不过我确实知道如何摆脱蟑螂。我知道它们住在哪儿。

安德烈：它们住在公寓的哪儿？

比尔：这个么，我必须要四处查看、具体分析。它们当然会在水池里。如果家里铺了油毡的话，它们也会待在那下面。它们还会钻进厨房的柜橱里。

安德烈：所以要怎么才能不让它们进壁橱祸害你那些宝贝瓷器和银器什么的呢？

安迪：其实呢，它们和上佳的瓷器待在一起倒也没什么。上佳的食物才是你不希望它们待的地方。

比尔：把东西都取出来、喷上药。

安迪：不，喷上药，然后带着药再放上点儿人吃的东西。这才是你应该做的！

比尔：你探察出它们的所在，然后就在那些地方喷上药，很快你就不会再见到它们了。

安德烈：但如果你没有经验的话……

安迪：一个四处睡的人！四处睡人家的人？[1]

安德烈：怎么才能在厨房柜橱的阴暗角落里找到它们呢？

比尔：这个嘛，对于它们的所在，你必须要有第六感 [说到这儿，他搓起双手来]。

安德烈：你对此有第六感？

比尔：对，是的，因为老弟，我可是足足干了九个月。

安迪：不过我以前回家时，要是看到一只小蟑螂在，就会很乐意和它聊聊。我就是……能有人在那儿欢迎你回家，是很好的一件事，不是吗？而且之后它们就会自顾自地跑掉。我对蟑螂可是踩不下脚。

---

[1] 上文安德烈说"没有经验"用的词是 lay，lay 作动词有"和……性交"之意，安迪·沃霍尔在此处故意曲解其意以为戏。

比尔：哦，天呐，这样可不行啊！要是我就会拿一罐杀虫剂来。……有时我家会有水蟑。有种东西叫TAT，它的喷嘴是一根细长的管子，可以用来精细作业。如果看到有水蟑，你就对着它……

维克多：敢在比尔跟前露面的蟑螂死定了。比尔可是很快的。在一场谈话正在进行的时候，他就可以一跃而起、穿过房间、途中抓起一瓶TAT，然后"嘶嘶嘶"那么一喷。不过你那儿是不是有臭虫，那可是个麻烦事儿。

安迪：哦，没错，臭虫是最糟糕的。你得上气雾弹[1]了……

比尔：我用了，我用了。

安迪：你启动气雾弹，然后跑出房间。

比尔：我搞了个气雾弹，放到床垫下面，放在弹簧所在的位置下面。那儿是臭虫的聚集地，我把它们都清干净了。

安迪：天呐，我也遇到过臭虫问题。我……就去年……

---

[1] 原文 bomb，指一种杀虫装置，打开以后会向整个房间释放气雾杀虫剂。使用这类气雾剂时，需要密闭门窗，人和宠物都需要撤离。

安德烈：安迪，行了！

安迪：[对比尔说]你上一部小说是讲什么的？

维克多：《红夜之城》（*Cities of the Red Night*）。是关于大脑移植的。这是本非常非常有趣的书，非常非常迷人。

比尔：非常复杂和难读。

维克多：是一个侦探故事，不过却是惊人地繁复，不过这个故事……故事在南美结束，有些非常有钱的人正在探索大脑移植的可能。

安迪：你的意思是，他们将自己的大脑移植到更为年轻的人身上？

维克多：哦，实际的情况是，你可以把一个更为年轻的人的"我"移到另一个人身上，我说的对吧？

比尔：对，不过你需要知道那个"我"是在什么部位，就像你做肝脏移植一样。斯达吉尔博士（Dr. Stargill）正在研究大脑移植的问题。

安迪：不过有很多人都不想做移植。

比尔：确实如此。不过这本来也不是强制性的。

安迪：哦，这个问题很有趣。你会想要做吗，维克多？

维克多：你说做移植？

比尔：移到哪里去？

维克多：你想要什么呢？

安迪：我不想要做移植。

维克多：当你死的时候，你想要做什么？

安迪：哦，呃……什么也不做。

维克多：70年代性爱发生的哪些重大变化可以让我们据以推测80年代的性爱会是什么样子？

安迪：你在谈论的是娱乐性爱。娱乐性爱是与此前不同的变化。

安德烈：什么是娱乐性爱？

安迪：娱乐性爱就是你去那些SM酒吧看的那些SM表演。

比尔：那种东西只娱乐**一部分**人。

安迪：对，是的，不过这部分人的人数相当多。而且你知道，在那种地方，性爱会让你花上一整个晚上，就像是其他娱乐项目一样，就像是去百老汇看演出。娱乐性爱，80 年代将是这样的时代。

现代神话：安迪·沃霍尔

巴里·布林德曼（Barry Blinderman）
1981 年 8 月 11 日
《艺术》（*Arts*），1981 年 10 月

"采访安迪是我职业生涯的几个高光时刻之一；超过这次采访的成就，在我整个职业生涯里也不多。"巴里·布林德曼回忆道。他在做这次访谈时是一位自由撰稿人。他是 1980 年初来的纽约，为自己找了个给《艺术》杂志撰稿的工作。

布林德曼决定就沃霍尔在纽约犹太博物馆的"20 世纪犹太人的十幅肖像"展（Ten Portraits of Jews of the Twentieth Century）写一篇文章[1]。这次展览展出了包括弗朗茨·卡夫卡、格特鲁德·斯泰因和马克思兄弟（Marx Brothers）在内的一组印制作品。这一系列由艺术品商人罗纳德·费尔德曼（Ronald

---

[1] 这一展览的展期是 1980 年 9 月 17 日至 1981 年 1 月 4 日。——原注

Feldman）出版。第二年，费尔德曼出版了沃霍尔的另一系列——《神话》（Myths）。该系列由十幅丝网印刷的印制作品构成，图像则出自美国流行文化。

费尔德曼对布林德曼关于"十幅肖像"的评论文章很欣赏，他将布林德曼介绍给沃霍尔。于是一场访谈被安排在联合广场的"工厂"进行，时间是在1981年8月的一个酷热、晴朗的星期二。布林德曼觉得和沃霍尔聊天很舒服。"他让我觉得很自在。他一副休闲打扮：领口带有纽扣的白衬衫、牛仔裤和一顶寻常样式的假发，"布林德曼说，"从一开始我就看得出来他很乐于回答我的提问——我的问题都是围绕着艺术展开的，没有八卦，也不谈时尚。"

布林德曼对这篇访谈稿做了不少编辑工作。"安迪会在很多句子的结尾说'又或者诸如此类的东西'、'哦，是吗'又或者'哦，天呐'，这些我都在成稿中删去了。"布林德曼还更改了谈话的顺序，把内容按照主题归类、集中起来。

在将本篇访谈收入《艺术对话：80年代早期》（Art Talk: The Early 80s, New York: Da Capo, 1990）一书时，珍妮·西格尔（Jeanne Siegel）在她的导语中这样写道："沃霍尔早已承认他在艺术上的努力，其成果是有销路的、以利润为导向的商品。但到了他接受这次采访时，他已经结束了他的'艺术'时期而进入了他称之为'生意艺术'的时期。这篇访谈就体现了他的这一新的、同时也是最后的阶段。"

（Siegel, 16）

——本书编者

神话 /'mith / 名词 [希腊文 mythos]

1. 一则传统故事，讲述看起来像是历史的事件，实际上呈现了特定人群的世界观的一部分，或者解释了某一行为、信仰或自然现象。

2. 寓言。

3a. 仅在想象中存在或者其存在无法证实的一个人或一样事物。

——《新版韦氏大学词典》

从古至今，艺术家一直都从事着将神话以视觉形式进行再现的工作。异教的传奇故事，通过一代又一代人的新的诠释存续了下来，正如我们在托马斯·哈特·本顿将珀耳塞福涅描绘成一个美国农家女孩儿这一事例中所见到的那样。但是当安迪·沃霍尔决定做一个由十幅丝网印刷构成的《神话》系列时，我们面对的是一个完全不同的万神殿。在当下这个时代，广告、电影和电视为我们提供了无数英雄和反派，就像在前媒体时代，荷马史诗和《圣经》所做的那样；而作为一个代表我们时代的艺术家，沃霍尔选择将古典秩序加以革新。构成了他的神话的是：德古拉、胡迪·都迪（Howdy Doody）、黑人保姆（Mammy）、米老鼠、圣诞老人、超人、魅影奇侠、明星、女巫，还有山姆大叔。

在某种意义上，沃霍尔本人就是一个神话。一方面，他已然成了艺术界中功成名就的象征，然而同时他又仍然是一个难以描述的人物。围绕着他的公众形象而生的神秘化，使得一些人无法就其艺术本来的样子来观看它——那些强而有力的、一以贯之的图像，在捕捉时代精神上从未失手。难怪魅影奇侠这幅作品是一幅自画像。艺术家的脸以红色的丝网印刷呈现，而由这张脸投射出的扭曲的阴影则环绕着钻石粉末带来的光晕。我们看到人和神话、艺术家和星尘被并排描绘出来。

巴里·布林德曼：《神话》系列是怎么诞生的？

安迪·沃霍尔：罗恩·费尔德曼[1]，这一系列印制作品的出版人，有很多很棒的想法。他和我过了遍人名单。实际上，我本来想要做一整个迪士尼系列的，唐老鸭啊，还有其他角色，不过我最后就只用了米老鼠。

布林德曼：你看了惠特尼的迪士尼展了吗？

沃霍尔：看了。看到其他人做了这么多工作是有趣的。我很喜欢那个展，以至于还跑去看了《狐狸和猎狗》（*The Fox and the Hound*）。那部片子看起来就好像是五十年前制作的，因为背景太像绘画了。不过惠特尼的那个展如果规模再大一些就好了，我希望看到更多。

---

[1] 即罗纳德·费尔德曼（Ronald Feldman），罗恩（Ron）是罗纳德（Ronald）的省称。

布林德曼：这个系列可说是让你的作品完成了一个轮回。你 1960 年画过超人，而利希滕斯坦和奥登伯格则在那之后不久画了米老鼠。现在二十年多年过去了，而你又在画这些人物了。

沃霍尔：我知道，我简直不能相信我真的这么做了。不过这次事情更复杂。我们必须得获取版权，还要搞定诸如此类的很多事情。

布林德曼：既然波普艺术已经是发生过的历史了，那么在这样的情况下再画超人和米老鼠这些人物，它们和你当初画超人时相比，是否有了不同的意味呢？

沃霍尔：没有，这不过意味着我那会儿喜欢它们而我现在仍然喜欢它们。

布林德曼：《神话》真的从很多不同的角度捕捉到了美国精神。

沃霍尔：我唯一不理解的是《魅影奇侠》，而那是我，所以……

布林德曼：那幅《女巫》的图像十分不同寻常。那是玛格丽特·汉密尔顿（Margaret Hamilton）吗？就是在《绿野仙踪》（*The Wizard of Oz*）里演邪恶女巫的那个女演员。

沃霍尔：是她，她真的很棒。她就住在这个社区。她现在的样貌和举止同她那会儿一个样。

布林德曼：在这个国家，恐怕没有人没看过《绿野仙踪》。它很可能和米老鼠一样地美国。

沃霍尔：我好奇看那部电影的孩子会觉得那是部新片还是老片。有些孩子知道老电影，而有些甚至对于那会儿的明星都没听说过。

布林德曼：那幅《女巫》让我印象最深的是它的用色。那幅画形状和色彩的互动让我想到埃尔斯沃思·凯利（Ellsworth Kelly）的创作。我一直都想知道你是否从凯利和诺兰——这两位与你同时代、但创作抽象艺术的画家——的角度思考过你的绘画。

沃霍尔：我一直都喜欢埃尔斯沃思的作品，这也是为什么我总是画空无一物的画布。我爱空无一物的画布，而且我真希望自己坚持住只画同样的画——比如就画汤罐头——而绝不画其他的。要是有人想买画，你就画上一张。现在有没有这样做的？而且无论怎样，其实你都是在画同样的画，不管它看上去是一样还是不一样。

布林德曼：是的，比如《德古拉》看上去就和你在上个系列里处理卡夫卡的方式很相似，两人都是从暗处如鬼魅一般浮现。《黑人保姆》也是。强而有力的图像和色彩从一开始就是你处理的核心问题。《超人》

用的是 DC 漫画里的形象吗?

沃霍尔:是的。我本来还想做神奇女侠。

布林德曼:你当时考虑过使用某个电影或电视演员来作为你《超人》的蓝本吗?

沃霍尔:哦,我觉得那个在电视剧里演超人的演员(乔治·里夫斯 [George Reeves])和漫画书里的角色长得简直一模一样。

布林德曼:有过半数的《神话》人物是基于电视或电影角色。这是否意味着现代神话大多有赖于影视作品的塑造?

沃霍尔:是的,我想是这样的。……之后,是的。但电视要更为现代。

布林德曼:从一开始,你就在做印制作品,以一种形式或另一种形式——从墨痕对折法到橡皮图章,再到你一直使用至今的丝网印刷。

沃霍尔:丝网印刷实际上是出于意外。我的第一幅丝网印刷作品是《钱》,不过那是用丝网印刷的一幅画。之后有人跟我说可以使用照片,一切就这样开始了。《棒球》(Baseball)是最早开始以照片图像为蓝本制作的丝网印刷。

布林德曼：当你最初开始使用丝网印刷的时候，你着力于将个人笔触从作品中拿掉。现在你的画作则有很多的笔触和勾画，相较于原来的作品，更为表现主义了。

沃霍尔：我仍然宁可只以丝网印刷来呈现一张脸而不添加任何其他东西，不过人们的期待要比一张简单的丝网印刷多一些。这就是为什么我添上了那些勾勾画画。

布林德曼：作为一个肖像画家，你觉得最重要的是表达什么？

沃霍尔：我总是力图使人好看。如果你把看起来像他们的画拿给人家，事情会更顺利。如果不这样，如果我发挥了太多想象力，那肖像看上去就不会和那个人相像了。

布林德曼：你会为每幅肖像拍多少照片？全都是你自己拍吗？

沃霍尔：是的，全都由我自己来拍。通常会拍十卷，大概一百张吧。

布林德曼：你还在用 SX–70 吗？

沃霍尔：不了，我现在用"大人物"（Big Shot）。

布林德曼：通常你会从委托你创作肖像的人那里得到怎样的反馈？

沃霍尔：宝丽来非常棒，因为它让人可以选择他们想要的照片。宝丽来让事情更简单了。而且这台相机还能消除皱纹和其他瑕疵。

布林德曼：宝丽来某种意义上就像是彩色电视。关于什么是蓝、什么是红，它有自己的主意。它拍出来的颜色非常主观，而且那颜色就像为你的艺术量身定制的似的。

沃霍尔：是的，确实如此。但是拿它来拍全身照很困难。我还没有掌握如何用它来拍全身照。不过我确实另有一台可以拍全身照的相机。

布林德曼：相机作为你艺术的重要组成部分已经有很长时间了。我几年前在古根海姆的一次展览上看到过几幅你早期的金宝浓汤罐头。你是怎么画的那些画？它们是被投影到纸上后画下来的吗？

沃霍尔：是的。它们是我照着投影到纸上的照片描画下来的。那会儿我既用幻灯片，也用实物投影仪。我还有一台灯箱。

布林德曼：你将照片用作图像的直接来源，这一做法在当时是相当独特的；而且如果将它和几年之后照相写实主义对于照片的运用联系起来看，也很有意思。

你初次见到照相写实主义的时候，怎么看？

沃霍尔：我喜欢他们所有的作品。

布林德曼：我认为你最近的那本《波普主义》完美再现了 60 年代的感觉，积极的一面和消极的一面全都呈现了出来。你真的点明了那十年的欢腾。在书里的一处，你提到说当时你觉得自己可以做任何事情。你在画廊有展，拍了电影，还担纲了"地下丝绒"的制作人。

沃霍尔：是的，不过现在也有很多孩子在做同样的事情。60 年代的情形很可能会再次到来。

布林德曼：我认识一位年轻的艺术家画素描、做浮雕、玩乐队，还拍电影和影像。也不知道哪儿来的那么多时间。

沃霍尔：如果你不是生意缠身，你就可以有时间。但我们这儿现在有一摊生意要做，所以我就没法做我曾经做的所有那些有意思的事了。

布林德曼：不做摇滚乐队了？

沃霍尔：不是，我们正经营"沃尔特·斯特丁和龙人"（Walter Steding and the Dragon People）。我们正在下城的工作室给他们拍一部宣传影像。

布林德曼： 我看过一些斯特丁的肖像画，他是个不错的画家。……在《波普主义》一书中，你多次提到你好奇毕加索是否已经知晓了你的作品。他是知道呢还是不知道？

沃霍尔： 我不知道，我从未见过他。我们只认识帕洛马 [1]。她的丈夫正在给《访谈》杂志写一档有关巴黎的八卦专栏。

布林德曼： 至少从 1970 年开始，你的作品——特别是贾格尔系列和犹太人系列 —— 在形式上的处理方式让人想到立体主义和毕加索的简洁画法。那些作品是受了他的影响吗？

沃霍尔： 我那时正力图以不一样的方式来画肖像。从那些异性装扮者的肖像画开始，我在绘画上投入了更多心力。也许当时我脑子里想着毕加索来着。

布林德曼： 对于整个新一代的人物画家来说，你现在是个毕加索式的人物了。很多和我聊过的年轻艺术家都说他们从你那里得到了许多启迪和灵感。对于这些多为描绘具体形象的新艺术，你怎么看？

沃霍尔： 纽约的每种艺术我都喜欢。它们都很棒，而且数量特别多。

---

[1] 指毕加索的女儿帕洛马·毕加索。

布林德曼：你有喜欢的艺术家或画廊吗？

沃霍尔：现在有这么多这么好的艺术家，要从中挑出一两个是很难的。对我来说，去逛画廊也很困难，因为总是会有孩子过来拦下我。在惠特尼有一场年轻艺术家的展览，我喜欢林达·本利斯和那个做椅子的年轻人（斯科特·伯顿 [Scott Burton]）。

布林德曼：去年夏天的时代广场展 [1] 你去看了吗？

沃霍尔：没有，我没去，不过我在报纸杂志上看了照片。它看起来像 60 年代早期的鲁本画廊（Reuben Gallery）和类似的地方。

布林德曼：现在有一种亢奋的情绪似乎和波普的早期岁月很相近。

沃霍尔：那就有意思了——我倒是觉得那会儿的情绪和现在不一样。现在的纽约，你放眼望去看到的都是人们有多漂亮。因为不需要每个人都去参军打仗了，所以我们有了最棒的运动员、模特和演员。过去我们一直都有非常棒的女模特，而现在男模也同样出色。各行各业的人选都很好，因为现在他们全都在纽约而

---

[1] 1979 年的"时代广场展"（The Times Square Show）被认为是一场具有分水岭意义的展览，参展的艺术家数以百计，其中包括让-米歇尔·巴斯奎特、珍妮·霍尔泽、琪琪·史密斯（Kiki Smith）等艺术家的早期亮相。展览还包括了许多晚间的演出活动。这场展览启发了 1980 年代在废弃建筑和不同寻常的场所里举行的许多展览。——原注

不是在部队里。60 年代的演员都是些奇形怪状的人，而现在的新星全都特别好看，比如像克里斯托弗·里夫。

布林德曼：艺术界呢？

沃霍尔：对艺术家来说，二十年前的情况也和今天大不一样。

布林德曼：由于我们经历了 70 年代的艺术，现在艺术家可以画人物画而不用再往地上放杆子了。绘画现在是件重要的事情了，而十年前人们则在谈论着绘画的终结。

沃霍尔：嗯，我就是。我那会儿总是这么说。

布林德曼：你当时是随便说说的，还是说你真的觉得你已经告别绘画了？

沃霍尔：我是认真的。我们那时想要进军电影业，但每次去好莱坞都没有什么太像样的进展。然后我就让人开枪打了。我花了很长时间才好起来，而在那段时间里，比起拍电影，画画要更容易。

布林德曼：你现在多久画一次画？

沃霍尔：我每天都画。我现在在那边给画画背景。《访谈》的团队现在变得太大了，他们把我从后面给挪出来了。所以我现在就在前面那儿画，我周六、周日也常来。

布林德曼： 在埃米尔·德·安东尼奥的电影《画画的画家》（*Painters Painting*）中，你指着布里吉德·波尔克（Brigid Polk）说你所有那些画都是她画的。之后她说："没错，不过他现在不画画了。"人们在这部片子播出后，有没有打电话过来要求退回他们买的画？

沃霍尔： 有的，不过我真的画了所有的画。我们只是在搞笑。如果有伪作，我是可以分辨出来的。实际上有个做伪作的女人，不过她做的实在也算不上伪作。她仿制所有人的作品，甚至连贾斯珀·约翰斯都不放过。

布林德曼： 有特别多人都坚称你的画是其他人作的。

沃霍尔： 要是采用现代的方式，倒是应该那样做，不过我的画都是我自己作的。

布林德曼： 有关你艺术作品的很重要的一点，是人们很容易看到它们和买到它们。我在村子里随意逛逛，就能碰上一张《贾格尔》或者《毛泽东》，又或者在惠特尼看到一场你肖像画的回顾展，或者在一个犹太教堂看到一幅《卡夫卡》或者《布贝尔》（*Buber*）。你的作品有着广泛而庞大的受众群体。

沃霍尔：我们在村子里卖出的米克·贾格尔印制作品比在任何地方都多，这很出乎我们的意料。没人就印制作品做过任何事。这些下城的小画廊多做了一些——他们过来我们这里买上一些，然后放到了橱窗里。这些东西在橱窗里看着有点儿搞笑，不过真的能卖掉。四处转悠的游客会买下它们。卡斯泰利马上就会做一场有关印制作品的回顾展。

布林德曼：你的艺术可以被各式各样的人买下来——至少那些印制作品是可以的，这真的很不错。

沃霍尔：人们以为我的艺术非常贵，当他们发现可以走进店里买上一张的时候，他们很惊讶。

布林德曼：在上一期《访谈》杂志里，你提到你正在做一个圣母与圣婴系列，或者实际上就是怀抱婴儿的母亲。

沃霍尔：是的，我们已经从一家名叫"知名脸庞"（Famous Faces）的中介那儿租用过好几位模特儿了。每次租一个婴儿和一个母亲就行。我已经拍过大概十组人马了。

布林德曼：这一主题让我想到拉斐尔那些胖胖的小天使。不过你的作品肯定会非常不一样。

沃霍尔：哦，那倒也不是。他们都是漂亮的小宝宝因为他们是模特儿，而那些母亲也算得上美丽。

布林德曼：我看到你工作室里有一些风景画。这对你来说是不同寻常的题材，对吧？

沃霍尔：是的。我收到一份委托，请我画特朗普大楼（Trump Tower）。我还做了一个系列，是关于德国的十个地标的，有房子、教堂以及其他一些建筑。

布林德曼：是个好主意，有鉴于你最近的大多数作品都是肖像画。

沃霍尔：哦，这些也是肖像画，建筑的肖像。

布林德曼：你现在又画鞋子了。我记得看过一本有很多鞋子插画的书，是你在以画家的身份为人所知之前出的。

沃霍尔：那可真是很久以前的事情了。最近，有人委托我创作一幅有关鞋子的画。做出来的东西我很喜欢，所以我就又开始画鞋子了。

布林德曼：还有什么其他的新主题吗？

沃霍尔：我在画刀和枪，从它们身上提取出抽象的形状来。

布林德曼：就像你的《镰刀和斧头》（*Hammer and Sickle*）系列？

沃霍尔：对。

布林德曼：还有什么正在筹备中的事项吗?

沃霍尔：我现在是佐利（Zoli）的模特儿了。我还在给巴尼（Barneys）[1] 做他们在《纽约时报》上的广告。实际上,我还在争取宝丽来的广告,不过那个太难弄到手了。此外我们还在做那个一周一次的电视时尚秀。

布林德曼：你觉得你还会做那档你过去经常谈起的、打算叫作"没什么特别"的电视节目吗?

沃霍尔：市长是唯一可以给你一个有线电视台的人。不过我仍然想做那档节目。我们会就在街角放一台摄影机。如今人们什么都看。

布林德曼：你欣赏哪位美国艺术家?

沃霍尔：我一直都说是沃尔特·迪士尼。这样我就可以从这个棘手的问题脱身。

布林德曼：你曾提到过你喜欢格兰特·伍德,不是吗?

沃霍尔：我曾经喜欢过他的作品。不过现在我最喜

---

[1] 巴尼是一家连锁的高级百货公司。

欢的艺术家是保罗·卡德默斯 [1]。我还喜欢乔治·图克 [2]。

布林德曼：跟我讲讲你是怎么拍摄胡迪·都迪的。

沃霍尔：噢，说起来，那之后我发现原来有三个胡迪·都迪。拍的时候就是拥有原初的那个胡迪·都迪的人把他带了过来。实际上，我最近发现了一个长得和胡迪·都迪很像的人，要是当时用他来做就好了，就像我们用玛格丽特·汉密尔顿扮女巫，又或者人们总能在广告里见到的那些圣诞老人和山姆大叔。印出来的胡迪，每个人都喜欢。但你觉得人们会真的想要在他们的客厅里挂上一幅吗？

---

[1] 保罗·卡德默斯（Paul Cadmus，1904—1999），艺术家。——原注
[2] 乔治·图克（George Tooker，1920—），艺术家。——原注

与安迪·沃霍尔在布鲁明黛尔来一场购物狂欢

特蕾西·布罗布斯顿 (Tracy Brobston)

《达拉斯晨报》(*Dallas Morning News*), 1981 年 11 月 25 日

安迪·沃霍尔是一位世界级的买家。1973 年, 当被问到他觉得自己的艺术是否属于博物馆时, 沃霍尔回应道:"噢, 我认为百货公司是新型博物馆……他们可以把挂在墙上的画摘下来卖掉。"

在他从位于东六十六街的家去下城"工厂"的路上, 他有几条常规的购物路线。在这些每日行程中, 他会买下任何将会升值的东西, 从原版沃尔特·迪士尼的醋酸纤维唱片到埃尔莎·佩雷蒂 (Elsa Peretti) 为蒂芙尼设计的珠宝。你可以说, 这是他的另一项工作。他常在第四十七街的钻石区停下脚步, 在那里, 他化身为宝石鉴定行家。

待到他去世时, 在沃霍尔的联排别墅中, 除了卧室和厨房外的每一个房间都堆满了他在每日购物

之旅中的斩获；餐厅中的东西多到进不去人，全是买来未拆包的物品。1988 年春，在沃霍尔去世一年后，苏富比将他的财产进行了拍卖。超过二十四个人花了几个月的时间来为将近一万件物品编目，从价值不菲的艺术品到跳蚤市场里的发现，无所不有。沃霍尔这一单是苏富比自 1744 年成立以来迄今为止经手过的最为宏富的个人收藏。这场拍卖吸引了为数众多的人的目光：预展从 1988 年 4 月 23 日开始，为期十天，大约有六万人到场参观。这场拍卖的最终成交额为 25,313,238 美元。

下面这篇访谈让我们得以一窥安迪·沃霍尔做他最爱之事时的场面。

——本书编者

纽约。

安迪·沃霍尔，艺术家，流行文化的终极消费者和供应商，将布鲁明黛尔百货公司形容为"1980年代的新型博物馆"。为了弄清楚他何以会这样说，我们请他和我们一起在布鲁明黛尔的曼哈顿旗舰店共度一小时时光。安迪认为这是个好主意。

在电梯间

安迪·沃霍尔：那我们这就开始购物吧？

特蕾西·布罗布斯顿：好啊，一切随你。

沃霍尔：我最喜欢他们这儿在不同区域搞的派对。上一场派对是在地毯区，为玛莎·格雷厄姆（Martha Graham）和候司顿办的。那次我是模特儿。那是我接过的最长一次模特合约，要做八个小时。另有一场特别棒的派对是在五金器械区办的。

布罗布斯顿：那场派对是为谁办的？

沃霍尔：呃……（对布鲁明黛尔的时尚协调员吉尔·格洛弗 [Jill Glover] 说）呃……五金区的那场派对是为谁办的？

吉尔·格洛弗：你的意思是在主通道办的那场吗？

沃霍尔：不是，呃，那次是在大概六个月前。没事儿，反正他们一直都在不同的区域搞不同的派对。

格洛弗：嗯，了不得。现在你该去新的面包房看看。

沃霍尔：哦，好啊。那我们就先去那儿吧。

格洛弗：那儿能要了你的命。

沃霍尔：是在一楼吗？

格洛弗：是的，不过你得先出了商场才能过去。

沃霍尔：哦，是吗？

格洛弗：嗯，就在巧克力区边上。

沃霍尔：不过以前你不用出商场就能到面包房的。

格洛弗：我知道，不过现在你得先出去才行，因为他们改建了面包房。

沃霍尔：现在得先出去，真的吗？

格洛弗：是啊，到时你就知道了。拜拜。

前往面包房

沃霍尔：（对一位女导购员说）面包房是换地方了吗？

女导购员：是的。

沃霍尔：噢，那我们怎么才能过去呢？

女导购员：穿过熟食区和糖果店就是了。

沃霍尔：哦，可以直接穿过去？谢了。我可以先买点儿抹面包的果酱吗？

布罗布斯顿：可以啊。

沃霍尔：《达拉斯晨报》会为此买单吗？

布罗布斯顿：不，不会，你得自己买单。

沃霍尔：嗯，我看看买哪个，就这两个好了。

布罗布斯顿：你买的是什么？

沃霍尔：我看看。呃，黑加仑和杏子果酱。现在我们就穿过熟食区，穿过鹅肝……鱼子酱……和茶叶……还有椒盐脆饼（pretzels）。现在他们有了一个**新的**区域叫作"面包"。（穿过巧克力区）我想可以从这儿过去，是吧？

布罗布斯顿：我不知道。看，他们这儿有比尔·布拉斯（Bill Blass）巧克力。

沃霍尔：（兴致勃勃）哦，是吗？他们的巧克力是**最好的**。

布罗布斯顿：真的有那么好吗？

沃霍尔：真的，它们真的真的**特别**好。哦，这个看起来真不错，这个看起来太棒了。但我们必须得把这个放下，因为我们已经是不吃糖果的人了。我们现在要吃健康食品——面包。哦，看那些带巧克力豆的**曲奇**啊！它们看起来就像……

布罗布斯顿：我觉得那是鼎鼎大名的阿摩斯（Famous Amos）的。

沃霍尔：是吗？哦，还**真是**。我们做过一件特别棒的事儿，你也应该试一试：去一趟新泽西，从纽约出发五分钟就到，在那儿你可以去鼎鼎大名的阿摩斯的工厂，你可以面见鼎鼎大名的阿摩斯。那儿真有这么个人。

布罗布斯顿：他来过一次《达拉斯》。

沃霍尔：哦，是吗？你见到他了吗？

布罗布斯顿：前后也就一分钟。他给我的曲奇签了名。

（在面包房，一位穿着短裙 [kilt] 的男人抱着个风笛。显然，他是布鲁明黛尔正在进行的爱尔兰推广活动的一部分。）

布罗布斯顿：你是爱尔兰人吗？你看起来不像爱尔兰人。

沃霍尔：候司顿活动那天你在现场吗？

风笛男人：不是。不过我穿着爱尔兰短裙。

布罗布斯顿：我还以为这种裙子是苏格兰的。

男人：噢，实际上确实是，不过裙子上的这个别针是爱尔兰的。上面镶的是康尼马拉大理石，来自我的爱尔兰先祖。

布罗布斯顿：哦，真不错。

沃霍尔：我们在给《达拉斯晨报》做一篇报道。可以问下你的名字吗？

男人：达雷尔·麦克莱尔（Darrel McClair）。这个商场实在太棒了。

沃霍尔：是吧？他们会给你鼎鼎大名的阿摩斯曲奇吃

吗？

男人：嗯。我还能想起这里是破烂儿店（junk shop）[1]时候的样子呢。记得吧？

沃霍尔：啊？不知道。那是什么时候的事儿？

男人：哦，三十年前的事情了，大概那会儿你还不在纽约呢。好吧，也许说它是破烂儿店有点儿过了，不过那会儿这家店可是一点儿都没有它现在这般出众的样子。店里的每一处都做了不得了的改变。不得了，真的是不得了。

布罗布斯顿：哎，你现在是在这里工作还是仅仅在买东西？

男人：我应该做些展示的，不过那个卖黄油饼干的男人现在不在这儿，而且他们说在他来之前我演奏也没用。

沃霍尔：其实我来是要买点儿爱尔兰面包的。

男人：是么，什么面包？

沃霍尔：就是，呃，上面那个。你能拿点儿绳子过来

---

[1] junk shop 是以低廉的价格售卖二手物品的商店。不过看下面的对话，这个男人用 junk shop 应该只是形容布鲁明黛尔过去很破。

帮我们把面包系一下吗？

男人：不好意思，不行，不过很高兴和你聊天。

沃霍尔：好吧，谢谢。（跟**女导购员**说）我想要一块儿那样的面包。你们有没有大个儿一点的？

女导购员：这种苔藓面包吗？

沃霍尔：对，要个大的。哦，还要一个大个儿的黑面包。

女导购员：还要什么别的吗？

沃霍尔：不用了，就这些。收现金吗？

女导购员：是要给现金吗？

沃霍尔：对。在这儿给现金要比在世界上任何地方都难。

布罗布斯顿：你是说在纽约还是在布鲁明黛尔？

沃霍尔：在布鲁明黛尔。只要你给现金，他们就一副不知如何是好的样子。你必须得用卡。我不认为信用卡有什么价值。（对**女导购员**说）你有什么关于奥尔特曼（Altman's），我是说，布鲁明黛尔的漂亮话要说吗？

女导购员：作为工作场所，这里很漂亮。

沃霍尔：是吗？哦，好吧，真不错。谢谢你。拜。现在我们去香水区。

前往化妆品区

沃霍尔：现在我们经过的是味道特别大的鱼类柜台。他们卖品质最棒的熏鲑鱼。非常新鲜，十分出众，不过还是让我们去香水区吧。要在这儿购物实在太困难了，这里人太多了。我只在早上去健身房上完操课才来这儿买东西，因为那会儿这里没有那么多人。我会过来这边看看能不能拿上一堆免费的试用装。你也可以在这儿让他们给你化个妆。你想要试一下吗？

布罗布斯顿：不了，今天就算了。

沃霍尔：哦，我们要不要看一下卡尔文·克莱恩（Calvin Klein）？你们这儿有新款男士古龙水的免费试用装吗？

卡尔文·克莱因的导购员：没了，刚才还有呢。不过如果你愿意等一下，我有一些藏起来的可以拿给你。

沃霍尔：哦，那太好了。我和卡尔文·克莱恩来这里参加过午餐会，那天他们发布他的新款男士古龙水，现场很热闹。

导购员：（拿着一些试用装回来）给。

沃霍尔：哦，太好了，谢谢。这样吧，让我们把我最喜欢的人的牌子都看上一遍。现在我们去候司顿吧，可以吗？

布罗布斯顿：当然。

沃霍尔：实际上，我最喜欢的产品，不知道他们这儿卖不卖，是珍妮特·萨廷（Janet Sartin）。她给我做脸。哦，那儿有免费的什么东西。你这里是在发什么免费的东西吗？

女导购员：是去爱尔兰的旅行。

沃霍尔：哦，这样啊，那算了。太危险了。候司顿在那边。我们拍张照吧。（对候司顿的女导购员说）你们香水卖得怎么样？

候司顿的女导购员：卖得非常好，是我们卖得最好的产品之一。

沃霍尔：哦，真好。嗯，今天你这儿发生了什么趣事吗？有像雷克斯·史密斯（Rex Smith）那样的大电影明星来过吗？

女导购员：没有。不过我之前服务过雪儿·博诺（Cher Bono），她常来；还有西尔维斯特·史泰龙，我觉得他应该就住附近。

沃霍尔：好的，谢谢你。

前往男士袜品区

沃霍尔：行了，咱们快点儿离开这儿，然后去看莫德·弗里宗（Maud Frizon）的鞋。哦，我得先买几双萨迫斯（Supp-hose）[1]（他管它们叫"suppose"[2]），可以吗？

布罗布斯顿：当然。你买萨迫斯做什么？

沃霍尔：哦，我穿萨迫斯。它可以让你的脚没有那么容易起皱纹。你觉得它是在哪儿卖？哦，我知道了，在男士那边。

袜品女导购员：下一位。

沃霍尔：我想买几双萨迫斯。

女导购员：（生硬地）穿多大的？

沃霍尔：小号。

---

[1] 一个袜子品牌，沃霍尔这里指的是萨迫斯生产的男款压力袜。

[2] 萨迫斯（Supp-hose）这个名字是由 supp 和 hose 两部分构成，前者 supp 是支持、支撑 support 的略写，后者 hose 是袜类的统称，这里布罗布斯顿说沃霍尔把 Supp-hose 读为 suppose（假设、假定）。

女导购员：你穿多大的鞋？

沃霍尔：哦，呃，八码。

女导购员：那你应该穿中号，而且反正小号也卖完了。

沃霍尔：好吧，中号。黑色的吧。是怎么卖的？

女导购员：五块五一双。

沃霍尔：好，给我来十双。

布罗布斯顿：这种袜子不禁穿吧？

沃霍尔：不会，简直可以说是**穿不坏**。我想我连一双都没有扔掉过，真是不可思议。我上次买还是二十年前呢。

女导购员：给你。

沃霍尔：哦，这看起来是棕色的啊。

女导购员：不是，那是盒子的原因，是黑色的。记账？

沃霍尔：现金（拿出百元大钞付款）。不用等很久吧？

女导购员：这个么，我得先去服务台把钱破开。你得等上一阵。

沃霍尔：这里就是特别慢。他们所有的钱都得拿到服务台去，甚至二十块的也是。在这儿没法用现金，我跟你说。实际上，我想他们得上到9层去。

布罗布斯顿：内曼（Neiman's）也是特别慢。

沃霍尔：哦，我喜欢内曼。那儿特别好，比这儿人少。他们给我办过一场特别棒的派对，在他们达拉斯总店的锅炉房，特别激动人心。（女导购员拿着萨迪斯回来了）多谢，哦，我有袋子。

前往男士毛衣区

沃霍尔：现在你想去哪儿？看！那是个真人，和一堆塑料模特儿坐在一起，不过我们已经走过了。咱们去看看能不能买上一件白毛衣吧，看看他们有没有那种拧……呃，那种拧在一起的图案是叫什么来着？

布罗布斯顿：你说扭花毛衣？

沃霍尔：对，扭花毛衣，应该就在这附近。那是电影明星梅里尔·斯特里普吗？哦，不是，应该不是……哦，拉夫·劳伦（Ralph Lauren）。他们的衣服是最好的。看那件牛仔衬衫有多漂亮！（指着白色羊绒衫）这件有大号的吗？

毛衣导购员：（英国口音）没有，先生。我这儿有中号、小号和特大号。显然这个不适合你。

沃霍尔：不是我自己穿，是要送人的。这件带袖子的呢？

导购员：这件有大号。他穿多大？四十四码？这款是有不同尺码的。他具体是穿多大？

沃霍尔：哎哟，这我可不知道。

导购员：这件怎么样，这件像是他穿的号吗？这件适合大概 180 磅的人。

沃霍尔：天呐，都是同样的钱，买大号岂不是赚了？

导购员：是啊，肯定的，确实可以这样看。

沃霍尔：所以你们的衣服没有就标"大号"的？

导购员：哦，这件其实就是大号，四十四码**就是**大号。

沃霍尔：呃，好吧，真是的。嗯，你穿什么尺码？

导购员：我穿中号。

沃霍尔：你穿中号？

导购员：是的，我穿中号紧身款的（skinny medium）[1]。他比我壮很多吗，还是……

沃霍尔：不，我觉得他和你差不多。那就也是中号。对应是多大，四十码？你穿的话，四十合适吗？

导购员：合适，我穿四十可以的。不过实际上，会稍微有点儿大，因为我都是穿四十紧身款。

沃霍尔：四十紧身？你有多重？

导购员：我只有 162 磅。

沃霍尔：真的吗？天呐，好吧，我不知道，不过这衣服是有弹性的吧？

导购员：是的，有弹性的。

沃霍尔：多少钱？

导购员：带袖子的是一百九十五，不带的一百三。

沃霍尔：好吧，那就这样，我买这件，如果不合适，我再拿过来。

导购员：好的，先生，可以的。要按照礼物来包装吗？

---

[1]　紧身款（skinny）会比修身款（slim）更窄小、贴身。

沃霍尔： 不用，就放袋子里就行。

导购员： 您怎么付款，先生，现金吗？

沃霍尔： 呃，你是不是得拿到楼上去啊？

导购员： （笑）不用，先生，我们相信您。

沃霍尔： 好啊，那就多谢了。愿你有美好的一天。

前往鞋类区

布罗布斯顿： 你还想去看莫德·弗里宗的鞋吗？

沃霍尔： 去啊，就在那边，阿玛尼旁边。他们的鞋**真是漂亮**。是不是**特别棒**？我们拍张照吧。（亲吻那只鞋）这张特别适合登在《时尚》上。

布罗布斯顿： 确实。

沃霍尔： 你听见刚过去的那帮人说什么了吗？他们说"看，那不是安迪·沃霍尔吗？——哦，我们不在乎。"这就是为什么我来这儿购物。

安迪·沃霍尔问答

米歇尔·伯格雷（Michelle Bogre）

1985 年

《美国摄影师》（*American Photographer*），1985 年 10 月

安迪·沃霍尔回忆起他在 1964 年对于摄影的态度时是这样说的："我给自己买了台 35 毫米相机，有几周的时间，我都在用它拍照，但是对我来说它太过复杂了。我对于光圈、快门和读光开始感到不耐烦，所以就把它丢到一旁去了"（POPism，74）。他把他的相机给了比利·奈姆，吩咐他来拍照。然而到了 1960 年代晚期，沃霍尔对摄影的态度因为一场诉讼改变了。沃霍尔知名的《花朵》系列利用了他在一本花朵图录里看到的照片，而告他的女人正是这些照片的拍摄者。作为对这一事件的回应，沃霍尔开始拍摄他自己的照片。到了 1970 年代晚期，摄影已经成为了他的第二本能，他几乎在每次离开房间时都要带上几卷胶卷、他的相机还有他的录音机了。

1985 年，在《美国》——一本收录了沃霍尔的照片并配有他对于美国的观察的书——出版后，《美国摄影师》的创办人和主编肖恩·卡拉汉（Sean Callahan）派米歇尔·伯格雷去就沃霍尔的新书采访他。伯格雷是一位在迈阿密工作的写作者和摄影师，她擅长做问答式的访谈，有着让不好对付的摄影师——比如像卡里·温诺格兰德（Carry Winogrand）这种人物——开口的本事。

尽管对于沃霍尔的摄影作品并不熟稔，伯格雷在访谈前对于她的采访对象做了细致而深入的研究工作，在她抵达三十二街的"工厂"之时，已经全副武装、做好一场面对面的访谈的准备了。沃霍尔确是一位难搞的采访对象。"我会把它称为一场猫捉老鼠式的访谈，"伯格雷回忆道，"他在玩儿一场游戏或者说演一个角色，但是最终，我开始攻破他的防线，因为我一次又一次地向他提出质疑性的问题。"她觉得沃霍尔"作为人是一个小小的存在，但是作为艺术家则是一个巨大的存在。"

——本书编者

本月刚刚由哈珀与罗（Harper & Row）出版的《美国》一书，是安迪·沃霍尔——这位本国最知名的艺术家之一——以照片的形式撰作的一篇随笔。在五十八岁的年纪，沃霍尔拿出的这本书带给我们的意外不止一处两处。这位艺术家一直以来最为人所知的表情就是面无表情，而他最主要的个性则是消极而漠然，然而他的照片古怪而有趣，动人而伤感。照片里有名流，这是自然的（本身就是专业名流的沃霍尔几乎什么人都可以接触得到）。但是在《美国》一书中，沃霍尔乐于让那些名人看上去普普通通的。书中收入的是波普照片，描绘了美国的另一面——下城的地下文化，体现了对主流文化的反叛。这些照片构成了对于美国独一无二的观察和构想。

《美国摄影师》的米歇尔·伯格雷在纽约东三十二街的一栋翻新后的电站里和沃霍尔聊了聊（参与聊天的还有哈珀与罗的编辑克雷格·纳尔逊，他在两年的时间里几乎每天下午都在从二十万张的相版中选照片）。东三十二街这处地方既是沃霍尔的《访谈》杂志的办公地点，又是安迪·沃霍尔股份有限公司的总部所在。

美国摄影师：在我们开始前，我想告诉你我真的很喜欢这些照片。它们非常有趣。我觉得它们展示了你不为大多数人所知的一面。这个项目是怎么开始的？

安迪·沃霍尔：我们经常去这儿去那儿，每当我们要开始一段旅程，我都会带上我的相机。

美摄：你是什么时候决定的要做一本书并专门为此拍摄了照片？

沃霍尔：一半一半吧。

美摄：当你在路上的时候，你随身携带的是哪种相机？

沃霍尔：我用启能（Chinon），带自动对焦的一款。

美摄：你会专门为拍照而出门吗？

沃霍尔：不会，除了为这本书。为了取材我们花了五十美元打车到我们从没去过的城里的一些地方。

美摄：你为什么拍照片？

沃霍尔：我拍照片是因为我口袋里总是装着相机。

美摄：你是从什么时候开始拍照片的？我是说不仅仅是为了本书……

沃霍尔：从 1974 年开始的。没有更早地开始实在是个错误。

美摄：在你的《波普主义》一书中，你说自己从 60

年代早期就开始拍照了，不过后来你停手了，因为相机太复杂了。

沃霍尔：对，那会儿还没有好用的自动相机。那时候拍照片要把各种东西都设置好，太费事了。我当时试过用美乐时（Minox），因为它是最小巧的相机。但是我必须得根据远近来自己设定焦距，三张里有两张会是失焦的。尽管如此，我喜欢美乐时的相机。我有大约四十台。它们真的是很好的相机，而且拍出来的照片也很好。

美摄：这本书里的大多数照片都是过去两年拍的吗？

沃霍尔：是的。这是本关于"正在进行时"的书。我们不想用一些已然淡出视野的、过去时代的名流。

美摄：你是以什么标准挑选出最终用在书里的那三百张左右的照片的？备选的底片可是有成百上千张。

沃霍尔：我们挑出了坏的，把好的留在了盒子里。

美摄：你认为拍摄一张坏照片是可能的吗？

沃霍尔：不可能。每一张坏照片都是一张好照片。

美摄：所以每一张好照片其实也都是一张坏照片？

沃霍尔：对啊。

美摄：这听起来很波普。你认为你的摄影是波普摄影吗？

沃霍尔：嗯，是的。……随便谁都可以拍一张好照片。随便谁都可以拍照片。

美摄：这样就是波普摄影了？

沃霍尔：对啊。所有的摄影都是波普，而所有的摄影师精神都不正常。

美摄：那就也包括你喽。为什么所有的摄影师精神都不正常？

沃霍尔：因为他们心中有愧，因为他们也知道自己要做的事情实在不多——就只是按个按钮而已。

美摄：也许他们因为窥视他人而心中有愧？

沃霍尔：不，就只因为他们光按个钮而已。大多数人甚至都不看。

美摄：你拍照的时候也不看吗？

沃霍尔：不看。而且用启能的话，你可以连着按好几次钮，因为它会自己上卷。

美摄：好照片不是那么随便就能拍出来的。我不相信你拍照的时候不看，我也不认为你照片之中的幽默是偶然的。它们太一以贯之了。

沃霍尔：这个么，我每天至少拍两卷。

美摄：你照片里的幽默感很有意思，打破了你一直以来的形象，就是人们以往都觉得你这个人没有感情。

沃霍尔：哦，不是吧！你是说我没有感情的形象被打破了吗？这我们可承受不起。

美摄：所以你认为好照片只是因为运气好而已？

沃霍尔：是，我是这么想的。

美摄：那么是什么让你决定最终是用这张坏照片而不是用那张坏照片的呢？

沃霍尔：挑选这件事不是我负责的……实际上，我们力图选出最好卖的照片。

美摄：是克雷格为这本书中的照片做的初选是吗？

克雷格·纳尔逊：是的。然后安迪会对我的选择说"不要、不要、不要、不要，这张，不要……"通常我挑九张能留下一张。

美摄：你用在书里的照片都有授权吗?

沃霍尔：没有，我们是选定了以后再去搞定授权。这是个累人的活儿。如果我们弄不来授权，我们就不用那张照片。

美摄：在你眼中，美国的未来会是什么样子?

沃霍尔：会是很好的样子。实际上，最好的样子是在电视上。我本来想直接对着电视拍下所有那些照片的。没有人会看得出差别。

美摄：这本书显得特别爱国。你爱国吗?

沃霍尔：爱啊，我非常爱国。这本书是给那些从没想过他们会是爱国者的人准备的。

美摄：从这里的有些照片来看，你去了一些你通常不会去的地方，比如沃思堡市牲畜交易中心。

沃霍尔：我去沃思堡市是去看，呃……牛仔和他们的竞技表演。那个交易中心是在沃思堡市唯一可去的另一处地方。那是个非常小的市镇。

美摄：你喜欢看其他摄影师的作品吗?

沃霍尔：我试图模仿他们。

美摄: 你有最喜欢的摄影师吗?

沃霍尔: 实际上,我过去会收集人们放在药妆店忘记取的照片。我有好几箱那种照片。

美摄: 你尝试模仿其中的照片了吗?

沃霍尔: 没有。不过手握你不认识的人的照片是件非常古怪的事情。我最近看过的最让人兴奋的作品是一批 40 年代的照片,冲印在非常好的相纸上,都是狗仔拍的电影明星什么的。它们看起来太美了……可说是世界上最棒的照片。

美摄: 你现在自己冲印自己拍的照片吗?

沃霍尔: 现在不。我刚来纽约的时候,艺术过时了,而摄影正时兴,所以我就弄了一台相机,又搭了一个暗房。不过就在那时我从邦威(Bonwit's)[1] 或者类似的地方得到了一些艺术委任工作。

美摄: 现在是谁来冲印你的作品?

沃霍尔: 我让一个也算是有名的摄影师为我冲照片。所以我也不知道这些该算是他的照片还是我的照片。

美摄: 你涉猎了各种各样的艺术媒介,另外你还拍过

---

[1] 指邦威·特勒百货公司(Bonwit Teller & Co.)。

电影。你的绘画和摄影可以看作是一条连贯的脉络吗?

沃霍尔:是啊。[他看了看他的手指,上面沾着他作画弄上的黑色颜料,我们抵达"工厂"时他正在忙那幅画。]

美摄:你只拍黑白照片吗?

沃霍尔:有时我也用那种自显影的彩色胶片。

美摄:你不用其他的?如果你拍彩色的话应该会很有意思,因为你是一位画家而且你对色彩的感觉又很好。

沃霍尔:噢,没人对彩色照片感兴趣,所以我们就拍黑白的。

美摄:所以你不用彩色照片是出于商业的考量而非艺术的考量?

沃霍尔:对。而且我不知道该拿那些小幻灯片做什么,我讨厌它们。没人能看得到它们。拍黑白的就容易多了。

美摄:拍黑白的更有趣吗?

沃霍尔:也不是,就只是个记录。彩色的拍出来更像是摄影(photograph)。你不得不把它想成是摄影。

但要是拍黑白的，你可以只把它当成一张照片（picture）。

美摄：一幅摄影和一张照片的区别是什么？

沃霍尔：一张照片就只表示我知道我当时身处何处。这就是为什么我拍照片。它就像是视觉形式的日记。

美摄：当你挤在其他狗仔身旁拍照的时候，你是否觉得自己也是他们中的一员？

沃霍尔：我是啊。我总能在现场是因为我是杂志的人嘛。

美摄：作为《访谈》的创办人和出版人，你可以接触到几乎任何人——这样的权限是大多数摄影记者拼死都想弄到手的。

沃霍尔：有时我拍照的时候会吓得够呛。

美摄：怕什么呢？

沃霍尔：怕有人会过来打我。

美摄：你大概是世界上最不吓人的人了。有人威胁过你吗？

沃霍尔：我也说不好。不过倒是没有人试图抢过我的底片。

美摄：你在书里有一章是关于摔角的。你去看摔角比赛是为了拍照还是为了消遣？

沃霍尔：哦，我们去是为了消遣。所有人都在说摔角手不会伤到彼此，但实际他们会。黛比·哈里（Debbie Harry）说有时他们真的会失手，而且他们也喜欢伤痛。她对摔角无所不知。

美摄：你去见了你拍的那些摔角手了吗？

沃霍尔：我们去了后台。他们本身都特别可爱。他们在台上的时候是在演出他们的人设。

美摄：你通常会和你拍的那些人说话吗？

沃霍尔：我只有在不得不开口的时候才和我拍的人说话。其他我照片里的人都离我很远。那些都只是抓拍。

美摄：你是什么时候开始对社会议题感兴趣的？你在书中显露的这一面是很少见的。

沃霍尔：你是指哪些照片？

美摄：关于土地和基建的那些文字和照片。

沃霍尔：在阿斯彭（Aspen）见的人让我意识到土地

问题。

美摄：你还会外出去给《访谈》做访谈吗？

沃霍尔：我不知道，也许他们不要我了；他们把我的名字从封面上拿掉了。我要是想的话，我可以去做每一篇采访。

美摄：是的，毕竟这是你的杂志。你都问别人什么问题？

沃霍尔：我总是问一样的问题：你最喜欢的颜色是什么？你喜欢克雷格·纳尔逊吗？

美摄：如果说在1960年代，就像你在《波普主义》中写的那样，"那些狂人瘾君子语速飞快地胡乱聊着天，做着他们的疯狂之举"给予了你灵感，那么如今你从哪里得到灵感呢？因为显然这是一个更为平静的时代。

沃霍尔：哦，不是的，现在更为激动人心。

美摄：以何种方式激动人心？

沃霍尔：现在每一样事情都有更多的选择。艺术家现在像明星一般。如今我们有夜店艺术、影像艺术和午夜艺术。

美摄：你的意思是艺术家终于得到了他们应得的尊重和认可？

沃霍尔：不是，他们只是得到了媒体的关注。

美摄：所以，是什么给了你灵感呢？

沃霍尔：持续给员工发工资。

纳尔逊：持续得到报道。

沃霍尔：噢，那没有。

美摄：你对于所有那些宣传报道都并不真的感兴趣？

沃霍尔：不感兴趣，从来都不感兴趣。

美摄：不会吧。

沃霍尔：真的，我从来都不真的想要那些曝光。

美摄：你认为摄影是一项消极被动（passive）的活动吗？这是你喜欢它的原因吗？

沃霍尔：对那些争着抢着来拍照的摄影师来说，这可不是一项消极被动的活动。你都想不到，现在真的是疯了，真的能打起来。有越来越多的人会揍摄影师一顿。

美摄：真的要跟人干一架才能拍到照片吗？

沃霍尔：我在第一排，但我甚至连一张照片都没法拍，因为他们会把我挤到一边去。他们真的特别粗野……简直是有病……他们会彼此推来打去，而且还会抢自己的相机包。你真的会受伤。

美摄：你带相机包吗？

沃霍尔：不带，我就把相机装在我的口袋里。

美摄：那你应该可以溜到那些摄影师的前面去。

沃霍尔：我跟你说，最逗的是所有人都会在活动一开始时激动万分、争着抢着把照片都拍了。等到活动接近尾声的时候，他们都在那儿干站着，而我觉得那时正是可以拍出好照片的时候。

美摄：那你会等到那会儿吗？

沃霍尔：我应该等，但我也总是在一开始就把照片拍了。好照片是在早上四点，而我上床睡觉是在十一点半。

一场和安迪·沃霍尔的访谈

本杰明·H. D. 布赫洛（Benjamin H. D. Buchloh）

1985 年 5 月 28 日

《十月文档 II：安迪·沃霍尔》（October Files 2: Andy Warhol
[Cambridge, Mass.: MIT Press, 2001]）

这篇由艺术批评家本杰明·布赫洛所作的访谈聚焦于沃霍尔晚近的艺术创作。读者可以透过这篇访谈中涉及当代艺术界的部分，了解到沃霍尔自己是怎样理解历史以及他在历史中的位置的。

下面这些晚近作品在访谈中都有所讨论：

《氧化》（Oxidation）——最开始被叫作《尿》（Piss）的那批画——开始于 1977 年 12 月，是通过往仍然湿润的涂有含铜颜料的画布上撒尿创作出来的。沃霍尔在谈到这些画在画廊灼热的灯光下融化时，暗示了他对于宗教题材的回归（参看本书中收录的保罗·泰勒 1987 年所作的《最后的访谈》）："我在巴黎展出它们的时候，灼热的灯光让它们再次融化。颜料滴落下来，场面相当诡异。它们看上去就像是滴画。而且因为打在上面的光太热了，它们一直在滴淌。这时你就能明白为什么那些圣画总是在哭泣。"

在1984年，沃霍尔创作了名为《罗夏墨迹测验》（*Rorschach*）的系列作品。先在大尺幅的白色画布上泼洒黑色颜料，然后对折再展开，从而形成墙面大小的罗夏图像。

作为一个群展的组成部分，沃霍尔的《不可见雕塑》（*Invisible Sculpture*）于1985年5月8日被安置在翠贝卡区（TriBeCa）[1]的夜店"区域"（Area）中。这件作品的早期版本曾在"工厂"搭设过，它由多个防盗报警器和相应的激光探照系统构成。当有人走进雕塑时，报警器就会被触发，不同的警报声——哔哔、轰轰、嗡嗡——随即响起。

——本书编者

---

[1] TriBeCa 是 Triangle Below Canal Street 的缩略语，指曼哈顿运河街以南、百老汇以西的三角地带。

本杰明·布赫洛：我目前正在研究达达和杜尚的作品在 1950 年代晚期的接受史，所以我想先稍微谈些有关那段历史的问题。我想我在斯蒂芬·科克（Stephen Koch）的书中读到过，在 1960 年代中期，你曾有一个电影项目是关于杜尚或者是要和他一起完成的，显然这部片子从未发行过。我想问一下，真的有这么个项目吗？

安迪·沃霍尔：没有，当时只是有个想法。我的意思是，我拍了一些照片，但没真的开始做，就用 16 毫米相机拍了些照片。但是那个项目本来也只有在我们成功找到愿意出钱的人或基金会的情况下，才有可能真的动手去做。当时因为我在拍那些二十四小时的电影嘛，所以我就想说要是拍他拍上二十四小时的话会是很棒的。

布赫洛：你当时已经和他熟到可以做这种项目了吗？

沃霍尔：也没有那么熟，不过这种事本来也是他会想要做的。我们那会儿主要是在找个能出钱的人，把摄制本身的钱出了就行，然后拍上二十四小时，要是做成了肯定很棒。

布赫洛：所以实际上没有做？

沃霍尔：没有。我跟他没有那么熟，不像贾斯珀·约翰斯或者劳申伯格跟他那么熟。他们和他相当熟。

布赫洛：不过你还是跟他有接触？

沃霍尔：嗯，是啊，我们常能见到他，有时能见到他。反正他那会儿人就在那儿。我当时不知道他那么有名。

布赫洛：那时候，50年代晚期到60年代早期那段时间，他还仍然只是个相对来说不为人知的偶像人物，就那么在这儿生活着。

沃霍尔：甚至像巴尼·纽曼、杰克逊·波洛克和弗朗兹·克兰那些人当时也不怎么知名。

布赫洛：回过头来看，杜尚的作品花了那么长时间才被接受，这件事想想有时都让人难以置信。

沃霍尔：但是有些人，像劳申伯格，他们上的是黑山学院那种了不起的学校，所以他们当时就知道他。

布赫洛：所以你觉得杜尚被广泛接受是经由约翰·凯奇才真正发生的吗？有个一直都让我很感兴趣的事情，就是你的作品是怎么开始系列化（serialization）的。你最早的那些作品，像是《大力水手》（*Popeye*）和《迪克·特雷西》（*Dick Tracy*），仍然只是描摹现成物的单幅图像，而到了1961年或1962年，似乎你就进入到创作系列图像的模式了。

沃霍尔：我想这是因为……呃，我不知道。每个人那时都在寻找不同的东西。当时我已经画过漫画了，之后我看到罗伊·利希滕斯坦拿小点点画的那些画，它们实在太完美了，所以我就想我不能再画漫画了，因为他画得那么好。所以我就开始尝试别的东西。

布赫洛：你那时看过阿曼（Arman）的堆积作品了吗？那时他也才开始将相似或完全一样的现成物进行成系列的重复，也就才做了几年吧，这似乎是个非常奇怪的巧合。

沃霍尔：不，我不这样想，不这样想。我当时没有在想任何事，我只是在寻找一件事。不过我做了一幅美元钞票，之后我动手把它剪了。不过做看起来像美元的美元是不被允许的，所以你没法拿美元做丝网印刷。之后我想，到底要怎么做呢？我做的那张美元像是一幅丝网印刷，用的是商业技法——我自己做的。之后有人跟我说可以用照片来做，你知道，他们真的可以，就是把一幅照片放到丝网上，我就是那时做了第一张照片，然后从那里开始了一切。

布赫洛：不过你是怎么开始用"重复"作为你作品的形式的呢？

沃霍尔：噢，这个啊，我就是做了一幅丝网，然后把它重复了一遍又一遍。不过我是在复制"物"，可口可乐瓶还有美钞。

布赫洛：那是在 1962 年。所以这和对于系列性（seriality）的考量没有关系？诸如像约翰·凯奇以及和音乐序列（musical seriality）相关的诸多概念，都不是当时的你关注的问题？[1]

沃霍尔：当我还小的时候，约翰·凯奇来过——我想我见到他那会儿也就十五岁上下吧——不过我并不知道他做的与序列有关的事。你是想说……可我并不懂音乐。

布赫洛：序列形式（serial form）在 1960 年代早期变得越来越重要，而它和你在作品中引入系列结构（serial structures）碰巧是同一时期。有关这一点一直都没有人真正予以探讨。

沃霍尔：我不知道。我犯了个错误。我应该就只画《金宝浓汤》的，应该一直就画这个。因为那样，过了一段时间，我确实喜欢一些人，像是那个只画方块的，他叫什么来着？那个德国人，他几年前去世了，他的画都是方格子——阿尔贝斯[2]，我喜欢他，我很喜欢

---

[1] 布赫洛在一系列发问中想要探究沃霍尔成系列的作品的来由，比如是否受到序列音乐的影响和启发。尽管布赫洛的发问所示，在英文中可以用 seriality 这个词同时谈论沃霍尔成系列的作品和序列音乐，但在译为中文时，却不能不有所区别。按照《现代汉语词典（2002 年增补本）》的释义，系列：相关联的成组成套的事物；序列：按次序排好的行列。"序列"相较于"系列"，多了"次序"这一要素。沃霍尔的系列作品是否是有着明确次第的序列？比如他在 1962 年的首次个展中展出的三十二幅《金宝浓汤》在他的构想里是否要依照特定次序排列？答案恐怕是否定的。所以布赫洛在这里的探问可能本身就是无效的。

[2] 指约瑟夫·阿尔贝斯（Josef Albers, 1888—1976）。

他的作品。

布赫洛：你在洛杉矶费鲁斯画廊的那场展览，展出了三十三幅几乎一模一样的《金宝浓汤》，你那时知道伊夫·克莱因 1957 年在米兰的展吗？那场展上他展出了十一幅蓝色绘画，尺寸都一样，但是价格全都不一样。

沃霍尔：不知道，他一直到很后来才在纽约展出它们。我当时不知道。不过他不是有不同尺寸的画吗？不过说起来，劳申伯格在那之前就画了全黑的画作。而在阿尔贝斯——那位我非常喜欢的人——之前，就有人画了黑上加黑的画。

布赫洛：你是想到了艾德·莱因哈特（Ad Reinhardt）的画吗？

沃霍尔：对。他是在阿尔贝斯之前画出来的吗？

布赫洛：嗯，他们差不多是同时且彼此独立地在画，尽管阿尔贝斯开始得要更早一些。还有一个我正在力图弄清楚的有关接受过程的问题。关于你早期线条画风格的来历，人们有过很多猜想：是更多地来自马蒂斯呢，还是说受到了让·科克托的影响，又或者直接由本·沙恩（Ben Shahn）那儿来。我一直都很惊讶于他们从来没有真正考虑过曼·雷又或者皮卡比亚（Picabia）。这些人是你 50 年代晚期的那些画的渊源吗，还是说你觉得你那会儿的作品完全是商业性质的？

沃霍尔：对，那些不过是商业艺术。

布赫洛：所以你通过菲利普·佩尔斯坦了解到弗朗西斯·皮卡比亚（Francis Picabia）的作品是很后面的事？

沃霍尔：我甚至都不知道你说的这个人是谁。

布赫洛：而你一直到60年代才知晓曼·雷的画？

沃霍尔：这个么，在我认识曼·雷的时候，他还只是个摄影师——我想是这样的；而且直到今天我也还不知道他的画，真的。

布赫洛：他的画非常重视线条的运用，优雅而温和。整个纽约的达达传统都呈现出一种非常古怪的画风，而在我看来，你50年代末的那些画比起马蒂斯来，和纽约达达要接近得多。

沃霍尔：噢，我那样画是因为我喜欢描画——把照片的轮廓描画下来，这就是我那样画的原因。

布赫洛：显然这和皮卡比亚1916年左右的机械时期的那些工程素描所采用的方法很像。我不是很清楚在何种程度上这类信息会通过你的朋友菲利普·佩尔斯坦传递给你，毕竟佩尔斯坦的毕业论文写的就是皮卡比亚。

沃霍尔：我到了纽约以后，就直接开始做商业艺术了，菲利普那时也想来着，不过他在这上面进展得并不顺利，所以他就延续了自己的绘画创作。当时，我对画廊了解得不多，菲利普带着我去了一些画廊，再之后他就进入到一些更为严肃的艺术中去了。我想要是我当时就知道艺术是那么简单，我大概也会做画廊艺术而非商业艺术。不过不管怎么说，我喜欢商业艺术。那时要想做商业艺术是非常困难的，因为摄影真的取而代之了，所有那些插画师都很快就没了工作。

布赫洛：在过去的几年中让我大为惊讶的是，不管何时我看到你的新作，都是些非常具有话题性的作品。比如你送到柏林"时代精神"（Zeitgeist）展上的画，描绘了阿尔贝特·施佩尔的法西斯光线建筑；而在新表现主义兴盛之时，你送去德国"文献展"[1]的则是名为《氧化》的那批画。再之后，稍晚一点，我在卡斯泰利画廊看到《罗夏墨迹测验》双联画。所有这些画作全都具有一个特定的话题性：它们都和当时艺术创作的焦点紧密相关，但却又并没有参与其中。

如果再举一个同类事例的话，就是你的德·基里科系列画作并不真的是当下借鉴基里科运动的一部分——它看上去像是这个运动的一部分，但它同时又使自己远离它。尽管如此，你的那些画作仍然被普遍视为这个运动的一部分，视为对已故的基里科的颂扬和重新发现。你的作品与运动之间保持的这一关键距

---

[1] 指卡塞尔文献展。

离是你想要强调的一个特质吗，或者说将你的作品误读为运动的一部分会困扰你吗？还是说这种暧昧模糊、这种模棱两可，正是你想要的效果？

沃霍尔：不是，呃，我也不知道。每次其实都只是在找些事情来做。我只是在尝试一些新的想法。这些想法中，没有一个是真的在纽约办了展的。呃，我不知道。我现在重新做起了商业艺术，所以我必须要画肖像还有诸如此类的。你也知道，但凡开始一门新的生意，要让生意能持续，你就必须要保持参与。

布赫洛：文森特·弗里蒙特（Vincent Fremont）刚才还提到说你手里有几幅画是来自企业的委托创作。这很有意思，因为在某种意义上，这回到了你作品的商业原点。

沃霍尔：噢，我不是指那些，我是指画肖像那类事情。因为，我不知道，现在我看到的是孩子们就随便画他们的画，然后他们就像我过去那样把画卖出去。现在所有事情似乎都变得更容易了，不过你必须持续不停地做。所以其他那些事情都是我自己挑起来做的一些事。

布赫洛：所以你在商业委托和你所谓的"其他那些事情"之间，会做一个区分吗？

沃霍尔：会的。接下来我会在这边办一个展，我的想法是管这个展叫 "最差沃霍尔"（The Worst of Warhol）——如果我能说服佩奇［·鲍威尔］）的话，这姑娘是《访谈》杂志广告部门的人。在这个展上会展出一些，你知道，就是那些小画。不过打算展出的大部分东西后来变得大了一些，于是所有的人就都……我可以说是挺喜欢这个主意。《罗夏墨迹测验》是个好主意，把它做出来意味着我必须花些时间把我在《罗夏墨迹测验》中看到的东西写下来。如果我可以把我读到的都写下来，这会让它更有趣。

布赫洛：嗯，不过某种意义上，难道它们不也同时在对当下的绘画状况发表看法吗？就像《氧化》系列是对重新兴起的涂绘式（painterly）[1]技法及其表现力的评述一般。

沃霍尔：噢，我喜欢所有的绘画。看到绘画不停地发展，总会让人感到惊讶。新事物出现的方式啊，等等。

布赫洛：不过你不认为在你的《氧化》系列和《罗夏墨迹测验》系列中，对于"技法"实际上是有一个与众不同的态度吗？它们并不颂扬技法，真要说的话，它们颂扬的是技法的反面。

沃霍尔：不不，我明白你的意思，不过它们也是有技法的。如果我找人来做《氧化》而他们不好好想上一

---

[1] painterly 由艺术史家沃尔夫林所提出的概念 malerisch 翻译而来，指画家以没有明确轮廓的色块来表现形式，区别于以轮廓线的勾勒来表现形式的手法。《氧化》系列以向涂有含铜颜料的画布上撒尿而成，其所呈现的形式自然没有明确的轮廓线。

想的话，结果会是一团糟。之后我自己来做——也还是很费事，你要努力经营才能得到一幅好的画面。有时候它们会变成绿色，有时候则不会，它们会变黑或者什么的。之后我意识到为什么它们会滴淌，弄得画面上这里一滩那里一滩的，实在是不应该。在炽热的光照下，晶体就那么滴淌下来，流得哪儿都是。

布赫洛：这是给"技法"下了一个不同的定义。

沃霍尔：创作《罗夏墨迹测验》也一样。把颜料甩上去，就会只是模模糊糊的一坨。所以也许现在它们有一个更好的样子是因为我当时努力地去做，做完了又盯着它们看，看我能从中读出些什么。

布赫洛：所以在过去五年间发生的转向一点儿都没有对你造成困扰？对于具象的回归，对于手工作画流程的回归——这些你都不视为和你自己的作品及其历史有冲突吗？

沃霍尔：不，因为我也在做同样的事情……要是我就只画了《金宝浓汤》就好了，因为说到底，每个人都只有一幅画。不管什么时候你需要钱了就画上一幅，这实在是个好主意。就一幅画，画了又画——说到底大家记住你的也就只是那一幅画。

布赫洛：人们现在又装得好像绘画是一件非常需要创造力、对技巧有很高要求而且十分倚重艺术家才能的事了——我是说，这完全就是对 60 年代的那些想法的全盘否定嘛——对此你一点儿也不认为有什么问题吗？因为我在你近期的作品里看到的声明似乎是要让自己与所有这一切保持距离。实际上，《氧化》系列又或者《罗夏墨迹测验》系列看起来都很具有争论意味。

沃霍尔：不是的，不过如果这些作品在那时候做出来的话会和观念绘画或者诸如此类的东西非常搭。

布赫洛：《氧化》系列没有在纽约展出实在是很遗憾。

沃霍尔：噢，我在巴黎展出它们的时候，灼热的灯光让它们再次融化了。颜料滴落下来，场面相当诡异。它们看上去就像是滴画。而且因为打在上面的光太热了，它们一直在滴淌。这时你就能明白为什么那些圣画总是在哭泣 —— 肯定和绘制它们的材料有关。它们看上去可说是颇为有趣，我想我还会再回到这上面来的。不过我那时努力在做的是不可见的绘画，不可见的雕塑，那是我当时在做的。你去看了"区域"的展了吗？

布赫洛：没有，还没去呢。

沃霍尔：迪斯科艺术，你还没搞过迪斯科艺术吗？真是非常好的艺术，你应该去看看；马上就要结束了。有许多作品，大概有三十位艺术家，真的很有意思。

布赫洛：你在"区域"做了什么？

沃霍尔：不可见雕塑，不过和我所计划要做的不太一样。我一直都是用那种可以发出警报声的电子装置在做，就是你进到一个区域里就会发出警报的那种装置。但是在"区域"的那个就只是在一个基座上的什么或者说什么也没有[1]。不过"区域"有阿曼的一件非常美的自行车作品，填充了一整扇窗，一整扇窗都用自行车填充了起来。真的非常美。我觉得他是个了不起的艺术家。

布赫洛：所以你是在后来才知晓他的作品的，而不是早在 60 年代早期就知道了他的那些堆积作品。你会觉得他的早期作品也挺有意思吗？就是他 50 年代晚期的那些作品和对现成物的重复。

沃霍尔：是的，而且他不是一直都做这些么。

布赫洛：更早期的作品更直接、更尖锐，晚期的则有些审美化了。

沃霍尔：我看过的早期作品是一辆车。那是什么，警车还是什么？

布赫洛：他把一包炸药放到车底下，然后把它给炸了，一辆白色的名爵。当时是一位杜塞尔多夫的藏家——

---

[1] 沃霍尔实际在"区域"做的《不可见雕塑》是这样的：他先站上了一个基座，站了一会儿后，他就离开了，只剩下那个基座本身，还有墙上的一块说明牌，上面写着"安迪·沃霍尔，美国，《不可见雕塑》，综合媒材，1985 年。"

本身是个广告业者——委托他进行创作。阿曼就说，"行啊，查尔斯·维尔普（Charles Wilp），把你那辆白色的名爵给我"，然后炸了它。那个作品叫作《白兰花》（*White Orchid*），是很妙的一件作品。

沃霍尔： 不过他现在的作品真的很棒。

布赫洛： 我想听你谈谈你是如何看待 60 年代艺术界的后续发展的——极简和观念艺术的兴起，而后很快这些观念又在 80 年代早期迎来了翻转。你和做观念艺术的那批艺术家有私人来往吗？你对这类问题有持续的关注吗？现在在做创作的艺术家里，你对于不画画的那些是否和对画画的同样感兴趣？

沃霍尔： 是的，不过不画画的也没有很多了，不知为什么，现在观念艺术家比以前少了。

布赫洛： 但是在观念艺术正当时的那段时期，比如像劳伦斯·韦纳出来的时候，你对那些作品感兴趣吗？

沃霍尔： 感兴趣啊，都很好。但他们现在还在创作吗？他们还在做同样的事情吗？

布赫洛： 是的，他们还在创作，他们持续推进这类方法。在公开场合，你给人的印象是相较于其他东西，你更为支持绘画。

沃霍尔： 噢，不是这样的，我喜欢那些作品。它们都很好。

布赫洛：所以你现在不将绘画视为你自己作品的对立面？

沃霍尔：如今，有如此多的画廊，你做什么都可以。没什么要紧的了，每个人都有自己的品味。画廊这么多，每天都有一家新开张，所以有空间给每个人。你可以每个类别都去看看，实在是很惊人，每种都同样地好，也都同样地贵。

布赫洛：所以你不再将某一原则看得特别重要了？在60年代，有一个强烈的信仰体系附着于艺术之上。

沃霍尔：在60年代，一切都变化得太快了。起先是波普，之后人们又给起了不同的名字，比如观念艺术。人们让发生的事情听起来像是现代艺术或者诸如此类的，因为它变化得太快了，所以我也不知道波普艺术是否是其间的一部分，还是说它是别的什么，因为一切都来得太快了。

布赫洛：但是比如说原创性问题，就是将艺术家视为作者、发明家或者某个可以生产贵重物品的人的那种观念，在60年代尤其受到了批评。在与此相关的那些争论中，你一直都是中心人物，或者至少你被视为中心人物，你对于原创性观念像杜尚那样提出了你的批评。而现在事情翻转过来了，现在这似乎完全不再是问题了。

沃霍尔：当然我也愿意设想我就只以那种方式工作。但是话说回来，你可以想的是一回事，但并不真的去做；你可以想着不喝，但是实际上喝，或者诸如此类的。另外我听说有个孩子发明了一部绘画机器，我想那会是一部了不起的机器。不过，你知道的，丁格利[1]做过这么个东西。

布赫洛：是的，在1950年代晚期，那时斑点主义（tachism）[2]风头正盛，事情变得十分荒谬。

沃霍尔：我还是觉得有打造绘画机器的其他方式。我刚说的那个孩子做了一个，不过散架了。但我确实认为你可以搞一台绘画机器让它整日里为你作画而且还画得很好，而你呢，则可以去做点儿别的事，而且这样仍然可以有非常出色的画。但这就像……我不知道，今天早上我去卖手提包的那一区，那儿有人每天的工作就是给包手动上水钻，他们全都是手工做，实在是让人大为惊叹。如果是机器做，那就不同了。……你一直都有在去画廊看新作吗？

布赫洛：是的，我以差不多固定的频率去，我一直都没有真的弄懂为什么事情一下子就这样翻转了过来，为什么忽然间人们又开始观看绘画了，就好像有些事

---

[1] 指让·丁格利（Jean Tinguely，1925—1991），瑞士达达主义画家、雕塑家。

[2] 斑点主义是在二战后于巴黎产生的一种绘画风格，一直延续到1950年代。相当于美国行动绘画的它，以艺术家出于直觉的、自发的运笔以及如此形成的笔触为特点。——原注

情从未发生过一样。

沃霍尔：这就好像在 60 年代，当我们认识第一批异装皇后的时候，他们觉得自己是最先开始这样做的。现在我去派对，会遇到一些作异装打扮的小孩儿，他们觉得自己是有史以来唯一想到过这个主意的人，这可真有些古怪。就好像是他们发明了异装皇后似的，这一切又都成了新鲜事物，真是很有意思。

布赫洛：你的电视节目和你的画作，是否在某种意义上是你作为艺术家的活动的两极？

沃霍尔：是的，我们在尝试着做两件事，不过绘画真是让人兴奋啊。我不知道，我就是为所有那些新冒头的孩子感到特别兴奋，像是基思·哈林和让-米歇尔［·巴斯奎特］还有肯尼·沙夫。意大利人和德国人都相当好，不过法国人则没有那么好。不过就像你刚说到的伊夫·克莱因以及……不过法国人里确实有一位非常好的画家，我是说，我最喜欢的艺术家是巴黎最后的大艺术家。他叫什么来着？

布赫洛：是一位画家吗？

沃霍尔：对，最后一位著名画家。巴菲特[1]。

布赫洛：不管怎么说，有许多新画家似乎都在模仿他。

---

[1] 指伯纳德·巴菲特（Bernard Buffet, 1928—1999），法国表现主义画家。

沃霍尔：噢，我不知道，我看不出那与贾科梅蒂[1]有何不同。在某一时点上，人们裁定说他的作品是商业性质的或者什么的。但他还在画，我还能看到他的作品，售价仍然是两到三万美元。他还在。他的作品不错，他的技法非常好；他和另一位几天前才刚去世的法国人——迪比费[2]——一样地好。你觉得发生了什么？你是觉得没有那么好吗？

---

[1] 指阿尔贝托·贾科梅蒂（Alberto Giacometti，1901—1966），瑞士雕塑家、油画家。

[2] 指让·迪比费（Jean Dubuffet，1901—1985），法国画家、雕塑家。

安迪·沃霍尔：一位艺术家和他的阿米加

盖伊·赖特（Guy Wright）和格伦·索科（Glenn Suokko）

1985 年

《阿米加世界》（*AmigaWorld*），1986 年 1、2 月号

沃霍尔对于技术的迷恋从未止歇。和北美飞利浦公司在 1960 年代中期找沃霍尔帮他们推广他们的早期便携式摄像设备一样[1]，康懋达（Commodore）电脑公司在 1985 年请安迪为他们新推出的具有先进的图像处理能力的机器——康懋达阿米加（Amiga）A1000 代言。作为回报，沃霍尔得到了一台设备，在他的工作室使用。

1985 年 7 月 23 日，康懋达为 A1000 在纽约林肯中心举行了一场备受瞩目的新品发布会。为了展示阿米加的能力，沃霍尔受邀在现场用一款名为"图技"（Graphicraft）的程序在一众观者面前为黛

---

[1] 参看本书收录的第十篇访谈，由理查德·埃克斯特拉克特于 1965 年所作的《录像带正流行：与安迪·沃霍尔的一次地下访谈》。——原注

比·哈丽（Debbie Harry）——摇滚乐队"金发女郎"（Blondie）的主唱——画一幅肖像。沃霍尔的表演配有伴奏，伴奏所用音乐也是使用在阿米加上运行的一款名为乐技（Musicraft）的程序创作的。

当时，康懋达 A1000 是具有图像交互界面的麦金塔电脑（Macintosh）的竞争对手，它具有为家庭用户打造的令人印象深刻的多项视听功能。A1000 的硬件将电脑与影像流畅地结合为一体，创造了一个捕捉和操控图像的理想环境。但是 A1000 从未能够捕获大众的心：它大多数的零售渠道是玩具店而非电脑商店，而且两千美元的售价被认为过于昂贵，超过了一般消费者的承受能力。康懋达公司已于 1994 年破产。

下面这场访谈是在林肯中心的发布会后做的，发表在行业杂志《阿米加世界》上;《阿米加世界》已于 1995 年停刊。

——本书编者

▶

　　沃霍尔工作室，纽约。进前厅，握手，一整圈。经理、制作人、艺术品商人，以及在人群之后的安迪·沃霍尔。瘦小、黑色牛仔、运动鞋、粉红色框架眼镜、白色头发。他握手的时候轻声说"嗨"，然后消失在大楼的某处，而我们其余的人则两人一组，分批搭乘一部小型奥的斯电梯，到二楼或三楼的餐厅用午餐。

　　餐厅的氛围很舒适，《访谈》杂志的编辑、艺评人、友人、经理、我们（《阿米加世界》的艺术总监格伦·索科以及我自己）还有其他一些人全都喝着酒、聊着天，之后也没听到谁下指令，大家就落座开始用午餐。安迪静悄悄地飘进来，坐在桌子最远的一端，开始吃饭。对于其他人的问题，他给予简短的回答。

　　我问一位《访谈》的编辑该向安迪问些什么问题："有他喜欢聊的题目吗？"

　　"这可不好说，"他答道，"安迪不做访谈。我很庆幸他是（《访谈》的）出版人，所以我永远都不会需要去找他做访谈。真要做的话，我不知道我要问什么。你应该问问他的经理。"

　　早些时候，同样的问题我问过杰夫。杰夫是康懋达的工程师，过去的几周里他一直在和安迪一起工作，为他在音乐电视网（MTV）的新节目忙活。"我不知道，"杰夫说，"他话不多。他根本就不说话。据我所知，他不做访谈。你们真是太幸运了，能得到机会和他做访谈。"

　　最后，我问了康懋达的执行总监，这场访谈就是由他安排的。"也许我才是应该问这个问题的人，"

他说，"安迪话不多，我也不知道事情接下来会是什么样。"

我们的摄影师到了，格伦去影片制作室帮着布光。午餐结束后，我跟着安迪来到了楼上的制作室。

"听说你不做访谈？"

"对。"安迪生硬地说。他再次不见了踪影。

行吧。

给音乐电视网的片子就是在这间影片制作室里做的。室内有椅子、设备架、显示屏、剪辑台、摄像机、灯和两台阿米加。一些画作被拿了进来。4×4英尺的多莉·帕顿，沙袋。各种东西。文森特·弗里蒙特让所有人都坐下来，我们预览了将在音乐电视网播出的、由他任制作人的《安迪·沃霍尔的十五分钟（差不多吧）》（"Andy Warhol's Fifteen Minutes, [More or Less]"）。节目在阿米加上制作的部分被特别点了出来。字幕和特效。安迪也飘了进来和我们一起看片子。

片子放完后，屋内的大多数人或者离开或者挪了挪地方或者仍在那里坐着。一台摄像机被连上了数字转换器，那个数字转换器则连着一台阿米加，而安迪坐在它前面。灯光调整好了。摄像机开了。软件也运行上了。

我们的摄影师开始几乎一刻不停地拍照。他用的相机带自动卷片器，所以他可以咔哒–吱吱吱、咔哒–吱吱吱、咔哒–吱吱吱地拍个不停，他只管取景和对焦就好。他满屋子地转，胶卷用完了一卷又一卷。

没有人知道谁该待在现场、谁该离开。有的人晃过来又晃过去，有的人坐了下来，有的人聊着天。那位工程师插上了线，敲击键盘，移动和点击鼠标，改换设置。

安迪·沃霍尔坐在一台阿米加前面，那台阿米加很快就活跃了起来。

摄像机捕捉到的图像被传送到阿米加，继而出现在显示屏上。起先有一些杂色的抖动和干扰，摄像机对着空处，之后那个工程师（主要是为了让镜头能对着点儿什么）把镜头指向了画着多莉·帕顿的那张画；画倚着架子放着，架上摆满了录像带。

也说不好是从何处开始的。在某一时刻，录音机被打开了。在另一时刻，软件开始了工作。从始至终伴随着我们的，是摄影师那台35毫米相机发出的咔哒－吱吱吱、咔哒－吱吱吱、咔哒－吱吱吱的声音。安迪开始摆弄起鼠标来，而随着每一下鼠标的移动和点击，显示屏上的颜色都会有所改换。他着迷于变动的颜色以及由摄像机、灯光、软件、鼠标和人的组合所制造出的古怪效果。

在等着访谈开始的时间里，访谈开始了。与其说是访谈，不如说更像是聊天。安迪摆弄着电脑上的图像，人们进进出出。许多人问问题，甚至安迪也问问题。摄影师从屋子里的每一个可能的角度拍照片。工程师不停地调整着设备。有些人什么也不做，就那么看着显示屏，看那上面颜色的变化，看摄像机的移动、打光灯的移动又或者安迪尝试其他什么东西会在屏幕上带来什么改变。

一幅多莉·帕顿的彩色图画起初只是黑白灰，但很快就光亮起来，以阿米加的电子色彩替换了原初的色彩。

一场访谈，和安迪·沃霍尔做的访谈——他并不做访谈。他是一位艺术家，一位在阿米加发布会上的艺术家，一位远在阿米加出现以前就早已确立了地位的艺术家；他是《访谈》杂志的出版人；他所做的工作涉及影像、音乐电视网、摇滚、电影、人物和事物——比如阿米加。

格伦：你是什么时候画的这幅多莉的肖像？

安迪：上周。

格伦：嗯——看那个色。

安迪：选这个色会很棒。哦耶。所以你们打算问我一些问题吗？

盖伊：你想聊点儿什么？

安迪：哦，我不知道。

格伦：这是自从切片面包发明以来的最棒的事物吗？

安迪：哦耶，是的。

格伦：你怎么看现在显示出来的这件作品？你要怎么向公众展示你在一台阿米加上创作的东西呢？

安迪：这个么，我们可以打印出来。如果我们现在有打印机的话，我现在就可以把它打出来。

盖伊：你会卖打印件[1]还是发行磁盘？

安迪：哦，我有个朋友名叫让-米歇尔·巴斯奎特，他用复印机把复印件铺满他的画。所以如果我们这儿有打印机的话，我也可以这样做，然后签上名字当它是版画。不过，我觉得如果打印机以后可以变得非常大，比如 20×30 或者 30×40 的话，那就真是太棒了。

盖伊：所以你不觉得这会有问题？你在电脑上做的东西可以被一个像素不差地复制出来，做成一件分毫不差的复制品？

安迪：哦，版画不就应该是分毫不差的复制品么。所以……

盖伊：不过版画会有一个有限的版数，你可能买到的是比如 100 件中的第 56 件。

安迪：这个么，你可以在你想要的数量停下来。蚀刻版画通常都会在一个特定的数量上停下来。

[摄影师相机里的自动卷片器猛烈地响着，咔哒-

---

[1] 上文的"打出来"和这里的"打印件"原文分别是 print this out 和 prints，print 又有版画的意思，下文沃霍尔即在这一意义上使用了这个词。本书前面的访谈用到 prints 时多译为"印制作品"，因为实际上在英文里，只要是印出来的，都可以叫 print，译为"版画"则语义过狭了。

吱吱吱、咔哒–吱吱吱、咔哒–吱吱吱，人们在屋子里晃来晃去，安迪则在点击着鼠标。]

格伦：你能想象有一天显示屏嵌入到博物馆或者画廊的墙里去吗？

安迪：孩子们已经在这样做了。守护神（the Palladi-um）有两个巨大的电视幕墙一直亮着，每边有大概二十五到五十台电视。他们还没有拿它来做艺术，不过如果做的话会很棒。

盖伊：就像镁光灯（the Limelight）沿着墙的那一排电视机一样。

安迪：对，不过实际上私人之眼（Private Eyes）是一个影像吧（video bar）。[对格伦说] 你去过那儿吗？

格伦：没去过。

安迪：它过去就开在这附近。如果你有一个片子想要在开派对的时候放，拿过去就行了。那儿不是跳舞的地方，就只是个影像吧。

盖伊：你觉得那会是新式的博物馆吗？

安迪：嗯，会的。实际上，当我在林肯中心操作这个的时候 [指阿米加的发布会]，就像是在博物馆，因为现场得有好几千人，而我在台上操作这个。那就像是博物馆，因为你可以展示你的作品。

盖伊：在有限时间内的即时博物馆。

安迪：是的。

盖伊：所以这不是静止的艺术？

安迪：杰克 [·黑格尔，康懋达 – 阿米加的艺术和平面
设计总监]，之前和我一起工作，他用起它来更像画
笔和颜料。

盖伊：你喜欢用它来工作吗？

安迪：我爱它。

盖伊：你会买一台吗？

安迪：哦，我们已经有两台了，所以我们会买一台打
印机。

盖伊：你是说高清打印机吗？

安迪：哦，他们在发布会上用了一台，这么大 [他用
手比划出 4 平方英寸的大小]。很小巧，非常漂亮。

[人们在屋子里走来走去。背景里有人在聊天。
工程师在调整连接线。摄影师换好了胶卷，又拍起来。

阿米加上的图像随着屋内光线的变化和人们在摄像机前的走动而颤动着。]

格伦：我喜欢这样的变化。

安迪：这个么，它不是——哦——[工程师挪动摄像机，阿米加的屏幕上出现了很多彩色的道道]—— 它通常是静止的。这是又开始了。好了，停了。哦耶，现在好多了。

　　[画面固定下来，在一堆影像器材后面，斜倚着的那张荧光色多莉·帕顿染上了一层两极化的深红色。]

盖伊：是不是在你看来，与其说这个是以电脑为重，不如说是以影像为重？

安迪：我觉得任何事——任何人都可以使用它。

盖伊：你认为将会有个人艺术的兴起吗？

安迪：会的。[随着安迪移动和点击鼠标，深红色变成淡紫色变成橘黄色变成紫红色] 其实我最近跟每个人都在说这台机子，不过他们还没能买上一台。

格伦：有没有你的哪个艺术家朋友已经看过你做的东西了？

安迪：几天前有人来过，另外人们已经在杂志上读过我们在发布会上做的事情了。

格伦：你的朋友大体上都是怎么看电脑艺术的？

安迪：他们全都喜欢它。他们一直在用复印机，他们等不及要用电脑了，因为有太多人涌向复印艺术了。你做创作，然后把东西拿到复印店里去，在那儿印出来复印件。让–米歇尔·巴斯奎特用复印机。如果他可以用自己的机子复印，那么他也会用这个的。

格伦：让–米歇尔是和你一起做这个 [一个画了手绘的沙袋] 的艺术家吗？

安迪：是他。

盖伊：你喜欢这台机器是因为它非常快吗？

安迪：我觉得它很棒。快，还有各种优点。

盖伊：你认为它会给和高雅艺术相对的大众艺术带来什么样的影响？

安迪：大众艺术就是高雅艺术。

盖伊：你认为它会推动艺术家改变吗？你认为人们会开始使用更多不同的艺术元素吗——音乐啊、影像啊，等等。

安迪：这就是它最棒的一点。我想你可以……一位艺术家可以拿它把所有事情全都做了。实际上，拍电影所需要的一切都可以在这上面完成——音乐、音效和艺术，一切。

格伦：你用到它在音乐方面的功能了吗？

安迪：还没有。我们还仅仅在尝试学习它在艺术方面的功能。[安迪的多莉照片画的数字化影像上又有了一点颜色的改变。红色的地方现在成了蓝黑色，粉红色的地方则变成了黄绿色。] 哦，这真不错。

盖伊：你认为电脑会带来局限吗？

安迪：不。

盖伊：你认为它是开放的？

安迪：嗯。[安迪总是被阿米加屏幕上不停变换的颜色分去注意力。那幅多莉·帕顿肖像随着每一次鼠标的移动和点击都会产生跃动的色彩。] 天呐，如果我们现在手边就有打印机的话，我这就可以把这些打出来，把所有这些不同的颜色组合发给多莉·帕顿。这样我们就可以省很多事了。

格伦：她看过那幅肖像了吗？

安迪：没有，我们本来要给她送过去的。这下可太好了，因为我可以用绿色和另一个颜色来做。

康懋达执行总监：就像你做的那幅德博拉·哈丽[1]吗？

安迪：对。

[在阿米加的发布会上，德博拉·哈丽——"金发女郎"乐队的主唱，在一台摄像机前摆好了姿势。一帧黑白影像被定格，然后传输到一个绘画程序上，安迪操作鼠标来填充颜色、加上线条，在工作室里可能要忙上数周的工作只花了十分钟就完成了。]

盖伊：你用阿米加有多长时间了？

安迪：就是杰克[·黑格尔]在这儿的这几周。我们还在等一个最终的软件。之后我们会需要杰克再来待几周。杰克发现什么新技术了吗？

执行总监：我想他一定发现了，因为新的软件有很多不一样的功能。

安迪：都有什么功能？过去的几个月又有什么新东西出来了？

执行总监：我自己也都还没看到。每个人都在忙他自己的那一部分。不过上次我和杰克聊起来的时候，他

---

[1] 即前文的黛比·哈丽。黛比（Debbie）是德博拉（Deborah）的省称。

问什么时候可以回来这边。所以我知道他期待着回来呢。

[绘画程序的另一个选项被激活，光谱上的各种颜色开始自行循环起来，同时带有光和色彩的频闪效果。]

安迪：哦耶。哦，这可太怪了。哦，看这个啊。

盖伊：阿米加有没有什么地方是你不喜欢的？

安迪：没有，没有。我爱这台机子。我要把它运到我的地方去，运到我自己的工作室里去。那样我就可以换颜色了，那会非常棒。另外就是如果我们可以有一台打印机的话，我会把这幅肖像做四个不同颜色的版本，然后送到多莉那儿。

盖伊：这么说，你觉得你会把它作为一个主要工具来使用了？

安迪：是啊，会省很多时间。这样我就不用非得把所有肖像都一次性做出来了。我可以就挑一些颜色出来，把它们送过去，然后挑出那个我想要做的[1]。

---

[1] 这里原文如此，但怀疑沃霍尔想说的是"然后挑出那个人家想要的来做"。因为沃霍尔制作肖像订件的一般流程，是会先用宝丽来给委托人拍照，由委托人挑选出他／她满意的照片，沃霍尔再以照片为蓝本，制成不同色彩组合的丝网印刷来供委托人挑选、购买。也就是说他费时费力制作的不同色彩组合，未必全都会被人家看上、买下来。现在如果可以用电脑制图，把不同色彩的效果打印出来发给委托人挑选，再将对方选定的色彩组合用丝网印刷制作出来，就既省时又省力了。

格伦： 你觉得这会对于一件"安迪·沃霍尔原作"的价值有影响吗？

安迪： 不会，这只是个草图。让我们叫它草图。

盖伊： 你觉得有一天这东西本身会被当成艺术品吗？

安迪： 会啊。而且实际上斯蒂芬·斯普劳斯（Stephen Sprouse）的大部分作品都是这么做的。他上一个印花，就是有星球什么的那个，我想就是这么做的。做得非常美，天呐！

格伦： 你会考虑把它们作为成品发出去吗？

安迪： 哦，我们已经在这么做了。斯蒂芬看见了我这么做，就给我展示了他做的一些东西，它们非常棒。

盖伊： 最棒的是你可以尝试所有的色彩组合，给某个组合拍照或者打印出来，然后决定哪种色彩组合效果最好。

安迪： 嗯，也许我可以在这之后再开始画，而且我可以在其上做色彩变化。肯定有我们可以买的打印机，哪怕是买那个小的也行。

执行总监： 实际上我记得我们有一个更大的打印机。

安迪：有多大？

执行总监：8×11 的。

安迪：哦，真的吗？也许我们可以这周就试一下？

执行总监：得下周。

安迪：好。如果我带这张图过去，我可以在它上面试不同的颜色吗？

杰夫：当然。

安迪：[对盖伊说] 这样你就可以在你的文章里用上了。你可以展示我是怎么给图片换颜色的。你知道具体是下周哪天吗？下周的早些时候？

执行总监：它们就在附近，只要取过来一台就可以了。

安迪：哦，好。

　　[进一步调整摄像机和那幅多莉的画作。摄影师开始慢下来了，不过他的相机仍然持续发出咔嚓–吱吱吱、咔嚓–吱吱吱的响声。]

盖伊：对你来说，在阿米加上创作这种艺术最让你喜欢的部分是什么呢？

安迪：哦，我喜欢是因为这看上去像是我的作品。

盖伊：对于每个人的作品现在看起来都会像是你的作品这一点，你又是怎么看的呢？

安迪：事情并非如此。你刚不是给我看了杂志 [《阿米加世界》] 上其他艺术家的作品吗？那些看起来像是我最开始做的作品。我仍然觉得有些人——比如设计师——可以用它来向人们展示他们的公寓如果全弄成蓝色或者白色会是什么样子……他们可以很轻松地就做到这一点。更换一把椅子或者改变一处颜色。

盖伊：你会考虑将阿米加用在"传统"的用途上吗？

安迪：《访谈》的孩子 [他们的办公室就在楼下] 已经想要把它偷走了。我们还没有把机子给他们。

格伦：你觉得你有可能会在杂志 [《访谈》] 上使用在阿米加上生成的图片吗？

安迪：哦，会啊。用它来制作封面的话会非常好用。

盖伊：你拿电脑玩儿游戏吗？

安迪：我反应不够快。

盖伊：有些不用反应快。交互小说。电子小说。

安迪：哦，是么。[对执行总监说]广告公司用上这机子了吗?

执行总监：你比计划的要早得多地拿到了这台机子。

安迪：哦，真好!

盖伊：你觉得相比于使用画笔，鼠标用起来怎么样?

安迪：我本以为这会儿已经可以用上笔[光笔]了呢。

盖伊：你是觉得鼠标用起来有点儿不方便吗?

安迪：哦，鼠标很难用。为什么还没有可以用的笔呢?

执行总监：库尔塔（Kurta）正在研发呢，我们本以为到这会儿应该已经做成了，结果⋯⋯

安迪：笔会以同样的方式工作吗? 我的意思是说，哪怕是一只方形的笔也可以。你们可以把球放在这儿[指着鼠标的一角]，只是握法不同而已。如果把球放在笔尖，你就可以用不同的握法来抓着它了。

盖伊：一只圆珠鼠。

杰夫：我们正在研发的那款甚至都不带连接线。

安迪：你是说就跟画笔一样?

杰夫：是的。

安迪：哦，那可太好了。那用起来会很不一样。那样你就可以在一张照片上勾画轮廓了，是吧？

杰夫：是的。

盖伊：现在有了这样的东西 [鼠标]，你会怀念手上沾了颜料的日子吗？

安迪：不，不。手可以不用碰颜料实在是很好的一件事。我不知道，不过他们总是说塑型涂料对健康有害。是不是这样？

盖伊：现在他们改说坐在显示屏前、坐在椅子上对健康有害了。

格伦：你能画一幅自画像吗？

安迪：哦，当然。

[摄像机被移动来对准安迪，他的脸出现在阿米加的显示屏上。现在显示屏上有一个安迪，电脑前也有一个安迪，而多莉则在背景里，这勾起了摄影师的兴致。]

摄影师：你可以身体前倾一些吗？我想把你和多莉同

时拍进去。[安迪身体前倾]很好。非常好。好了，谢谢。

格伦：多莉·帕顿是为了这幅肖像来过你这儿吗？

安迪：没有，是我去麦当娜婚礼的时候做的。

[回到自画像上来。工程师调整颜色、色阶和灰度，直到安迪满意。]

安迪：这儿，就这个。[指着一帧他自己的黑白影像。]

杰夫：这样？

安迪：啊哈。[已经开始给屏幕上的他的脸着色。] 天呐，这是不是有点儿怪？

盖伊：如果有可以添到阿米加上的东西，你会加什么上去？

安迪：我唯一会添加的是画笔 [激光笔]。这是我唯一想要加的。

盖伊：来个触控屏怎么样？在屏幕上直接工作。

安迪：哦，那会很不错。和画笔一起用会很好，因为你可以在上面添加颜色什么的，而且要是笔尖足够尖的话，处理起线条来会更容易。

盖伊：你之前用电脑做过什么吗？

安迪：没有，这是第一次。

盖伊：为什么你此前没有用过电脑？

安迪：哦，我不知道。麻省理工学院大概十年前打过电话给我，不过我没有过去……也可能是耶鲁。

盖伊：你那会儿不觉得这会很有趣？

安迪：哦，也不是，只是，呃，现在这台比当时那些要先进得多。我想一切都是他们从那儿开始做起来的，那些大学毕业后去了加州的孩子。是他们发明出来的，不是吗？

盖伊：你觉得电脑会在艺术领域扮演越来越重要的角色吗？

安迪：呃，会的。我想在涂鸦艺术之后，大概就是电脑了。等电脑足够快的时候，大概会接替那些涂鸦的孩子。

盖伊：你喜欢涂鸦艺术吗？

安迪：哦，当然，我喜欢。我觉得它非常棒。

[安迪完全投入到自画像中去。添加颜色、线条，

给一些区域涂色，做着各种改动。鼠标被移动着，点击了又点击，但他的眼睛没有再从屏幕上挪开过。人们仍然在房间里走来走去。有些人离开，有些人进来，大多数人则盯着阿米加的屏幕，看那幅显示在阿米加电脑上的数字化的黑白影像逐渐变为一幅彩色自画像，一幅沃霍尔画沃霍尔。安迪·沃霍尔在阿米加上作画，他画的是坐在阿米加前、正在阿米加上作画的安迪·沃霍尔，他画的这位坐在阿米加前、正在阿米加上作画的安迪·沃霍尔正坐在阿米加前……再这么重复就该被绕晕了。文斯·弗里蒙特[1]，安迪·沃霍尔电视片的制作人，进到房间里来，盯着我们瞧。]

文斯：要开空调吗？

杰夫：我给关上了，因为有电扇。

文斯：那我把门打开？

杰夫：好啊，谢谢。

　　[房门打开时发出吱嘎的响声，轰隆隆地，金属门升了起来。]

文斯：[来到屋顶上]我喜欢这些天窗。

安迪：[抬起头，看向外面。屏幕上的他的脸，部分

---

[1] 即前文的文森特·弗里蒙特，文斯（Vince）是文森特（Vincent）的省称。

已经上了色，盯着一台看不见的显示屏。] 那些是开派对的时候拿来当桌子用的。

文斯：有人正在拆天窗。

安迪：是吗？ [他也走出房间，来到屋顶上。] 又开始拆了吗？

文斯：其他楼的人总往上面扔东西，这样玻璃就承受了不该承受的重量，有可能会碎裂。

安迪：我很久都没看过后面了。

文斯：这样，所有人都来外面休息上五分钟。那个遮蓬还在那儿吗？安迪？安迪？安迪？

　　[安迪回到房间去，自画像完成了。人们四散开。我们也得走了。还有其他的访谈呢。其他的……]

---

* 本篇访谈中的标点符号悉尊原文，或与其他篇不一。——编注

安迪·沃霍尔

乔丹·克兰德尔（Jordan Crandall）
1986 年
《水花》（*Splash*），第六期，1986 年

在他 1986 年 5 月 22 日的日记中，安迪·沃霍尔写道："我刚看了《水花》杂志的人和我做的那篇访谈，我不知道他怎么能写得这么好，因为采访的时候，我的表现没那么好"（*Diaries*, 734）。乔丹·克兰德尔将一连几个下午的电话采访得来的材料轻巧地编织起来，构成了这篇长访谈。文本本身提供了证据，从中可以看出沃霍尔在选择用词时非常在意。"安迪回答得非常慢，而且总是试图扭转局面，"克兰德尔说，"对话大体上和缓地进行着，不过有很多停滞的时刻。沃霍尔会变得心不在焉起来而想要结束当天的对话。"

开办《水花》这本文艺杂志时，克兰德尔才二十出头，住在佛罗里达州的萨拉索塔市（Sarasota）。

克兰德尔写信请求采访，但一直未能从沃霍尔的工作人员那边得到一个肯定的答复。于是他直接动身前往纽约，来到"工厂"，要求面见沃霍尔。"我被一个人留在办公室里待了几分钟，然后沃霍尔就如鬼魅一般突然出现了，"克兰德尔回忆道，"我觉得他欣赏我势必要将采访做成的决心，所以他说他会接受采访。"沃霍尔定了个条件："他不想做面对面的采访，他想通过电话来做，他说那是他最为舒服的方式。"

这次采访完成后不久，克兰德尔就搬到了纽约，而《水花》第六期也出版了。克兰德尔安排了罗伯特·梅普尔索普（Robert Mapplethorpe）去给安迪拍照，于是一幅出自梅普尔索普之手的标致的沃霍尔肖像照为杂志的封面增添了光彩。

《水花》杂志在其后又出版了四期，并于1989年停刊。

——本书编者

▶

安迪·沃霍尔：奥特拉·维奥莱特跟你说了她吃金子几乎要了命的事儿吗？她当时一天吃好几磅的黄金。

乔丹·克兰德尔：真的吗？

沃霍尔：有人让她吃黄金，所以她就一把一把地吃起来。

克兰德尔：你今天午饭吃的什么？

沃霍尔：鱼，还有一片面包。

克兰德尔：你吃快餐吗？

沃霍尔：不吃，但我每餐都吃得很快。

克兰德尔：你现在开始吃健康食品了。

沃霍尔：是的，不过我是飞快地吃下健康食品。

克兰德尔：你早饭一般吃什么？

沃霍尔：七种谷物、苹果派、二十片维他命，还有胡萝卜汁，而我身体还是很差。

克兰德尔：你挺健康的呀。

沃霍尔：实际不是。我力图戒掉吃糖的毛病。

克兰德尔：你创造性地保持健康吗？

沃霍尔：不。我们这儿的两个小孩儿——他们有本叫作《积极的心态》（*Positive Thinking*）的书——已经逮到我好几次不积极的状况了。

克兰德尔：这么说你确实有积极的心态。

沃霍尔：也不是有意识的，不过我确实力图保持积极的心态。

克兰德尔：你不让自己沉溺在负面的事情里。

沃霍尔：我不知道什么是负面的事情。

克兰德尔：你最喜欢的恶习（vice）是什么？

沃霍尔：《迈阿密风云》（*Miami Vice*）。

克兰德尔：你做什么运动吗？

沃霍尔：力量训练。

克兰德尔：逆量训练？

沃霍尔：不，力量。

克兰德尔：仰卧起坐？俯卧撑？

沃霍尔：二十个俯卧撑。

克兰德尔：每天都做？

沃霍尔：是的。

克兰德尔：你照镜子吗？

沃霍尔：不照。对我来说，照镜子太困难了——镜子里什么都没有。不过我们这儿倒是有一面不错的镜子。就是那种可以把你照得又高又瘦的那种。折扣商店里会用的那种。

克兰德尔：你认为对于身体的关注是好事吗？

沃霍尔：别关注我的。其他人嘛，好事啊。

克兰德尔：安迪·沃霍尔的运动项目包括……

沃霍尔：就起床——要说运动的话，最多也就要求到这一步了——起床，然后出门。

克兰德尔：你做运动的时候会想些什么？

沃霍尔：也不想什么。就运动之前在想的事情。

克兰德尔：你会做白日梦吗？

沃霍尔：我不记得了。

克兰德尔：你做梦吗？

沃霍尔：不做。

克兰德尔：你有隐秘的幻想吗？

沃霍尔：没有。

克兰德尔：什么让你快乐？

沃霍尔：早上能起得来床。在阳光灿烂的佛罗里达州，情况怎么样？

克兰德尔：我们正在经历一波寒潮。橙子受了波及，都从树上掉了下来。

沃霍尔：你喝很多橙汁吗？

克兰德尔：喝加州的橙汁。

沃霍尔：你们那儿有很多橙子树吗？

克兰德尔：是的。

沃霍尔：我去佛罗里达的时候，从没看到过一棵橙子树。

克兰德尔：你都会去哪儿？

沃霍尔：棕榈海滩，迈阿密海滩。

克兰德尔：哦，看来你更愿意看人而不是看橙子。

沃霍尔：不，我更愿意看橙子。可以去哪儿看橙子？

克兰德尔：在乡村地区。你可以坐飞机飞临其上，一连几英里都是橙子。

沃霍尔：哦，真的吗？

克兰德尔：你在纽约会感到沮丧吗？

沃霍尔：不会。你在佛罗里达会感到沮丧吗？

克兰德尔：会。

沃霍尔：为什么啊？你们那儿有看起来好笑的老人家 [1]。

----

[1] 佛罗里达是美国养老胜地。

克兰德尔：你会去海滩吗？

沃霍尔：不会。

克兰德尔：从来都不会去吗？

沃霍尔：哦，我会去海滩拍照片，拍下在海滩上的人。

克兰德尔：你会穿什么？

沃霍尔：一把伞。

克兰德尔：泳衣？

沃霍尔：不，伞。

克兰德尔：你最喜欢穿的是什么？

沃霍尔：我每天都穿一样的。

克兰德尔：你是强迫症式的购物狂吗？

沃霍尔：是的。

克兰德尔：买衣服吗？

沃霍尔：我什么都买。不过我什么都没法穿。我买来就放到储物间里去。我穿斯蒂芬·斯普劳斯的黑色裤子、黑色 T 恤、黑色圆领针织衫、黑色衬衫、黑色皮夹克和阿迪达斯的鞋。

克兰德尔：你的着装风格是什么样的？

沃霍尔：反时尚。

克兰德尔：你会把你的艺术叫作反艺术（anti-art）吗？

沃霍尔：不，它是凡艺术（any art）。

克兰德尔：你想要做什么你没做过的事吗？

沃霍尔：比如什么？

克兰德尔：哦，比如上太空船，提升第三世界人民的意识，打篮球……

沃霍尔：听起来都挺不错的啊。

克兰德尔：如果你可以实现三个愿望，你会许什么愿？

沃霍尔：我会许的第一个愿望是我想要有可以许愿的能力。

克兰德尔：你觉得其他星球上有生命存在吗？

沃霍尔：哦，当然，我相信有人在那儿。

克兰德尔：我好奇他们会是什么样。

沃霍尔：他们会和我们不一样。我喜欢那种电站，就是人可以走进去充电的那种；还有就是走进别人的身体里，这些人叫作"不速之客"。

克兰德尔：你觉得其他星球的人长得会是什么样子？

沃霍尔：我觉得我们这儿就有很多这种人——"不速之客"——可以走进其他人的人。他们已经来了。

克兰德尔：我们却不知道他们已经来了？

沃霍尔：对，我们不知道。

克兰德尔：那之前在那儿的人又怎么样了呢？

沃霍尔：他们决定了要放弃，但是他们又不想放弃他们的身体。于是就有人走进去、接管了。

克兰德尔：他们会先行询问吗？

沃霍尔：不会，有一天你醒过来就已经是个新人了。

克兰德尔：你说过希望自己的墓碑上一片空白。难道你不会想要一座陵墓或者一个地下墓穴吗？一个多少称得上宏伟的东西。

沃霍尔：不。我认为最好的方式是被一架射线枪分解。连一丝烟也没有，就光有一些星星点点，闪烁几下后就没了。

克兰德尔：我不喜欢星星点点。

沃霍尔：我才看了《检查者》（*The Examiner*）——我最喜欢的报纸——上面有一篇叫作《来生》（*Life After Death*）的故事。

克兰德尔：他们有很多关于 UFO 的报道。

沃霍尔：是的，那些都很好看。那些是我的最爱。

克兰德尔：你见过 UFO 吗？

沃霍尔：我很想见一见。你见过吗？

克兰德尔：没有。我很想见见天外来客。你读了《探察者》（*The Enquirer*）里的那篇报道么：有位参议员见到了两架 UFO 而华盛顿方面将此事保密了三十年。

沃霍尔：真有这种事？

克兰德尔：他们才刚刚公开。

沃霍尔：是哪位参议员？

克兰德尔：我不记得了。不过他已经去世。目击者是一位参议员，这可真不错，因为通常都是农民。

沃霍尔：你说的这个在哪期上？

克兰德尔：最新的一期。

沃霍尔：封面是唐·约翰逊的那期？

克兰德尔：对，就是那期。

沃霍尔：他才来过电话，说想要我出演《迈阿密风云》。不过我还没想好，我有太多工作要做了。

克兰德尔：你会演好人还是坏人？

沃霍尔：坏人。我的演技太差了，我简直无法相信他们会请我。

克兰德尔：你最喜欢的电视节目是什么？

沃霍尔：下午一点半重播的十一点半的新闻是我最爱中的最爱。

克兰德尔：你看肥皂剧吗？

沃霍尔：只看晚间的肥皂剧。他们更有钱。在日间的肥皂剧里，主角家已经没有女佣了。他们太平常了。他们光是在床上搞来搞去。他们穿的衣服也很平常。

克兰德尔：你还看什么？

沃霍尔：我才看了多纳休（Donahue）的节目，他们在节目上讨论智障人士是否应该被允许拥有电视。节目很好看。我喜欢在晚间看日间节目。

克兰德尔：碰到广告你会快进吗？

沃霍尔：不会，我喜欢广告。我看节目快进。

克兰德尔：你的一天通常是怎么度过的？

沃霍尔：我开着电视睡觉。我会起床两三次去上厕所。我看电视，早上七点半起床。我看更多的电视。音乐电视网。我走路去上班。我工作到九点，然后尽量去看一场电影。昨天晚上我去看了一场八小时长的电影，不过我们到的时候就只有最后一小时了。但他们还是收了我们四十块钱。片子很有意思。

克兰德尔：是讲什么的？

沃霍尔：华沙犹太区。

克兰德尔：你喜欢哪种电影？

沃霍尔：我喜欢喜剧片。我喜欢看儿童片。

克兰德尔：你最喜欢的电影是哪部？

沃霍尔：就我最后看的那部。

克兰德尔：有没有哪部片子是你希望自己参演了的？

沃霍尔：在《公民凯恩》（Citizen Kane）里跑龙套。

克兰德尔：谁是你最喜欢的喜剧演员？

沃霍尔：乌比·戈德堡。

克兰德尔：你看了《紫色》（The Color Purple）吗？

沃霍尔：看了。

克兰德尔：你哭了吗？

沃霍尔：差点儿。

克兰德尔：你是会哭的人吗？

沃霍尔：不是。

克兰德尔：你喜欢恐怖片吗？

沃霍尔：非常喜欢。你呢？

克兰德尔：喜欢。我喜欢吸血鬼。你容易感到害怕吗？

沃霍尔：容易，我时刻感到害怕。

克兰德尔：你怕黑吗？

沃霍尔：怕黑，也怕光……

克兰德尔：你有过什么恐怖的经历吗？

沃霍尔：走在大街上。

克兰德尔：你能想出一个更恐怖的经历吗？

沃霍尔：想不出。也许之后会遇到。

克兰德尔：你的人生故事——由塔布·亨特（Tab Humer）来演你——会是一部喜剧片，爱情片，还是剧情片？

沃霍尔：为了让它有趣，必须得是喜剧片。

克兰德尔：会有一个大团圆式的结局吗？

沃霍尔：每部电影都有一个大团圆式的结局。

克兰德尔：会由谁来导演？

沃霍尔：黑泽明。角色都穿日本服饰。我可以就坐在那里看着它大放光彩。

克兰德尔：你对你的人生满意吗？

沃霍尔：我不想这种问题。

克兰德尔：你考虑过书写你的人生故事吗？

沃霍尔：没有。

克兰德尔：你会让其他人来写吗？

沃霍尔：不会。

克兰德尔：如果必须有人来写，而你别无选择，你会希望由谁来写？

沃霍尔：斯蒂芬·萨班（Stephen Saban）。

克兰德尔：你相信有命运的存在吗？

沃霍尔："命运"是什么意思？是说一切全都是它的展开？

克兰德尔：全是预先确定好了的。

沃霍尔：你不过是在合适的时间出现在了合适的地点。

克兰德尔：你相信有……

沃霍尔：来生吗？

克兰德尔：你怎么知道我要问这个？

沃霍尔：你相信有圣诞老人吗？

克兰德尔：你知道我要说什么，你可能有超能力。

沃霍尔：没有，我可没有。

克兰德尔：如果你有超能力，你会对未来做出何种预言？

沃霍尔：世界是圆的。

克兰德尔：你会对美国有何预言？

沃霍尔：它还会存续一段时间。

克兰德尔：你最喜欢美国的什么？

沃霍尔：国内游，一天往返，非常有趣。

克兰德尔：你最喜欢美国文化的什么？

沃霍尔：基本上一切都是免费的。你画画（paint）吗？

克兰德尔：我不久前才自己刷了（painted）墙。

沃霍尔：这正是我想做的事儿。我认为最棒的艺术家就是刷墙工。我最喜欢的画就是他们用油灰找平的墙面。那样的墙面是我喜欢的样子。然后第二年再刷一遍。这样最好看。

克兰德尔：你收藏艺术吗？

沃霍尔：我喜欢每个人的艺术。

克兰德尔：你觉得现在的方向是对的吗？

沃霍尔：是的，现在非常棒。

克兰德尔：你为什么创造？

沃霍尔：我不知道。我们有这栋楼。

克兰德尔：如果有一座安迪·沃霍尔博物馆，它会是什么样的？

沃霍尔：内曼·马库斯（Neiman Marcus）[1]那样，里面有许多衣服、珠宝和香水。

克兰德尔：会在纽约吗？

沃霍尔：不，南方，休斯敦。

克兰德尔：你喜欢德州？

沃霍尔：是的，我爱德州。

克兰德尔：德州的一切都很大。

沃霍尔：是的。

克兰德尔：我很期待见到金宝浓汤包装箱。我们佛罗里达还没有呢。

沃霍尔：金宝浓汤很不错，它没有防腐剂之类的东西。你什么时候应该过来和我一起画些画。如果你能刷墙，你就可以画画，非常简单。你养狗吗？

克兰德尔：不养。你有两只狗，对吧？名声和财富[2]。

---

[1] 内曼·马库斯是一家连锁高端百货商场，本书第三十二篇访谈中也曾提到过。

[2] 沃霍尔曾经放出风，说自己养了两条狗，分别叫作"名声"和"财富"，但实际上他没养过。

沃霍尔：是的，还有阿莫斯（Amos）和安迪（Andy）[1]。

克兰德尔：你喜欢小孩儿吗？

沃霍尔：喜欢，我觉得他们很可爱。

克兰德尔：不过你不想要孩子。

沃霍尔：不想。

克兰德尔：你有一个快乐的童年吗？

沃霍尔：是的。

克兰德尔：你考虑过结婚吗？

沃霍尔：我还太年轻。你是哪里人？

克兰德尔：底特律。

沃霍尔：你在汽车行业工作过吗？

克兰德尔：没有。

沃霍尔：没有？那你挺艺术的啊。我觉得底特律是我

---

[1] 原文如此，但我怀疑安迪（Andy）恐是阿奇（Archie）之误。

去过的最令人兴奋的地方之一。那儿的每个人都那么地强壮而美丽。每个人都很壮。

克兰德尔：比德克萨斯的人还要壮？

沃霍尔：对，底特律人要更壮。

　　保镖"明代花瓶"（Ming Vase）进来了。

明代花瓶：你好，我是明代花瓶。

克兰德尔：嗨，你是易碎品吗？

花瓶：其实并不是。

克兰德尔：有什么人对安迪构成了威胁吗？有什么危及到他性命的情况吗？

花瓶：没有，只危及到他的光环。

克兰德尔：所以你保护他不被他伤害。

花瓶：对！让神话不被事实伤到。

克兰德尔：放心，有你在这儿我们什么都做不了。这里出过什么状况吗？

花瓶：没有，一直都很顺利。

克兰德尔：安迪不跟人起争斗或者惹上麻烦。

花瓶：不跟。

克兰德尔：他就像是瑞士。

　　安迪回来了，花瓶停下来。

克兰德尔：谁攻击你？

沃霍尔：想事情积极一些！谁攻击我？那位是保镖明代花瓶。晚上是异装皇后，白天是保镖。

克兰德尔：我非常喜欢你的书《美国》。

沃霍尔：哦，是吗？

克兰德尔：是的。在那本书里，你似乎变得更愿意表达，也更为坚持自己的见解。

沃霍尔：我们那不是得填充版面么。

克兰德尔：你平时去美容院吗？

沃霍尔：我以前会去。我以前指甲里总是会有很多颜料。有一位手法非常好的俄国女人会帮我清指甲。

克兰德尔：你去过俄国吗？

沃霍尔：没有。

克兰德尔：你想去吗？

沃霍尔：不想。

克兰德尔：为什么？太可怕了？

沃霍尔：不是，太远了。我宁愿去堪萨斯城（Kansas City）。

克兰德尔：你是更偏向左翼呢还是右翼？

沃霍尔：我没有翅膀。

克兰德尔：你觉得和俄国谈判是好事吗？

沃霍尔：这可以让许多人有的忙。

克兰德尔：你考虑过从政吗？

沃霍尔：你必须得是律师才能从事政治学的研究[1]。

克兰德尔：是吗？

---

[1] 沃霍尔故意曲解了问题。

沃霍尔：我可不想回学校上学。

克兰德尔：你可以发起一场特别棒的竞选活动。你喜欢里根吗？

沃霍尔：喜欢，他挺不错的。

克兰德尔：南希·里根呢？

沃霍尔：也喜欢，我在白宫见过她，她很棒。

克兰德尔：你希望成圣吗？

沃霍尔：墙上？

克兰德尔：不是，成圣。圣安迪。

沃霍尔：不，人要时刻保持卑微。

克兰德尔：你的墙是什么颜色的？

沃霍尔：我的墙是灰白色的。

克兰德尔：你的床是什么样的？

沃霍尔：我睡一张特别老土的床，四柱式的，是1830年左右的款。很难看。上面有一个遮蓬。

克兰德尔：缎子的床单吗？

沃霍尔：那是什么东西？

克兰德尔：你在你的厨房里做饭吗？

沃霍尔：是的，我在我的厨房里做饭。

克兰德尔：你做什么？

沃霍尔：七种谷物。

克兰德尔：热的麦片粥？

沃霍尔：热的麦片粥，不过什么时候都可以吃，就像糙米饭一样。

克兰德尔：你用微波炉做吗？

沃霍尔：不，我倒是想有微波炉。

克兰德尔：你住的地方什么样？

沃霍尔：一团糟。

克兰德尔：纸、衣物、颜料……

沃霍尔：糖果。

克兰德尔：你没有女佣吗？

沃霍尔：我不喜欢**女佣**这个词。

克兰德尔：仆人呢？

沃霍尔：也不好。

克兰德尔：农奴？

沃霍尔：明代花瓶就是个农奴。开玩笑的，他是异装皇后。

克兰德尔：如果你有车，你会希望是什么样的车？

沃霍尔：有良好刹车性能的车。

克兰德尔：道奇·达特？奔驰？本田序曲（Honda Prelude）？凯迪拉克？吉普？

沃霍尔：我想会是本田果仁糖（Honda Praline）。

克兰德尔：如果你有一块订制的车牌，上面会是什么？

沃霍尔：蝙蝠车（BATMOBILE）[1]。

克兰德尔：你最喜欢的数字是什么？

沃霍尔：零。

克兰德尔：你对命理学或者星占学感兴趣过吗？就是类似的通灵之事。

沃霍尔：我认识一个灵媒，不过我决意和他只做一般的社交。你会去找灵媒问事吗？

克兰德尔：偶尔。你是什么星座的？

沃霍尔：我是棘鲇座的（Doras）[2]。

克兰德尔：棘鲇座的人什么样？

沃霍尔：我不知道。我没法知道其他棘鲇座的人是什么样的。

克兰德尔：有什么共同的特点吗？

沃霍尔：我不认识其他棘鲇座的人。

---

[1] 蝙蝠车是蝙蝠侠的座驾。

[2] 这应该是沃霍尔胡诌的，黄道十二宫里没有棘鲇座（Doras），所以后面克兰德尔追问了他棘鲇座的人究竟有什么特点。

克兰德尔：你最喜欢什么座？

沃霍尔：金牛座。

克兰德尔：为什么？

沃霍尔：金牛座长得都很漂亮。

克兰德尔：都说金牛座的人性经验很丰富，还能有多重高潮。

沃霍尔：多重高潮？真的吗？

克兰德尔：是的。

沃霍尔：那我想我可能不认识金牛座的人。

克兰德尔：你最喜欢什么颜色？

沃霍尔：黑色。

克兰德尔：黑色是颜色的缺乏还是所有颜色的汇总？

沃霍尔：所有颜色都在里面。白色是我最喜欢的颜色。

克兰德尔：哪个是你最喜欢的颜色，黑色还是白色？

沃霍尔：黑色是我最喜欢的颜色，而白色是我最喜欢的颜色。

克兰德尔：你对像 EST[1] 这种提升意识的训练感兴趣过吗？

沃霍尔：没有。

克兰德尔：超越式冥想（TM）呢？

沃霍尔：也没有，我对电视（TV）感兴趣。

克兰德尔：你从没感到过需要提升（elevate）一下你的意识吗？

沃霍尔：我们有电梯（elevator）啊。我去看水晶医生。他们往你身上扔水晶，然后你就能感觉良好。

克兰德尔：是用水晶粉吗？

沃霍尔：有时用。

克兰德尔：你要躺下来吗？

沃霍尔：是的，躺下来。他们把水晶放到你的手上、放到你身上。

---

[1] 埃哈德训练营（Erhard Seminars Training），由沃哈纳·埃哈德创立于 1971 年。

克兰德尔：你用过隔离仓 [1] 吗？

沃霍尔：没有，不过我见过约翰·丹佛的。很不错。

克兰德尔：我看到有个广告上的隔离仓样子是个沙发。它本身是个客厅沙发，要用的时候掀起坐垫爬进去就行。

沃霍尔：爬进仓里是什么感觉，像是去深海钓鱼吗？

克兰德尔：你钓鱼吗？

沃霍尔：不，我不钓鱼。我的营养师有很多鱼。

克兰德尔：你喷古龙水吗？

沃霍尔：你喷古龙水吗？

克兰德尔：我用希腊青年（Kouros）[2]。

沃霍尔：是因为那个广告吗？

---

[1] 隔离仓（isolation tank）可以隔绝声音和光线，让置身于隔离仓中的人体验感觉器官能处于剥夺状态时的情形。

[2] 圣罗兰 1981 年推出的一款古龙水。Kouros 意指一种源于古希腊的雕像类型，雕像表现为一站立姿态的裸体男青年，左脚向前迈出一步，双臂垂于体侧。

克兰德尔：有这方面的原因。

沃霍尔：他们总是有最好的广告片。我尝试使用雅男士（Aramis），还有女孩儿用的香水。我现在最喜欢的一款是雅诗兰黛的，名叫"美丽"（Beautiful）。

克兰德尔：如果你做古龙水的话，瓶子会是什么样的？

沃霍尔：我多年前做过一款。一支放在可口可乐瓶里的香水。

克兰德尔：名叫……

沃霍尔：尿（Urine）。我本来还要做一支叫作"臭"（Stink）的。

克兰德尔：会用什么样的瓶子来装呢？

沃霍尔：会像那种你清洁卫生间墙面时用的喷雾器。

克兰德尔：那你会如何来设计一块安迪·沃霍尔手表呢？

沃霍尔：曾经有人请我设计一块表。我没有做。

克兰德尔：你可以设计一块只能看出现在是白天还是晚上的表。

沃霍尔：我现在用的那块表相当大；是块电子表，大概有 2×3 英寸那么大。

克兰德尔：那很好啊，你可以离着老远就能看到时间；即使表放在屋子这边，你在那边也能看到。

沃霍尔：表是沃澈斯牌（Watchez）的守护神（Palladium）。

克兰德尔：穿的呢？

沃霍尔：我会去看意大利男士时装秀，总能看得人心潮澎湃。他们会展示詹弗兰科·费雷设计的所有东西，非常棒。

克兰德尔：你喜欢去欧洲吗？

沃霍尔：喜欢。

克兰德尔：欧洲你最喜欢哪座城市？

沃霍尔：威尼斯。

克兰德尔：你是喜欢意大利人吗？

沃霍尔：是的。

克兰德尔：你喜欢法国人吗？

沃霍尔：他们也还行。

克兰德尔：你会说外语吗？

沃霍尔：不会。过去二十年我都经常去巴黎，但我甚至连一个法语词都不会说。不过我总能应付过去。

克兰德尔：你可以说 Yes 或者 No……

沃霍尔：也不总管用。

克兰德尔：你更喜欢美国。

沃霍尔：不，我喜欢每一个地方。

克兰德尔：你会去哪儿旅行？

沃霍尔：我喜欢从一楼旅行到五楼。

克兰德尔：纽约之外，你会去哪儿？

沃霍尔：洛杉矶是我最喜欢的地方。

克兰德尔：你考虑过搬到那儿吗？

沃霍尔：我们努力过。

克兰德尔：你最喜欢洛杉矶的什么？

沃霍尔：我喜欢梅尔罗斯[1]。跟人说你有一部没有顶的车是多高大上的一件事啊。

克兰德尔：敞篷车。

沃霍尔：对，敞篷车。霍利·伍德劳恩打电话给我，我把她讲自己从佛罗里达来纽约的经过录了下来。她离开佛罗里达的时候还是个男孩儿，等到她一年后到这儿的时候已经是一个十足的女孩儿了。她在佛罗里达穿上了丝袜，在亚特兰大修了眉毛，在巴尔的摩的一家公车站停下车来，买了一条裙子。你今天查看了你的硬币吗？它们也许值上万美元。

克兰德尔：你喜欢聊八卦吗？

沃霍尔：喜欢。你有可以讲的八卦吗？

克兰德尔：没有，但我肯定你有。

沃霍尔：你的八卦肯定比我的好。

克兰德尔：不是，我是喜欢听别人聊八卦。

---

[1] 指洛杉矶的梅尔罗斯大道（Melrose Avenue）或梅尔罗斯大道最为著名的一部分梅尔罗斯区（Melrose District）。

沃霍尔：你最要好的朋友在做什么？告诉我，这样每个人就都会读到了。

克兰德尔：我到时候自己写进去就行了。

沃霍尔：不，讲给我，这样他们就可以读到了。

克兰德尔：如果我跟你讲了我最要好的朋友，你会给我讲你最要好的朋友吗？

沃霍尔：我没有最要好的朋友。

克兰德尔：那你有亲密的朋友吗？

沃霍尔：没有，我不真的有亲密的朋友。

克兰德尔：明代花瓶呢？

沃霍尔：他不是，他只不过晚上是异装皇后，白天是保镖而已。快点儿，跟我讲讲你最要好的朋友。这样他可以被写上一写。

克兰德尔：我会自己写进去的。

沃霍尔：不行，我必须要听听看，看是不是那么回事儿。

克兰德尔：你怎么能判断是不是那么回事儿呢？

沃霍尔：如果听起来足够古怪，那就肯定是那么回事儿。所以说吧，发生了什么？

克兰德尔：什么发生了什么？

沃霍尔：你最要好的朋友啊。

克兰德尔：你要听什么时候的事儿？

沃霍尔：要不就讲讲你自己吧。

克兰德尔：我会跟你讲我自己，如果你跟我讲你自己。

沃霍尔：是我先问的。

克兰德尔：我可以先跟你讲我自己，不过之后你不会跟我讲你自己。

沃霍尔：如果你跟我讲讲你自己，我也许会讲讲我自己。

克兰德尔：你想知道什么？

沃霍尔：哦，你只管开始讲就行。只管讲。

克兰德尔：问我个问题。

沃霍尔：快点儿，你可以的。

克兰德尔：好吧。我昨天收到一个邀请，让我去麦当劳最新一家的双车道得来速餐厅参加开幕活动。

沃霍尔：需要排队等吗？

克兰德尔：需要的。如果有为开车人设计的画廊就好了，可以通过对讲器下单。

沃霍尔：有为开车人设计的教堂。

克兰德尔：你开着车到窗口，他们把救济品递给你？

沃霍尔：我想是的。

克兰德尔：你今晚会做点儿什么？

沃霍尔：有太多我去不了的事情了。

克兰德尔：都有什么？

沃霍尔：有一场《爱你九周半》（*9 ½ Weeks*）的放映，我去不了。小野洋子请我去吃晚饭，我不确定我去不去得了。我跟人有约了。大卫·莱特曼今晚有个派对，庆祝他做电视节目四年了。

克兰德尔：对你来说，一场理想的派对是什么样的？

沃霍尔：轻松就好。

克兰德尔：简简单单？

沃霍尔：对。

克兰德尔：你有最喜欢的派对吗？

沃霍尔：只要和上一场派对不同就好。你昨天晚上做了什么？

克兰德尔：我去了希德·所罗门（Syd Solomon）展的开幕。之后是一场派对。约翰·张伯伦也在。

沃霍尔：哦，真的吗？

克兰德尔：他还问起你来着。

沃霍尔：哦，真的吗？他很棒。我所有的朋友都离开纽约了。基思·哈林去了巴西，肯尼·沙夫也去了巴西，所有人都走了。

克兰德尔：你是有好朋友的。你会对谁祖露心扉？

沃霍尔：我没有什么好祖露的。

克兰德尔：谁是你最要好的朋友？

沃霍尔：每个人都是我最要好的朋友。

克兰德尔：谁是你最喜欢的朋友？

沃霍尔：我的锐步鞋非常好。我今天没穿，今天穿的是阿斯彭的鞋。

克兰德尔：人呢？你和谁最亲近？

沃霍尔：J&B。

克兰德尔：珍宝（J&B）威士忌？

沃霍尔：呃……这个回答不错啊。

克兰德尔：你不喝威士忌，对吗？

沃霍尔：不喝，不过也算是挺亲近的朋友。

克兰德尔：你拿它做什么？

沃霍尔：拿它当香水来用。我今天早上喷了一点儿绝对伏特加在身上。

克兰德尔：谁是你最喜欢和他说话的人？

沃霍尔：我的两只狗，名声和财富。

克兰德尔：他们会回应你吗？

沃霍尔：有时候他们会叫。在美国动物保护协会的狗展上，我们得挑选出送到医院去给伤兵做慰问表演的狗。

克兰德尔：你跟你的狗说些什么？

沃霍尔：我跟它们说狗话，所以……你是理解不了的。

克兰德尔：你怎么做？

沃霍尔：我嗷嗷。

克兰德尔：你什么？

沃霍尔：嗷嗷。

克兰德尔：你喂它们吃什么？

沃霍尔：干的狗粮，需要加水的那种。你喝酒吗？

克兰德尔：喝。你呢？

沃霍尔：我喝茶。

克兰德尔：牛奶呢？

沃霍尔：不，我不喜欢牛奶。

克兰德尔：可乐呢？

沃霍尔：不喝，只喝健怡可乐。

克兰德尔：香槟呢？

沃霍尔：不喝。

克兰德尔：你晚饭时喝什么？

沃霍尔：喝茶。

克兰德尔：你晚饭喜欢下馆子。

沃霍尔：是的，因为纽约每天都会有一家新餐馆开张。

克兰德尔：你喜欢和谁一起吃晚餐？

沃霍尔：电视。

克兰德尔：你吃电视晚餐（TV dinners）[1] 吗？

---

[1] 电视晚餐指速冻的一人份餐食，加热即可食用。在美国，家用速冻餐食最早是由史云生（Swanson）公司以"电视晚餐"（TV Dinners）这一商品名面向大众市场进行了成功的推广，于是其后"电视晚餐"就成了此类商品的通称。

沃霍尔：我上周才吃过第一顿电视晚餐。吃的是卡真（Cajun），卡真风味的电视晚餐。

克兰德尔：你最喜欢的速冻食品是什么？

沃霍尔：覆盆子，还有速冻豌豆。

克兰德尔：你最喜欢的罐头食品呢？

沃霍尔：世棒（Spam）。

克兰德尔：你喜欢它的什么？

沃霍尔：罐子。我还喜欢爆米果（Poppycock）[1]，它是我最喜欢的罐头食品。

克兰德尔：你有什么兴趣爱好吗？

沃霍尔：录音和打字。看和听。

克兰德尔：你打字？

沃霍尔：是的，用一根手指头。

克兰德尔：你听什么类型的音乐？

---

[1] 一款混合了爆米花、扁桃仁和胡桃，再淋以糖浆的零食。

沃霍尔：任何类型。我通常看电视。我喜欢所有音乐。古典、乡村、歌剧，所有音乐。

克兰德尔：你最喜欢哪个乐队？

沃霍尔：我最后看过的乐队。让我想一下——"居民"乐队（The Residents）。

克兰德尔：你跳舞吗？

沃霍尔：不跳。你呢？

克兰德尔：跳。

沃霍尔：你能一连跳上四个小时吗？

克兰德尔：可以啊。你为什么不跳舞呢？

沃霍尔：我不知道。我没有舞蹈细胞。

克兰德尔：你喜欢出外玩儿。

沃霍尔：是的，不过只喜欢去几分钟。

克兰德尔：然后再转场去别处？

沃霍尔：回家。

克兰德尔：回家看电视？

沃霍尔：是的。

克兰德尔：你平时会读些什么？

沃霍尔：《探察者》（*The Enquirer*）、《检查者》（*The Examiner*）和《环球》（*The Globe*）[1]。

克兰德尔：你喜欢读耸人听闻的故事？

沃霍尔：不是，我喜欢上面的照片。你看《老鹰》（*Eagle*）杂志吗？

克兰德尔：不看。你看吗？

沃霍尔：我看啊。《开火》（*Guns in Action*）呢，你看吗？

克兰德尔：不看。

沃霍尔：这些都是非常好看的杂志。你看《雇佣兵》（*Soldier of Fortune*）吗？

克兰德尔：不看。

沃霍尔：这些我每周都会买。

---

[1] 几份都是小报，所以克兰德尔问了下面的问题。

克兰德尔：你不会喜欢枪吧，你喜欢吗？

沃霍尔：是的，我觉得它们真的很不错。

克兰德尔：你有枪吗？

沃霍尔：没有，我没有枪。

克兰德尔：你相信自卫的价值吗？

沃霍尔：我想是有的，对于那些有能力的人来说。

克兰德尔：比如会空手道的人？

沃霍尔：是的，我觉得空手道看起来很美。

克兰德尔：你会吗？

沃霍尔：不，我不会。我希望自己会。我现在早上勉强能起得来床而已。

克兰德尔：你有保镖保护你。

沃霍尔：你是说我的保镖吗？哦，他们是异装皇后，所以我不知道他们如何能够真的看好我的身体。

克兰德尔：谁是你最喜欢的贵族成员？你喜欢戴安娜

王妃吗？

沃霍尔：喜欢，我觉得她很棒。

克兰德尔：王太后（The Queen Mother）[1] 呢？

沃霍尔：也喜欢，她也挺不错的。你有认识的女王吗？

克兰德尔：我有一套不错的国际象棋[2]。

沃霍尔：你过去相亲？

克兰德尔：国际象棋。

沃霍尔：有人用象牙牌（Ivory）香皂做国际象棋，可以漂在水面上。

克兰德尔：你参加过象牙牌香皂的竞赛吗？

沃霍尔：参加过，不过没有赢过。

克兰德尔：你用哪种香皂？

---

[1]　指伊丽莎白王太后，她是英王乔治六世的王后，英国女王伊丽莎白二世的母亲。

[2]　国际象棋（chess）里有王（king）有后（queen）。queen 既可以指女性君主，即女王；也可以指男性君主的配偶，即王后；下一句话中，沃霍尔误将 chess set（一套国际象棋）听成 chest（胸部），译文做了谐音处理。

沃霍尔：我现在喜欢上洗手液了 [1]。我兴奋难当，跑去 B. 奥尔特曼（B. Altman）买了四大瓶，塑料瓶的，非常便宜。

克兰德尔：什么味儿的？

沃霍尔：檀香，不过这种东西闻起来都很像。

克兰德尔：如果你可以在任意一家商场纵情购物半小时，你会选哪家？

沃霍尔：大商场（The Emporium）。他们什么都有，而且二十四小时营业。实在是非常棒。

克兰德尔：如果给你半小时在内曼·马库斯购物的话，你会买什么？

沃霍尔：不加那种黄色东西的爆米花。你打算什么时候开始拍电影？

克兰德尔：我在做一本在报刊亭售卖的影像杂志。

沃霍尔：这个主意不错。

克兰德尔：《访谈》杂志的一切事项都在你的监督之下吗？

---

[1] 英文洗手液（liquid soap）直译为"液体香皂"。

沃霍尔：算是吧。

克兰德尔：你会说这个可以、那个不行吗？

沃霍尔：嗯，差不多。有时候会这样。

克兰德尔：第一期《访谈》的封面是谁？

沃霍尔：我不记得了。玛丽莲·梦露或者拉奎尔·韦尔希（Raquel Welch）。

克兰德尔：那是多久之前了？

沃霍尔：十六年前。他们现在把我的名字从封面上拿掉了，这样能提高销量。

克兰德尔：杂志刚起步的时候，你要自己做很多工作吗？

沃霍尔：杰勒德·马兰加做的。

克兰德尔：杂志初创的时候，你怀抱的雄心是怎样的？

沃霍尔：我从来没有过。

克兰德尔：你那时是想赚钱吗？

沃霍尔：只是为了交房租。

克兰德尔：本周你遇到的最为激动人心的事情是什么？

沃霍尔：跟你谈话。

克兰德尔：你喜欢访谈吗？

沃霍尔：喜欢。

克兰德尔：喜欢？

沃霍尔：不喜欢。

克兰德尔：不喜欢？

沃霍尔：不。

克兰德尔：喜欢又不喜欢？

沃霍尔：对。

克兰德尔：你喜欢每一个人吗？

沃霍尔：是的。

克兰德尔：人们为什么喜欢你？

沃霍尔：不是每个人都喜欢我。有人在糖礁（Sugarreef）朝我扔香蕉。

克兰德尔：真的香蕉吗？

沃霍尔：塑料香蕉。

克兰德尔：有什么让你感到胆怯的事物吗？

沃霍尔：年轻有钱的孩子。你今天喷的什么？

克兰德尔：希腊青年。

沃霍尔：今天这边要暖和一些。

克兰德尔：很好啊。

沃霍尔：你这周收到过粉丝寄来的东西吗？

克兰德尔：一些信。你会收到信吗？

沃霍尔：会的，我现在就要读上几封。

克兰德尔：粉丝来信？

沃霍尔：是的，很多的粉丝来信。

克兰德尔：你会收到恐吓信吗？

沃霍尔：有一些。

克兰德尔：死亡威胁？

沃霍尔：那倒还没有。

克兰德尔：你今天收到了粉丝寄来的什么吗？

沃霍尔：这边有一些粉丝来信。

克兰德尔：是什么？

沃霍尔：就是粉丝来信。

克兰德尔：上面说了什么？他们会跟你说有多么爱你吗？

沃霍尔：不会，他们只是想要得到工作机会。

克兰德尔：你最喜欢的出名的好处是什么？去餐厅能有好位子？

沃霍尔：哦，我并得不到好位子。我去看电影也要排队买票。

克兰德尔：一个理想的人应该是什么样？

沃霍尔：我认识的那些人都很理想。

克兰德尔：有钱？长得好？有脑子？有魅力？

沃霍尔：对，所有这些。

克兰德尔：你会给这几项排序吗？

沃霍尔：就你说的那个顺序。

克兰德尔：钱排第一？

沃霍尔：不是。

克兰德尔：你节假日怎么过？

沃霍尔：工作。

克兰德尔：你最喜欢的节日是哪个？

沃霍尔：我喜欢他们新设的那个。

克兰德尔：哪个？

沃霍尔：马丁·路德·金日。

克兰德尔：谁制造了节日？

沃霍尔：人们。

克兰德尔：情人节就要到了。

沃霍尔：你收到什么了吗？

克兰德尔：巧克力。你收到什么了吗？

沃霍尔：我不知道。时间过得太快了。我们已经在做5月的工作了。

克兰德尔：你圣诞的时候会收到很多礼物吗？

沃霍尔：不会。

克兰德尔：你送别人礼物吗？

沃霍尔：我尽量。

克兰德尔：你最喜欢送什么礼物？

沃霍尔：和上一年同样的东西。

克兰德尔：是什么呢？

沃霍尔：我不知道。不管我送的是什么，我通常送的就都是那个。

克兰德尔：你最喜欢收到什么礼物？

沃霍尔：和我送的一样的。

克兰德尔：过去这十年，你有什么变化？

沃霍尔：我没有。我保存时间胶囊。我把收到的所有信件还有东西都标上日期，然后储存到地下室去。我一年要做二十个。

克兰德尔：你希望你的临终遗言是什么？

沃霍尔：拜拜。

克兰德尔：人们眼中的你并不同于真正的你，你会觉得这样不好吗？

沃霍尔：不会。你去看过心理分析师吗？

克兰德尔：看过。

沃霍尔：你们都聊了什么？

克兰德尔：聊你自己。他会帮助你来应对事情。

沃霍尔：你逗他来着吗？

克兰德尔：没有，你必须说实话。

沃霍尔：你一点儿都没逗他吗？

克兰德尔：没有，那种场合不会想要逗他。你可是付了钱的。

沃霍尔：你有什么问题？

克兰德尔：我不记得了。你去看过分析师吗？

沃霍尔：我旁听过一次杜鲁门·卡波特的。

克兰德尔：你觉得怎么样？这种事，你必须要真的袒露心扉才行。

沃霍尔：是吗？

克兰德尔：你必须要信任他。

沃霍尔：你信任他吗？

克兰德尔：是的。不过我也在想，他们会不会聊起他们听来的事儿。

沃霍尔：所有我知道的精神科医师都会聊这些。你跟他说了什么？

克兰德尔：你就躺在那儿，然后说话。你觉得人们觉得你无聊吗？

沃霍尔：觉得，他们觉得。

克兰德尔：那为什么他们对你感兴趣呢？

沃霍尔：他们遇到我之后就会说："哦，天呐，可真无聊。"

克兰德尔：人们对你感兴趣。

沃霍尔：不，他们真的会被我无聊到。你开始雕刻了吗？

克兰德尔：没有。

沃霍尔：编织呢？

克兰德尔：没有。为什么是编织？

沃霍尔：为什么不呢？

克兰德尔：你织东西吗？

沃霍尔：不织。你呢？

克兰德尔：不织啊，为什么问这个？

沃霍尔：今天像是个编织的好天气啊。

后话

沃霍尔：你拿到照片了吗?

克兰德尔：拿到了!拍得非常好。

沃霍尔：我的头发是不是太平了?

克兰德尔：没有，翘得很美妙。

沃霍尔：照片你打算怎么用，大尺寸还是小一点?

克兰德尔：大尺寸。

沃霍尔：哦，那好啊。你应该把自己放到封面上。

克兰德尔：我想要你在封面上。

沃霍尔：我们可以一起上封面。

最后的访谈

保罗·泰勒(Paul Taylor)

《艺术快讯》(*Flash Art*),1987 年 4 月

安迪·沃霍尔一生都是一个虔诚的天主教徒。大多数的星期天,只要不是旅行在外,他都会去距离他上东区联排别墅不远的一家教堂。1980 年 4 月,他在梵蒂冈会见了教皇约翰·保罗二世;1985 年的圣诞节以及 1986 年的复活节,他都在位于上东区的天安教堂(Church of Heavenly Rest)向流落街头的人派发晚餐。多年以来,宗教主题屡次出现在他的艺术作品中:他在 1963 年画了《蒙娜丽莎》,而他 1984 年的《文艺复兴画作局部》(*Details of Renaissance Paintings*)系列则利用了达·芬奇《天使报喜》(*Annunciation*)的局部。

1986 年,沃霍尔受亚历山大·艾欧拉斯之托,基于莱昂纳多·达·芬奇的《最后的晚餐》创作了一个系列。亚历山大·艾欧拉斯是一位知名的艺术

品商人，也正是他在 1952 年为安迪办了他在纽约的第一个展览。艾欧拉斯许诺沃霍尔将于意大利米兰的一家画廊展出完成的系列作品，而这家画廊的对面就是《最后的晚餐》原作所在的圣玛丽亚感恩教堂。沃霍尔接受了这一委托，开始着手工作。沃霍尔的创作基于一组依照《最后的晚餐》制成的粗劣的石膏像——根据不同人的说法，这组石膏像是他在新泽西收费高速公路的一家加油站，或是在时代广场的一家观光客商店买的。他以丝网印刷和手工绘制两种方式进行了创作，不过最后只在米兰展出了丝网印刷的作品。[1]

这场展览于 1987 年 1 月 22 日开幕，吸引了大批观众和媒体的关注。前往画廊看展的人被首先邀请去教堂看原作，然后再穿过街道来看沃霍尔的版本。在米兰的时候，沃霍尔一直感到腹痛；而这腹痛将导致他在两周后的 1987 年 2 月 22 日的死亡[2]。

---

[1] 编者这里的叙述容易引起读者误解，似乎沃霍尔是照着石膏像进行的丝网印刷和手工绘制。实际上，沃霍尔为完成这一委托创作，利用了一张 19 世纪广泛流传的《最后的晚餐》的版画的照片和一幅收在 1913 年版的《画家和画作百科全书》(Cyclopedia of Painters and Painting) 中的《最后的晚餐》线描图。

[2] 编者这里的叙述有刻意制造戏剧性之嫌。沃霍尔的家族有胆囊病史，他本人又因为害怕看医生而拖延了病情。终于，他在纽约医院 (New York Hospital) 接受了胆囊手术，本来恢复得不错，不想忽然死于突发的心律失常。沃霍尔的家人起诉医院，指心律失常乃院方看护不周所致，后双方达成庭外和解。

这篇访谈是由澳大利亚作者、策展人保罗·泰勒做的，他同时是总部设在墨尔本、具有广泛影响力的杂志《艺术＋文本》（*Art ＋ Text*）的编辑。泰勒已于1992年在他三十五岁生日的一周后因艾滋病去世。

这篇访谈在发表的时候附有一则后记："这篇安迪·沃霍尔的最后的访谈，是在米兰'最后的晚餐'展即将开幕前做的。"然而，从对话的内容来看，这篇访谈显然是在米兰展开幕的几个月前在纽约做的，因此也让人怀疑本篇访谈是否真的是安迪·沃霍尔的最后的访谈。

——本书编者

▶

保罗·泰勒：你今年会在米兰展出你《最后的晚餐》系列画作。

安迪·沃霍尔：是的。

泰勒：你是什么时候创作的这些画？

沃霍尔：我在这上面忙了一整年。本来是要 12 月开幕的，然后展到 1 月。现在我也不知道会是在什么时候。

泰勒：这些作品是画的吗？

沃霍尔：我不知道。有些是画的，不过他们不打算展出画的那些。我们会用丝网印刷的那些。

泰勒：这批作品里的一些，你在图像之上加了迷彩。为什么这么做呢？

沃霍尔：我手边剩了一些迷彩。

泰勒：自画像用剩下的？

沃霍尔：对。

泰勒：为了准备这批作品，你画了草稿吗？

沃霍尔：是啊，我做了准备。我画了大概四十幅画。

泰勒：都是准备性的工作？

沃霍尔：是啊。

泰勒：看到这样一幅画被以重复的形式呈现，让人感到非常古怪。

沃霍尔：只有小的那些是这样。

泰勒：特别大的画作则是上下颠倒，以及做了90度旋转。

沃霍尔：是的。

泰勒：我说"古怪"是因为通常一次只会看到一个耶稣。

沃霍尔：现在则有两个。

泰勒：就像两个教皇，是吗？

沃霍尔：欧洲的教皇和美国的教皇。

泰勒：你看了松阿本德画廊（Sonnabend Gallery）的多考皮尔（Dokoupil）展了吗？

沃霍尔：哦，没有，我还没有去呢。我想要周六去。

泰勒：那可能是最后一天了 [1]。你在那个展上会看到两个钉在十字架上的耶稣，彼此并列。

沃霍尔：哦。

泰勒：他跟我解释说，让两个耶稣同时出现在一个画面里是多么地离经叛道。

沃霍尔：他说了我想要说的话。

泰勒：你试图要离经叛道？

沃霍尔：是的。

泰勒：在美国，你可以说几乎和查尔斯·曼森同样知名。在"工厂"的你和《最后的晚餐》的耶稣之间，有什么相似之处吗？

沃霍尔：太负面了，对我来说这太负面了。我不想谈论负面的事情。

---

[1] 多考皮尔在松阿本德画廊的这个展览的展期是到 1986 年 12 月 20 日结束，12 月 20 日是个星期六，符合此处泰勒在听到沃霍尔说打算周六去时回应的话。从二人此处的对话来看，这篇采访很可能是在 1986 年 12 月 15 日至 20 日之间做的，因为沃霍尔说"我想要周六去"，那么这个"周六"当然是"本周六"的意思，也就是说访谈发生在当周的周一至周五的某一天，此时距离沃霍尔在米兰的"最后的晚餐"展开幕只有差不多一个月了。所以这篇访谈原初的后记说访谈"是在米兰'最后的晚餐'展即将开幕前做的"大体上是准确的，而本书编者在导言中说的"从对话的内容来看，这篇访谈显然是在米兰展开幕的几个月前在纽约做的"则恐怕是错的。

泰勒：好吧，那么谈谈眼下在"工厂"的更为愉快的时光如何？现在你是一家企业的总裁了。

沃霍尔：都一样。

泰勒：为什么你要创作《最后的晚餐》？

沃霍尔：因为艾欧拉斯请我做《最后的晚餐》。他在《最后的晚餐》前面有一家画廊，他请了三四个人来做《最后的晚餐》。

泰勒：《最后的晚餐》这一主题对你来说有什么特别的意义吗？

沃霍尔：没有。它是一幅好画。

泰勒：你对那些写你的书和文章怎么看，比如说斯蒂芬·科克（Stephen Koch）的《观星者》（*Stargazer*），还有像是 1964 年《新闻周刊》（*Newsweek*）上的一篇名为《圣安德鲁》（*Saint Andrew*）的文章，文章从天主教教义的角度对你展开了讨论。

沃霍尔：我不知道。斯蒂芬·科克的书很有意思，因为他居然能够写一整本书出来。他最近新出了一本书，我正考虑要买下来改编成剧本呢。我记得书名是《新娘的单身汉》（*The Bride's Bachelors*）或者类似的杜尚式的题目。你读过了吗？

泰勒：没有，我看了《纽约时报书评》对此书的评论。

沃霍尔：评论怎么说？

泰勒：说还行。

沃霍尔：是吗？是讲什么的？

泰勒：斯蒂芬·科克自己给我描述过。他说这本书设定在60年代，是关于一个异性恋的劳申伯格式的人物的，这位富有魅力的艺术家身上有着许多60年代艺术家的特质。此外他还有一批随从。其他的我就不清楚了。

沃霍尔：我一直想着要给他打个电话，看他能不能给我讲一下那本书的情节，另外再送一本书给我。

泰勒：是谁打算改编成剧本吗？

沃霍尔：我们觉得也许我们可以。

泰勒：这主意好啊。你能请来那些人演他们自己吗？

沃霍尔：我不知道。可能不错吧。

泰勒：你这儿有编剧吗？

沃霍尔：我们才买下了塔玛·贾诺威茨（Tama Janow-itz）的书《纽约囚徒》（*Slaves of New York*）。

泰勒：这是否意味着你们要重新开始制作电影了？

沃霍尔：我们正在努力。不过实际上我们正在忙于制作我们的电视节目，音乐电视网会买。

泰勒：《没什么特别》？

沃霍尔：不是，节目叫作《安迪·沃霍尔的十五分钟》。上周四播来着，周一还会重播，12月还会再播两次。另外我们还在拍一集1月份播的。

泰勒：节目由你自己来制作吗？

沃霍尔：不是，是文森特负责。文森特·弗里蒙特。

泰勒：你会多少参与片子的拍摄吗？

沃霍尔：不会。

泰勒：那你在其中做什么呢？

沃霍尔：就光负责采访。

泰勒：如果斯蒂芬·科克的小说拍成电影的话，你会在其中做什么呢？

沃霍尔：我不知道。我必须得先读一下书才行。

泰勒：对于生意人来说，谈论尚未达成的交易并不是很常见。

沃霍尔：我不在乎是否有人……总有其他的书可以签。

泰勒：我今天碰到伊利安娜[·松阿本德]（Ileana [Sonnabend]）时，问她我该问你些什么，她说："我不知道。对安迪来说，所有事情都是平等的。"

沃霍尔：她说得对。

泰勒：你会怎样阐释她所说的观点？

沃霍尔：我不知道。如果她说了，那她是对的。（笑）

泰勒：这听起来很禅。

沃霍尔：很禅？什么意思？

泰勒：就是让人想到禅宗。

沃霍尔：很禅，嗯，这是个不错的说法。而且这是个好题目，可以用在……我的新书上。

泰勒：那你从商业艺术家变为真正的艺术家，这事儿又怎么说?

沃霍尔:我仍然是一个商业艺术家。我一直都是商业艺术家。

泰勒:那么,什么是商业艺术家?

沃霍尔:我不知道……就是出售艺术的人吧。

泰勒:这么说几乎所有的艺术家都是商业艺术家了,只是程度不同而已。

沃霍尔:我想是这样的。

泰勒:商业艺术家的好坏是看谁卖的作品更多吗?

沃霍尔:我不知道。我起步的时候,艺术正在走下坡路——那些过去给杂志画插图和设计封面的人,正在被摄影师取代。而当他们开始起用摄影师的时候,也就是我开始在画廊展出我的作品的时候。此外,那会儿所有人都在给商场做橱窗展示。这就有更多的机会进画廊。我有些画就是先放在商场的橱窗里,之后才放在画廊里。

泰勒:现在也有类似的情况吗?

沃霍尔:没有,现在艺术界境况好得不得了,每天都有一家新画廊开张。比起过去,现在有多得多的艺术家，实在太棒了。

泰勒：什么样的艺术作品是好作品，人们对此的想法发生了怎样的变化？

沃霍尔：所有的作品都是好作品。

泰勒：你这是在说所有的作品全都彼此平等吗？

沃霍尔：这个么，我不知道，我没法……

泰勒：你对于做出分别不感兴趣。

沃霍尔：哦，那倒也不是，我只是没法看出区别来。我不明白为什么一幅贾斯珀·约翰斯可以卖三百万而另一幅就只卖，好比说，四十万。它们都是好画。

泰勒：你作品的行情在过去的几年里也有了一点儿变化。比起五六十岁的收藏群体，对我这个年纪的人——二十来岁的人——来说，你一直是一位更重要的艺术家。

沃霍尔：哦，我觉得现在买艺术的都是手里有很多钱的、更年轻的孩子。

泰勒：而这就对你作品的行情产生了影响。

沃霍尔：嗯，一点点。

泰勒：对你来说，能够掌控有多重要？

沃霍尔：我一直都很忙，从一开始就是这样——从我还是个忙于工作的艺术家时就是这样。如果我没在纽约有展出，那么我就是在德国做作品，又或者我是在画肖像。

泰勒：我的意思是，随着越来越多的艺术家成长起来，同时每天都有新画廊开张，关于什么是艺术家的观念也在改变。做一个艺术家不再是多特别的一件事了，也许一个更为特别的艺术家要能够对于他或她的作品有更多的掌控才行。

沃霍尔：我不知道。情况似乎是，每年都会有一位正当时的艺术家。二十年前的人物也还在。我不知道为什么。如今的孩子——反正一年总会有一个出来。他们会留下来，他们只是不再……

泰勒：几年前，人们认为你和一些艺术家走得很近，像是肯尼·沙夫，还有基思·哈林。

沃霍尔：我们现在也还是朋友。

泰勒：但是我从没见过你和本季的红人在一起。

沃霍尔：我不知道。他们得到了如此多的曝光，真棒。我现在拍照片了。我在罗伯特·米勒画廊（Robert

Miller Gallery）有一个摄影展。

泰勒：在惠特尼美术馆还会有一个你的电影回顾展。

沃霍尔：也许会有，嗯，会有。

泰勒：你为此感到兴奋吗？

沃霍尔：不兴奋。

泰勒：为什么呢？

沃霍尔：那些片子用来谈好过用来看。

泰勒：你作为艺术家，作品是如此地多样，就像达·芬奇一样。你是一位画家、电影制作人、出版人……你认为这是一个艺术家应有的样子吗？

沃霍尔：不认为。

泰勒：你可以给我一个艺术家的定义吗？

沃霍尔：我认为艺术家就是做某事做得很好的人，比如做饭很好的人。

泰勒：你怎么看现在纽约那些使用流行图像的年轻艺术家？

沃霍尔：相当好。

泰勒：这和 60 年代波普兴起的时候情况一样吗？

沃霍尔：不一样，他们的创作有着不同的理由。所有这些孩子都很有想法。

泰勒：之前的朋克时代，你喜欢吗？

沃霍尔：说起来，现在也还有朋克啊。我总觉得它已经结束了，不过事实是它还没有。在丽池（the Ritz）的一些夜晚，仍有他们的音乐轰响。你去过丽池吗？

泰勒：没有。不过朋克，就像波普一样，可能永远不会消逝。

沃霍尔：我想是的。

泰勒：《访谈》的近况如何？

沃霍尔：不坏。

泰勒：你们最近要接受发行量审计局的审计了。

沃霍尔：是啊，他们正做着呢。

泰勒：会有什么影响吗？

沃霍尔：我不知道。

泰勒：对于投广告的人来说是好事。

沃霍尔：是啊。

泰勒：现在发行量有多少?

沃霍尔：十七万。杂志越来越壮大了。

泰勒：你都看什么杂志?

沃霍尔：我什么都看。

泰勒：你什么都看。你看艺术类的杂志吗?

沃霍尔：看。我看上面的图片。

泰勒：你因为使用其他人的图像而惹上麻烦的事儿，最早可以追溯到1964年。你对于挪用图像一事的法律现状以及当下的版权问题怎么看?

沃霍尔：我不知道。这就好像你买一瓶可口可乐，你总会觉得那就是你的了，你可以拿它来随便做什么。现在似乎不太一样了，因为买的时候瓶子还得交押金。我们现在要用约翰·韦恩的电影也面临同样的麻烦。我可不想受到牵连，那太麻烦了。我觉得你买一本杂志，你花了钱，那就是你的了。有人拿我的东西，我都不发飙的。

泰勒：你完全不理会吗？

沃霍尔：不理会。不过有人画了画，然后还签上我的名字，这就有点儿过了。

泰勒：对此你怎么看？

沃霍尔：签我的名字是不对的，不过除了这一点，其他的我都不在意。

泰勒：挪用的盛行归根结底带来了这样一个问题：谁对艺术负有责任？如果真的是任何人都可以生产使用那些花朵图画，那么有关艺术家的整套观念就都在这一过程中丧失了。

沃霍尔：这是好还是坏？

泰勒：哦，首先我想问，你同意我说的吗？

沃霍尔：同意，如果他们连我的名字也一起拿去的话。但是在我最初使用那些花朵时，原照非常大，而我只是从中裁取了一英寸见方的部分，然后放大了使用的。

泰勒：你走路的时候会因为看到什么而停下脚步？

沃霍尔：一个好的橱窗展示……我不知道……一张好

看的脸庞。

泰勒：当你看到一个好的橱窗展示或者一张好看的脸庞时，是什么感觉？

沃霍尔：你会花更长的时间看它。我去了一趟中国——我不想去的——我去看了长城（Great Wall）。你知道，多年来一个人肯定会反复读到它。实际上，它确实很棒（great），非常非常非常棒。

泰勒：你最近锻炼了吗？

沃霍尔：我才锻过炼。

泰勒：你能举多重？

沃霍尔：105 磅。

泰勒：卧推吗？那你很强壮啊。

沃霍尔：没有，很轻的。你比我更强壮，身材更好，更英俊，也更年轻，而且你穿的衣服也更好。

泰勒：你喜欢 GFT 在隧道（the Tunnel）搞的开幕派对吗？

沃霍尔：我在那之前就去过那儿了。

泰勒：你的意思是 60 年代？

沃霍尔：（笑）不是，那儿的经理还是谁在那之前带我去转过一圈儿。

泰勒：对于那些要在两边跑的人来说，这家俱乐部很方便，他们可以从新泽西那边走桥或者走隧道过来。

沃霍尔：我不知道管它叫"隧道"是我的主意还是别人的主意，不过我觉得这是个好名字。

泰勒：那天晚上有很多人去了克拉斯·奥尔登堡的展。

沃霍尔：他看起来很高兴。很多人都说他看起来很高兴。实际上我一直喜欢克拉斯。你前两天晚上看起来也很棒——穿着你的新夹克，我拍了你很多照片。

泰勒：是吗？拍出来效果怎么样？

沃霍尔：还没冲回来呢。下次你过来的时候，我要拍点儿特写。

泰勒：也许可以用在《访谈》的"最前线"栏目？不过我不够有成就。

沃霍尔：你可以跟出版人睡。

泰勒：如果你现在才起步的话，有什么你会做得不一样吗？

沃霍尔：我不知道。我只是勤奋地工作而已。一切都是虚幻的。

泰勒：人生是虚幻的？

沃霍尔：是啊，虚幻的。

泰勒：那什么是真实的？

沃霍尔：不知道。

泰勒：有些人是知道的。

沃霍尔：是吗？

泰勒：你真的这样想吗？还是说明天你就会反过来说了？

沃霍尔：我不知道。不过我喜欢事情可以反过来说这一点。

泰勒：但在这件事上你不打算……？

沃霍尔：不打算。

泰勒：在虚幻和宗教情感之间有关联吗？

沃霍尔: 也许有吧。我不知道。教堂是个有意思的去处。

泰勒: 你常去意大利吗？

沃霍尔: 哦，我们过去在那边拍电影。

泰勒: 而且你是不是还在那边有过工作室？

沃霍尔: 在罗马城外。

泰勒: 你去了梵蒂冈吗？

沃霍尔: 我们那时每天都会路过。

泰勒: 我记得你给教皇拍过一张宝丽来。

沃霍尔: 是啊。

泰勒: 你是离得很近拍的吗？

沃霍尔: 是的。他走路经过我们。

泰勒: 他为你祝福了？

沃霍尔: 我有一张他和弗雷德·休斯握手的照片。有人想要我们给教皇制作一幅肖像，他们一直努力想把我们凑到一起，不过一直没成。如今教皇都换过三位了。

泰勒：弗雷德说他在过去联合广场的老"工厂"时，觉得自己就像是教皇。他那时会走到阳台上去，向下面经过的群众挥手。

沃霍尔：他现在也有阳台。

泰勒：是的，不过从现在"工厂"的阳台上，他只能看到"工厂"的接待区。

沃霍尔：他还是可以招手。

泰勒：嗯，而且有时候你们那儿也和联合广场一样忙碌。

后记
《沃霍尔的访谈》

韦恩·克斯坦鲍姆（Wayne Koestenbaum）

1. 安迪·沃霍尔，像布洛瑟姆·迪尔里（Blossom Dearie）一样，是一位声音艺术家：他以自己的标准做着古怪的事情。关于这些，他不怎么讲。一位女歌手照理是应该"贩卖"她的歌儿的。安迪则像布洛瑟姆一般，缩减标准，给得更少，以便（隐秘地）给得更多。他避开对话者交予的任务。在安迪的观念中，这样一种"我–尔"关系乃是一场谈话秀；主持人和嘉宾在那短暂的时刻里都是神——"短暂的时刻"是唯一的方式。而不同的答语——是的，不是，也许吧——则给予了他足够的空间，让他在那魅惑的振幅中摆荡。

2. 他歌唱着**哑**音 [1]，那无声的、麻木的、彷如自闭症的微音如鬼魅般搅扰那公开的、慷慨激昂的乐音。当沃霍尔对于问题的回应显得空洞之时，它们拷问着我们有关空洞的话语。（参看阿维塔尔·罗纳 [Avital Ronell] 出色的研究《愚蠢》[Stupidity]。）当沃霍尔给出一个娘里娘气的回答时，他在强调着艺术和最为廉价俗艳的化装舞会、最为俗烂下贱的异装癖间的关联。当沃霍尔称赞色情时，他在逗弄着艺术；而当他宣称放弃绘画时，他上升到了西斯廷的高度。

3. 文化警察希望将创造者限制在一个媒介之中，限制在一个立场之中。画画，但不要拍电影。写文章，但不要演肥皂剧。做一个讲师，但不要在公众场合行为不检。沃霍尔将自己摊得非常薄，访谈不过是他坚持要在其上涂抹黄油的又一块面包。喜欢占据空间的他，通过出版一本名为《访谈》的杂志宣布了对于"访谈"这个词的永久占有。他自己的阈限行为，不管是看得见的还是看不见的，

---

[1] 哑音，原文为 "dumb notes"；dumb 又有愚蠢之意。

将**观看**（view）之中的**交互**（inter）[1] 暴露了出来：
视觉，对沃霍尔来说，总是被楔入其间的第三性
（thirdness）切断、打断或妨害。结集于此的沃
霍尔访谈在以不容置疑的悠游姿态玩儿着这样的
楔入游戏。

4. 像是堕落者的基督或圣塞巴斯蒂安，沃霍尔摆出
了**受辱**的姿态。一位记者充满敌意的、无知的问
题可以构成话语暴力。彷如在模仿王尔德 1895 年
的受审一般，沃霍尔通过讽刺和惺惺作态（camp）
将证人席扭转为一场茶会，并教给了我们如何通
过迷惑恃强凌弱者来巧妙避开其威吓。

5. 安迪想要一个人待着，然而他却自相矛盾地假装
寻求与他人的相遇；进入访谈这个不安空间的，
不是他自己那容易受伤的真实的身体，而是一个
替代体、一副人体模型、一具人形假体。**它看起
来像我，但不是我。我在其他地方。我似乎在回
答你的问题，但别被我骗了。对于你卑躬屈膝、
毫无想象力的猜测，我超然地无动于衷，我让自**

---

[1] 作者这里以拆解"访谈"的英文 interview 来陈说自己的观点。

己缺席这场礼貌的交谈，从而使你免于受到我带刺的愤怒的伤害。我是无价的——不出售。我只是假装参与艺术的物物交换体系。

6. 和卓别林一样，沃霍尔扮演流浪汉和小丑；他还演恋家之人和爱财之人。这是他在由访谈揉捏而成的喜剧中所固定扮演的四个既定角色。和斯坦（Stein）一样，沃霍尔扮演**傻瓜**；直截了当的陈说——美国式的宣言——适合他的气质，而且这样的陈说，归根结底，并非闪烁其词或者不着边际，它们是赤裸裸的、针锋相对的言辞。**裸体**是他最为喜爱的状态：裸体餐馆[1]、裸体哲学、裸体认知、裸体艺术，裸体随便什么。将**裸体**放在定语的位置上，其所修饰的名词就会自动得到提升。安迪做的是裸体访谈。他使对话裸露——剥去它的衣服，将它变成劳雷尔和哈迪[2]，又或者弗拉基米尔和埃斯特拉贡[3]。又或者，他将对话变为一幕

---

[1] 沃霍尔1967年执导过一部名为《裸体餐馆》（*Nude Restaurant*）的片子。这影片存在不同的版本，一个版本中的男演员全部裸体，另一个则穿着丁字裤。

[2] 劳雷尔和哈迪（Laurel and Hardy）是古典好莱坞早期享誉国际的一个喜剧二人组。组合由英国人斯坦·劳雷尔（Stan Laurel, 1890—1965）和美国人奥利弗·哈迪（Oliver Hardy, 1892—1957）构成。

[3] 弗拉基米尔（Vladimir）和埃斯特拉贡（Estragon）是贝克特戏剧《等待戈多》中的主角。

恐怖的镜面场景，两个手偶被一位人偶师操纵着。从安迪展开对话的小室，显然可以望到其他房间、其他场景和其他场面——复仇、一视同仁又或是让人头晕目眩的场面。阅读（又或者观看）沃霍尔的访谈，我们从不会完全置身事外。因为沃霍尔并不完全待在他的身体之内，他会推挤采访者，将他推离他恰当的化身（embodiment）几毫米远。安迪在访谈中的目标是环境的扰动。他让每一个位于附近的人都神经错乱——特别是让那些自以为知晓好艺术和坏艺术的差别、知晓有价值的行为和无用的行为的差别、知晓兴高采烈和消沉抑郁的差别的人神经错乱。

7. 沃霍尔的表情介于快乐和悲伤之间，介于迅捷的空虚和懒洋洋的盈满之间。我们无法明确他的情绪，我们也许出于同情想要发出这样的探问：安迪**还好吗**？这些访谈是否证明了他在承受痛苦，还是说它们展示了他的坚韧，展示了他才是占据了主场的一方，展示了他的刀枪不入？访谈——和他的丝网印刷或者电影一样——几乎没有提供给我们机会，让我们可以不经过中间介质直接看到他。这些访谈提供的，不如说是个笼子，而沃霍尔则彷如胡迪尼[1]一般，从对话的囚禁中逃脱。他的访谈向我们展示了被关押在没有同情心的对话之中是怎样的一般情形，在这样的展示之中，我们这些沃霍尔的追随者和后继者仿佛看到了一个用荧光漆涂刷的"出口"标识，提示着我们该从哪里走。

---

[1] 指哈里·胡迪尼（Harry Houdini，1874—1926），逃脱术大师。

致谢

　　本书的缘起可以追溯到数年之前我在纽约中国城与肯·弗里德曼（Ken Freedman）和汉克·刘易斯（Hank Lewis）一起吃的一顿晚饭。其时夏日临近，我们很自然地谈起海滨度假时的读物，汉克推荐了《波普主义》，说它是一本绝佳的消夏之书。几天后，我在第二十六街的跳蚤市场上买到了一本破破烂烂的《波普主义》，并由此开始对安迪的一切感到入迷。

　　时光快进到 2002 年的夏天：那年我最钟爱的海滩读物是由大卫·卡特（David Carter）编的《自发的心灵：艾伦·金斯伯格访谈精选 1958—1996》（*Spontaneous Mind: Allen Ginsberg Selected Interviews 1958-1996*）。那年夏天，在麦迪逊广场公园的游乐场，我在和另一位父亲的闲谈中提到我对于卡特的书是多么地热爱，而这位名叫塔德·克劳福德（Tad Crawford）的父亲则告诉我他认识大卫·卡特，而且他确信要是大卫知道我对他的书是如此地投入，一定会很高兴。他给了我大卫的电话号码，我和大卫相约见上一面。

和大卫·卡特的见面就像是一次上天的恩赏。他的书作为这一领域内的出色典范是我在编辑我这本书时所遵循的标准，我的书时时处在他所取得的成就的阴影之下。在西村的"茶与同情"（Tea & Sympathy），我们的那顿午饭吃了很久，席间我得到了一份详尽的指南：我听闻了有哪些潜在的陷阱，以及可能遭遇怎样的纠缠，大卫提醒我说取得访谈授权的过程将如同通过雷区一般。我们讨论了沃霍尔和金斯伯格间的巨大差异，在想到我最终将做出一本怎样不同的书时，我们都笑了起来（金斯伯格是出了名的饶舌，而沃霍尔则说着难解的妙语，让我们只举这两人差异的一个例子）。在本书的写作过程中，我几次拜访大卫，从他广博的知识和经验中受益匪浅。对于他的慷慨和他所给予我的灵感，我怎样道谢都不为过。

尽管我一早就预感到有关沃霍尔访谈的文献的广度，但这些文献的深度是直到我遇到了马特·弗尔比坎（Matt Wrbican）才有所了解的。马特·弗尔比坎是安迪·沃霍尔档案的档案管理员，供职于匹兹堡的沃霍尔博物馆。他很好相处，也很有耐心；在他的指引下，我穿行在沃霍尔"时光胶囊"的迷宫之中，为本书找到了相当多的材料。在我两次到访博物馆期间，马特向我推荐了许多篇不为人知的精彩访谈，并且随口给我讲了很多关于访谈背景的秘闻趣事。要不是有马特和安迪·沃霍尔档案的助力，本书将无以完成。

在安迪·沃霍尔博物馆负责影像档案的格雷格·皮尔斯（Greg Pierce）待我也是同样地慷慨。格雷格总是可以从为数众多的沃霍尔影像中，为我准确定位到我的项目所需要的片段。他有关这一领域的知识和他对相关材料的熟悉是无与伦比的。我想要在此感谢他和热拉琳·赫胥黎（Geralyn Huxley）为我提供的载有沃霍尔访谈的稀见影像资料。此外我也想感谢克洛维斯·扬（Clovis Young）、乔治·赖德尔（George Reider）、露西·雷文（Lucy Raven）和吉姆·托马斯（Jim Thomas），他们让我在匹兹堡的日子过得更为惬意。

回到纽约，我想要感谢林谭（Tan Lin）为我介绍了尼尔·普林茨（Neil Printz），他是《安迪·沃霍尔作品全目:绘画和雕塑部分,1961—1963》(*Andy Warhol Catalogue Raisonne: Paintings and Sculpture, 1961-1963*)的联合主编。我和尼尔在切尔西的博蒂诺(Bottino)吃了一顿午饭,席间给他看了我在沃霍尔档案中收集来的全部资料,他就这些访谈材料的组织和拣选慷慨地给出了建议。不止如此,尼尔还介绍了卡勒·安杰尔(Calle Angel)给我认识。安杰尔是惠特尼美国艺术博物馆"安迪·沃霍尔影片计划"(Andy Warhol Film Project)的副策展人,她多次为我引介作者,增益了本书的内容。若不是有她的帮助,本书必将大为逊色。在尼尔·普林茨提供给我的诸多联络人之中,没有几位如迈克尔·赫尔曼(Michael Hermann)这般宝贵。作为沃霍尔基金会版权部副总监,迈克尔在沃霍尔宇宙中一定是最为抢手的人物之一。我想在这里感谢他对我的项目的认真和看重,仿佛它是有着巨大的商业利益的炫目企划一般。

我有幸在杰勒德·马兰加出版他的那本《归档安迪·沃霍尔》(*Archiving Warhol*)时请到他来上我在 WFMU[1] 的电台节目。他为听众呈现了整整三个

---

[1] WFMU 是一个由听众赞助的独立广播电台,位于新泽西州泽西市。

小时的诗歌、音乐和他对与沃霍尔共度的时光的生动回忆。我和马兰加的这次电台相遇为我收集本书的资料提供了动力，而他也总是以他的见闻和他所掌握的材料对我慷慨相助。

在我的电台节目中，马兰加提到他将会去位于佛蒙特州伯灵顿市的弗莱明博物馆（Fleming Museum）参与一场名为"安迪·沃霍尔工作和玩乐"（Andy Warhol Work and Play）的展出。我心生好奇，在网上检索了相关展讯并订购了展览图录。当我读到图录中瑞娃·沃尔夫（Reva Wolf）的那篇名为《工作融入玩乐中：安迪·沃霍尔的访谈》（Work Into Play: Andy Warhol Interviews）的导言时，我简直不敢相信我的眼睛。我当时就知道我必须让瑞娃来为我的书写导言。我去新帕尔茨（New Paltz）拜会她的那个夏日午后是令人愉快的，我们交换了各自收藏的沃霍尔访谈，又八卦了一番行业密辛。告别她时，我手中的访谈已经增加了一倍之多。本书的许多内容都来自瑞娃的收藏。能与这样一位有着原创思想和开放心态的知识分子交往，我着实感怀不已。

2002 年秋天的一个夜晚，在玛丽安娜·波斯基画廊（Marianne Boesky Gallery）看了一场阿兰·利希特（Alan Licht）的演出后，我和诗人、学者迈克尔·沙夫（Michael Scharf）一起小酌。我提到自己在做的这本书，他问我想请谁来写前言。我以玩笑的态度说出了韦恩·克斯坦鲍姆（Wayne Koestenbaum）的大名，心想这样一位知名的纽约人物和沃霍尔专家不是我能够得上的。不想迈克尔随即说到他在纽约城市大学研究生院和大学中心读书时是韦恩的学生，他们现在的关系也都还不错。他表示愿意找个合适的时机为我引荐韦恩。2003 年 7 月的一天，时机来了，我们三人在西切尔西的街童（Le Gamin）一同喝咖啡。在疯狂八卦了一个小时后，我问韦恩有没有兴趣给我的书写一篇前言，他回答说好。我随即表达了我的荣幸，但也同时向他发出了询问：在花了那么长的时间写作他那本在企鹅出版的沃霍尔传记之后，他会不会觉得对沃霍尔这个题目已经"无感"了？"不会的，"他回答道，"我对沃霍尔着迷的程度还在不断增长。"

学者马库斯·布恩（Marcus Boon）建议我和维克多·博克里斯（Victor Bockris）谈谈，他随后帮我与对方建立了联系。我一连几周在西村的一家小咖啡馆和维克多共进早餐，边吃边聊，十分愉快。他是我见过的最会聊天的人之一，我坐在那儿听他大谈特谈逝去的岁月里纽约地下世界的种种传奇，听得目瞪口呆。他敏锐的编辑眼光、细致的审校和对手稿的辨识帮了我的大忙。他以多年来在传记领域摸爬滚打积累下的经验，给了我不计其数的建议，我的这一项目从他那里获益良多。

在为一处难以索解的地方查考资料而头绪全无时，我抱着试试看的心理给比利·内姆（Billy Name）发了一封电邮，全然不知道是否能得到回音。事情的进展是，我不仅得到了回音，而且还从他那里得到了大量的宝贵资讯。对于他的付出、他的慷慨和他的合作，我怎样表达感谢都不为过。

感谢阿兰·屈埃夫（Alain Cueff）帮我从欧洲方面为本书获取到的支持。他实在是个和我志趣相投的人。

父母的用意通常是好的，但是他们在专业事项上所能给予的帮助往往是极为有限的。不过本书是个例外。当这本书在我的头脑中还是个模糊的概念时，我的母亲，朱迪·戈德史密斯（Judy Goldsmith）建议我和鲍勃·马克尔（Bob Markel）见上一面。鲍勃是一位文学经纪人，那会儿正在和我母亲生意上的合伙人约会。2002 年 12 月的一个寒冷的下午，鲍勃来到我的敞间和我讨论这一计划。他走的时候，我知道我妈给我指了一个正确的方向。

鲍勃给我介绍了卡罗尔与格拉夫出版社（Carroll & Graf）的编辑菲利普·特纳（Philip Turner），他处理起手稿来迅捷而周密，他将它塑造为今天的样子。

尽管我从未见过加里·康明纳斯（Gary Comenas），但我必须要感谢他，这位创办了 warholstars.org 的人；我在项目进行之中的每一天都会用到他的这个网站。无论是在印刷品的世界里还是在网络世界里，加里的网站都可以说是有关安迪·沃霍尔的最棒的资料汇集。

感谢下面这些人，他们帮我追索到了相关的访谈或访谈者：迈克尔·丹纳尼（Michael Denneny）、迈克尔·格伯（Michael Gerber）、苏珊·G.格雷厄姆（Susan G. Graham）、崔纳·希金斯（Trina Higgins）、克雷格·海伯格（Craig Highberger）、热拉琳·赫胥黎、索恩·霍林格（Thorn Hollinger）、葆拉·克日姆斯基（Paula Krimsky）、奥利维尔·兰德梅因（Olivier Landemaine）、朱尔斯·里波夫（Jules Lipoff）、林赛·曼（Lindsay Mann）、帕特里克·梅尔拉（Patrick Merla）、莉莉安·莫尔科斯（Lylian Morcos）、伊丽莎白·诺伊曼（Elizabeth Neumann）、米歇尔·罗贝奇（Michele Robecci）、朱迪·赛尔（Judy Sail）、格雷斯·L.斯卡莱拉（Grace L. Scalera）、艾

伦·施瓦茨（Alan Schwartz）、丹·史崔柏（Dan Streible），以及位于匹兹堡的安迪·沃霍尔档案。

最后，我要感谢我的妻子谢里尔·多尼根（Cheryl Donegan）。在我完成这本书的漫长而曲折的道路上，她一直抱有兴致并富有耐心。我欠你的，朋友。

参考文献

Bourdon, David. *Warhol.* New York: Harry N. Abrams, 1989.

Castle, Frederick Ted. *Gilbert Green: The Real Right Way to Dress for Spring Kingston*, N.Y.: McPherson & Company, 1986.

Colacello, Bob. *Holy Terror: Andy Warhol Close Up.* New York: Harper-Collins, 1990.

Gelmis, Joseph. *The Film Director as Superstar.* Garden City, N.Y.: Doubleday & Company, 1972.

Koestenbaum, Wayne. *Andy Warhol.* New York: Viking Penguin, 2001.

Malanga, Gerard. *Archiving Warhol.* www.creationbooks.com: Creation Books, 2002.

McShine, Kynaston, ed. *Andy Warhol: A Retrospective.* New York: The Museum of Modern Art, 1989.

Michelson, Annette, ed. *October Files: Andy Warhol.* Cambridge, Mass.: The MIT Press, 2001.

Morrison, Catherine: "My 15 Minutes." *The Guardian,* 14 Feb. 2002.

Siegel, Jeanne. *Art Talk: The Early 80s.* New York: Da Capo, 1990.

Smith, Patrick. *Warhol.* Ann Arbor, Mich.: UMI Research Press, 1988.

Warhol, Andy. *America.* New York: Harper & Row, 1985.

Warhol, Andy. *Andy Warhol's Exposures.* New York: Andy Warhol Booksl-Grosset & Dunlap, 1979.

Warhol, Andy. *Andy Warhol's Index (Book).* New York: Black Star Booksl-Random House, 1967.

Warhol, Andy. POPism: *The Warhol '60s.* New York and London: Harcourt Brace Jovanovich, 1980.

Warhol, Andy. *The Andy Warhol Diaries,* edited by Pat Hackett. New York: Warner Books, 1989.

Warhol, Andy. *The Philosophy of Andy Warhol (From A to B and Back Again).* New York: Harcourt Brace & Company, 1975.

Warholstars.org: http://www.warholstars.org

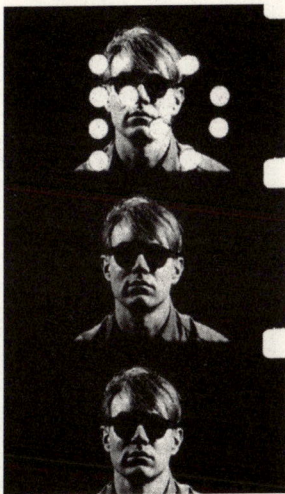

PORTRAIT OF THE ARTIST AS A YOUNG MAN :
Opening sequence to a film by Gerard Malanga, 1964-65.
Credit: © by Gerard Malanga

"你会希望你的临终遗言是什么？"

"拜拜。"

一頁 folio

始于一页，抵达世界

Humanities · History · Literature · Arts

出品人	范 新
品牌总监	恰 恰
特约编辑	王子豪
营销总监	张 延
营销编辑	闵 婕　许芸茹　狄洋意
新媒体	赵雪雨
版权总监	吴攀君
印制总监	刘玲玲

Folio (Beijing) Culture & Media Co., Ltd.
Bldg. 16-C, Jingyuan Art Center,
Chaoyang, Beijing, China 100124

一頁 folio
微信公众号

官方微博：@一頁 folio｜官方豆瓣：一頁｜媒体联络：zy@foliobook.com.cn